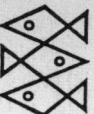

Über dieses Buch Dies ist kein Buch über Sexualität, sondern über die beiden Geschlechter. Es ist kein Buch über zwei Variationen zu einem Thema, sondern über zwei Themen mit ihren Variationen, mit ihren Verschränkungen und Kontrasten. Theodor Reik vergleicht die Emotionen, Ansichten und Verhaltensweisen von Mann und Frau und kommt dabei zu originellen, überraschenden Schlußfolgerungen hinsichtlich der psychologischen Grundlagen. Reik betrachtet die Anziehungen und Enttäuschungen, die emotionalen Annehmlichkeiten und Vergeblichkeiten zwischen beiden Geschlechtern mit den Augen eines unbestechlichen Beobachters, der in seinem Privatleben und in seiner fast ein halbes Jahrhundert umfasssenden psychoanalytischen Praxis Hunderten von Männern und Frauen begegnet ist. Sein Bild von den beiden Geschlechtern unterscheidet sich in vielem von dem Bild, wie es in den Büchern anderer Psychologen erscheint. Nach Reiks Beobachtung sind die Vorstellungen der beiden Geschlechter über Sexualität und Glück, über Leben und Liebe höchst unterschiedlich, ja zuweilen diametral entgegengesetzt.

Der Autor Theodor Reik, 1888 in Wien geboren, studierte Psychologie, Literaturwissenschaft, Philosophie und Religionswissenschaft. 1910 lernte er Sigmund Freud kennen und wurde einer der ersten Schüler des Psychoanalyse-Begründers, der ihn nachdrücklich unterstützte und förderte. Von 1918 bis 1934 arbeitete Reik zusammen mit Hans Sachs und Otto Rank an den Psychoanalytischen Instituten von Wien und Berlin. 1934 emigrierte Reik nach Holland und 1938 in die Vereinigten Staaten. Er starb 1969 in New York, wo er bis zuletzt als psychoanalytischer Praktiker tätig gewesen war. – Weitere Titel von Theodor Reik im Fischer Taschenbuch: »Aus Leiden Freuden« (6768); »Hören mit dem dritten Ohr« (6766); »Der unbekannte Mörder« (6767) u. »Von Liebe und Lust« (6785).

Theodor Reik

Mann und Frau

Die emotionalen Variationen
der Sexualität

Aus dem Amerikanischen
von Joachim A. Frank

Fischer Taschenbuch Verlag

Ungekürzte Ausgabe
Veröffentlicht in der Fischer Taschenbuch Verlag GmbH,
Frankfurt am Main, Dezember 1986
Die amerikanische Originalausgabe mit dem Titel
»Sex in Man and Woman: Its Emotional Variations«
erschien 1960 in The Noonday Press, Inc., New York
© 1960 by Theodor Reik
Für die deutsche Ausgabe:
© 1986 by Fischer Taschenbuch Verlag GmbH, Frankfurt am Main
Umschlaggestaltung: Jan Buchholz/Reni Hinsch
Gesamtherstellung: Clausen & Bosse, Leck
Printed in Germany
1480-ISBN 3-596-26769-2

Inhalt

Dreizehnter Teil.

Psychologische Anmerkungen

Einleitung

Dieser Beitrag zur vergleichenden Psychologie der Geschlechter, besonders im Hinblick auf die emotionalen Unterschiede, ist die Fortsetzung und Vervollständigung eines Essays, den ich vor vier Jahren schrieb und der unter dem Titel »Die emotionalen Unterschiede zwischen den Geschlechtern« erschien.* Wenn dieser Essay die Ernte vieler Jahre war, so stellen die folgenden Kapitel die Nachlese dar.

Die Großmütter dieser Generation mißbilligten die Sexualität. Moderne Amerikaner erkennen ihre Bedeutung an, aber es gehört Mut dazu, die emotionalen Unterschiede zwischen den Geschlechtern nicht zu bagatellisieren. Die erschreckende, alles erfassende Neigung zur Gleichmacherei – eine Art Manie, die unsere Mentalität beherrscht – scheint dahin zu führen, daß die tief verwurzelten Unterschiede ignoriert und geradezu verächtlich abgetan werden.

Sie gehen natürlich auf biologische Unterschiede zurück, sind aber nicht auf sie beschränkt. Vor mehr als fünfundsiebzig Jahren veröffentlichten zwei britische Biologen, Patrick Geddes und I. Arthur Thomson ihr Buch *The Evolution of Sexes*. Sie verfolgten darin die typischen Eigenschaften der beiden Geschlechter zurück bis ins Tierreich, demonstrierten, wie die beiden Geschlechter einander ergänzen und voneinander abhängen, und sagten: »Obwohl es große allgemeine Unterschiede zwischen den intellektuellen und vor allem emotionalen Charakteristika der Männchen und Weibchen bei den höheren Tieren gibt, neigen sie nicht selten dazu, sich zu vermischen. Nichts deutet jedoch darauf hin, daß sie allmählich verschwinden könnten.«

In den fünfundsiebzig Jahren, die seit dem Erscheinen dieses Buches vergangen sind, kam es zu großen Veränderungen in der sozialen und psychologischen Stellung der Geschlechter. Die Frauen erhielten das Wahlrecht, und sie nehmen heute einen anderen Platz in der Gesellschaft ein. Aber ein markanter Satz, der damals geschrieben wurde, ist nach wie vor gültig: »Was unter den prähistorischen Protozoen entschieden wurde, kann nicht durch einen Parlamentsbeschluß annulliert

---

* Enthalten in: *Von Liebe und Lust*, S. Fischer, Frankfurt a. M.

werden.« Wir legen zwar ein Lippenbekenntnis zur Theorie der unterschiedlichen Psychologie der Geschlechter ab, behandeln aber in unseren Gedanken Männer und Frauen, als wären sie ein und dasselbe Geschlecht. Die nüchterne und unvoreingenommene Betrachtung des emotionalen und geistigen Lebens der Geschlechter bietet jedoch gegensätzliche, einander widersprechende und komplementäre Bilder. Mann und Frau führen ein gemeinsames, aber nicht dasselbe Leben. Das Leben wäre unerträglich, wenn es sich nicht so verhielte, das heißt, wenn Männer denken und handeln würden wie Frauen und Frauen wie Männer. Wie würde uns eine Oper gefallen, in der nur Sänger oder nur Sängerinnen zu hören wären? Müßte sie nicht langweilig und monoton sein? Sogar Schlagworte wie »Freiheit« und »Suche nach Glück« haben für Frauen eine andere Bedeutung als für Männer, und auch die Zehn Gebote werden nicht als für beide gleichermaßen verbindlich angesehen. Es gibt Augenblicke – und nicht nur Augenblicke –, in denen diese grundlegenden Unterschiede wie von einem Blitz erhellt sichtbar werden. Ein Mann oder eine Frau wird sich dann plötzlich dessen bewußt, daß er oder sie nicht nur von einer einzelnen Person des anderen Geschlechts, sondern vom ganzen anderen Geschlecht Welten entfernt ist. Es ist, als würde einem im Bruchteil einer Minute klar, daß Männer und Frauen auf verschiedenen Planeten leben, sich auf verschiedenen Umlaufbahnen bewegen.

Genau besehen ist dieses Buch keine wissenschaftliche Arbeit. Es behandelt die Psychologie des durchschnittlichen Mannes, der durchschnittlichen Frau, aber solche Geschöpfe gibt es nicht. Es stellt die Unterschiede zwischen den Geschlechtern dar, ohne immer und immer wieder hinzuzufügen, daß der männlichste Mann etwas sehr Weibliches und die weiblichste Frau etwas sehr Männliches in sich hat. Ich hoffe, daß der Leser dies stets als etwas Selbstverständliches vor Augen behält.

Der lockere Aufbau und der zwanglose Ton dieser Beiträge lassen sich durch die Art ihres Zustandekommens erklären. Sie wurden meistens in den Abendstunden notiert – nach vielen psychoanalytischen Sitzungen oder nachdem Studenten ihre psychoanalytischen Fälle mit mir besprochen hatten. In diesem Sinne sind die hier gesammelten Beobachtungen gewissermaßen Nebenprodukte der psychoanalytischen Praxis, ähnlich dem Material, das jede große Industrie produziert. Solche Nebenprodukte müssen nicht immer augenblicklich verwendet werden, aber man sollte sie nicht wegwerfen, denn eines Tages können sie sich als brauchbar erweisen. Diese psychologischen Beobachtungen und vorläufigen Schlußfolgerungen kamen sozusagen auf der falschen Seite des wissenschaftlichen Gleises zur Welt – was aber nicht ausschließt, daß sie eines Tages Ansehen erlangen können.

Ein wohlwollender Kritiker, John Dollard, Professor der Psychologie in Yale, betrachtete die Ergebnisse meiner Untersuchungen in dem Essay »Die emotionalen Unterschiede zwischen den Geschlechtern« als »fruchtbare Vorschläge«. Auch diese Arbeit ist, um ihn zu zitieren, »nicht Wissenschaft, aber die Art von Stoff, aus dem man eines Tages Wissenschaft machen wird.«

Ouvertüre im Dreivierteltakt

Als Fred Goodman und ich eines Nachmittags im Central Park spazierengingen, war es spät im November, aber das Wetter war sommerlich. Wir hatten einander seit meiner Rückkehr aus Europa nicht gesehen. Fred ist der einzige Freund, der mir noch aus meiner Kindheit geblieben ist. Unsere Eltern waren miteinander bekannt, und einige Jahre lang wohnten wir sogar in demselben Haus. Seine Familie war finanziell besser gestellt als meine, aber wir wurden in demselben wienerisch-jüdischen Mittelstandsmilieu geboren und erzogen. Er ist genau vier Wochen älter als ich – wir sind nun zweiundsiebzig –, aber er spielt gern den Älteren, Traurigeren und Weiseren. Mit seinem vollen weißen Haar und seinem glattrasierten Gesicht macht er einen viel jugendlicheren Eindruck als ich, denn ich bin ein kahlköpfiger alter Kauz. Fred streitet sich gern mit mir, und besonders vehement, wenn er in Wirklichkeit mit mir einer Meinung ist.

Er hatte die Zeichen des nahenden Nationalsozialismus in Wien früher und viel deutlicher als ich erkannt und war schon 1933 vor Hitler geflohen. Einige Jahre hatte er in Paris gelebt. Von seiner Familie waren nur seine jüngere Schwester Anna und ihre beiden Kinder in den Gaskammern von Auschwitz umgekommen.

Schon bevor er nach Amerika kam, waren einige seiner Romane Bestseller geworden. Er hatte immer mehr Erfolg als ich. Trotzdem war er nicht glücklich.

Als wir das Gymnasium besuchten, hatten wir gewisse gemeinsame Tagträume, über die wir manchmal sprachen. Ich erinnere mich, daß wir uns wenige Tage vor der Reifeprüfung noch über sie unterhielten. Beide wollten wir berühmt werden und unsere Namen weit über die Grenzen unseres Österreich, ja über Europa hinaus bekannt machen. Schon auf dem Gymnasium hatte Fred davon gesprochen, daß er Romancier werden wollte, während ich zuletzt beschlossen hatte,

Psychologie zu studieren. Sein Wunsch ging in Erfüllung, als er in seinen späten Zwanzigern ein bekannter Schriftsteller wurde, während meine ersten psychoanalytischen Bücher nur das Interesse eines sehr kleinen Leserkreises erweckten. Er ist offenbar mit seinem *métier*, wie er es nennt, zufrieden, aber ich denke manchmal, daß es eher eine Katastrophe als ein Beruf ist, Psychoanalytiker zu sein.

Im Gegensatz zu seiner üblichen Gesprächigkeit war Fred an diesem Nachmittag während unseres Sparziergangs eher wortkarg. Er schien in Gedanken versunken zu sein. Schließlich sagte er: »Weißt du, mir ist etwas Merkwürdiges passiert, als ich mit dem Bus hierher kam. Mir gegenüber saß eine sehr hübsche junge Frau. Ich hatte das Gefühl, daß sie mich ständig ansah. Als ich ausstieg, war sie plötzlich neben mir und sprach mich an...«

»Daran ist nichts Besonderes«, sagte ich. »Das passiert vielen Männern in New York.«

»*Tais-toi, mon vieux*«, sagte Fred in seiner überlegenen Art. Er streut gelegentlich französische Ausdrücke in unsere Gespräche ein, die wir gewöhnlich auf wienerisch führen. »Du hast keine Manieren, Theodor. Du läßt einen nie ausreden. Also, diese hübsche Dame fragte: ›Sind Sie nicht Fred Goodman? Ich habe Sie nach den Fotografien auf den Schutzumschlägen Ihrer Bücher wiederzuerkennen geglaubt. Ich bin eine begeisterte Leserin von Ihnen und wollte Ihnen schon oft einmal schreiben.‹«

»Das ist noch immer nichts Besonderes«, sagte ich. »Man weiß, wie eitel Schriftsteller sind – Anwesende nicht ausgenommen.«

»Jetzt laß mich endlich ausreden. Natürlich war daran nichts Besonderes, und so etwas habe ich schon oft genug erlebt. Aber ich war in Gedanken gerade mit meinem neuen Roman beschäftigt. Das Geplauder der hübschen jungen Frau störte mich nur. Es war lästig, und ich wollte, sie hätte mich in Ruhe gelassen. Als sie's endlich tat, fiel mir ein, wie oft ich als junger Mann durch die Straßen von Wien gewandert war. Ich war schüchtern, ich fühlte mich einsam und träumte oft davon, daß gerade so ein junges Mädchen auf mich zukommen und mich ansprechen würde, und dann hätten wir miteinander geredet. Sie würde verstanden haben, daß ich was ganz Besonderes war... Bald würde sie sich in mich verliebt haben, und ...«

»... es hätte in einem kleinen Hotel auf der Wieden* geendet«, unterbrach ich ihn.

---

* Ein Stadtteil von Wien. Ich spielte auf ein altes Lied von Leopoldi an: *»Ich weiß auf der Wieden ein kleines Hotel...«*

»Vielleicht. Aber als mich diese charmante junge Frau vor einer Weile verließ, mußte ich plötzlich an dieses Wunder denken, das in meiner Jugend nie geschehen ist. Du weißt, ich teile deinen seichten, rationalistischen Atheismus nicht. Ich glaube an einen Gott oder, wenn du das lieber hörst, an einen allmächtigen Demiurgen, der unsere Wünsche erfüllt. Aber er erfüllt sie zu spät, wenn wir von der Erfüllung nichts mehr haben. Das Traurige ist, daß wir uns, auch wenn es zu spät ist, noch so gut daran erinnern, wie wunderbar es gewesen wäre, wenn er sie zwanzig oder auch nur zehn Jahre früher erfüllt hätte. Ich glaube, Jahweh ist Antisemit geworden, seitdem er arriviert ist. Wenn er jetzt an seine Vergangenheit denkt, sagt er vielleicht beiläufig: ›Einige meiner besten Freunde waren Juden.‹ Er ist halt, glaube ich, ein Meister der Ironie, der unsere Wünsche erfüllt, wenn wir sie gar nicht mehr empfinden.«

»Fred, was hast du? Warum so bitter?«

»Hör zu, vielleicht wirst du mich verstehen. Erinnerst du dich noch an das Dritte Café im Prater?«

»Selbstverständlich.« Es gab im Prater, dem großen Parkgelände in Wien, drei größere Cafés im Freien. An Sonntagnachmittagen wurden sie von ganzen Familien besucht, besonders im Sommer. Militärkapellen spielten die fröhlichen und sentimentalen Weisen der zeitgenössischen Wiener Komponisten. Wir saßen an einfachen Tischen unter den Kastanienbäumen, bis es Abend wurde. Freds Eltern hatten mich manchmal zusammen mit ihm und seiner Schwester Anna mitgenommen.

»Erinnerst du dich an den Salamutschi?«

Natürlich erinnerte ich mich an ihn. Es gab da einen Italiener, der von Tisch zu Tisch ging und verschiedene Delikatessen verkaufte. Er hatte eine Waage und ein Messer bei sich und schnitt harte italienische Salami und Emmentaler auf, die den Gästen auf Papierservietten vorgelegt wurden. Alle Wiener nannten den Mann »Salamutschi«.

»Wie wir Kinder diese Salami liebten!« sprach Fred weiter. »Sobald er kam, verfolgten Anna und ich den Salamutschi mit unseren Blicken und warteten gierig darauf, daß er zu uns trat. Der Papa kaufte uns manchmal Salami und Käse. Ich erinnere mich noch an den bittenden Blick, den ihm die Mama zuwarf, wenn der Salamutschi auf unseren Tisch zukam. Du kannst dir nicht vorstellen, wie sehr ich mir diese Salami wünschte! Damals, als kleiner Bub, beschloß ich, daß ich mir, wenn ich groß wär', eine ganze Salami kaufen und sie ganz allein aufessen wollte. Als Student konnte ich es mir natürlich nicht leisten, eine ganze Wurst zu kaufen, und später hab' ich es dann vergessen... Aber vor ein paar

Monaten ging ich hier zufällig durch das Italienerviertel, ›Little Italy‹, du kennst es ja. Da sah ich in einer Auslage genau so eine ganz harte Salami hängen! Ich ging rasch hinein, kaufte sie, und das Wasser lief mir im Mund zusammen, während ich sie nach Hause trug. Ich schnitt sie genau so auf, wie es der Salamutschi im Prater gemacht hatte – in großen, dicken Scheiben. Du kannst dir denken, was passiert ist. Ich habe ein künstliches Gebiß! Ich konnte die Salami nicht beißen! Ich hab' sie unserem schwarzen Mädchen gegeben, und sie hat sie sehr genossen. Als ich ihr zuschaute und sah, mit was für einem offensichtlichen Vergnügen sie in der Küche die Salami aß, hätte ich sie vor Neid erwürgen können. Die Salami wurde für mich beinahe ein Symbol der Ironie des Schicksals – dieser boshaften *forza del destino*, die unser ganzes Leben beherrscht... Als Jüngling wurde ich von sexuellen Begierden gequält. Ich konnte oft nicht einschlafen und phantasierte von wollüstigen Frauen, mit denen ich Orgien feierte. Du weißt, wie schüchtern ich im Umgang mit Frauen war. Vor ein paar Jahren ist mir eine Frau von der Art begegnet, wie ich sie mir damals in meiner Jugend vorgestellt habe. Ich war natürlich nicht mehr schüchtern, und sie machte mir Avancen. Offen gesagt, sie tat ihr möglichstes. Ich brauche wohl nicht die Sache mit der Salami als Vergleich heranzuziehen.«

»Vor ein paar Jahren, sagtest du? Oliver Wendell Holmes sah, als er älter war als du, eine sehr hübsche Frau vorübergehen und seufzte: ›Ach, noch einmal siebzig sein.‹«

»Der verehrungswürdige Doktor war das Opfer einer sehr durchsichtigen Selbsttäuschung. Er verwechselte in seiner Erinnerung die Heftigkeit der Begierde mit der Fähigkeit zur Tat.«

»Willst du mir weismachen, Fred, daß ein Mann über siebzig sexuell zu nichts mehr imstande sei?«

Fred kümmerte sich nicht um die Unterbrechung und sprach weiter. »Selbst wenn die Tat gelingt, ist es nicht mehr wirklich dasselbe. Wenn es nur darum geht, sich selbst oder der Partnerin zu beweisen, daß man noch potent ist, bleibt wenig Platz für die Lust der anderen Art übrig.«

»Gut«, sagte ich, »dann bleibt also nur noch die Resignation, die aber keine stille Verzweiflung zu sein braucht. Sokrates opferte im Alter dem Asklepios einen Hahn als Dank dafür, daß er ihn endlich von der Tyrannei des Eros befreit hatte.«

»Wahrscheinlich wohl, weil er mit Xanthippe verheiratet war. Er muß Eros in seiner Ehe mit grimmiger Entschlossenheit gedient haben... Aber jetzt bin ich müde. Setzen wir uns auf die schattige Bank dort. Du hast mir nicht viel über Wien erzählt. Spürt man noch den Charme von ehedem?«

»Ja«, antwortete ich. »Die Musik, die Frauen, die Atmosphäre. Die Menschen sind womöglich noch höflicher als früher. Wo sonst auf der Welt wünschen dir die Kellner beim Servieren einen guten Appetit. Wo sonst hört man auf jedem Bahnhof aus dem Lautsprecher nach der Ankündigung der Abfahrt des Zuges: ›Wir wünschen Ihnen eine glückliche Reise.‹? Es ist immer noch wunderbar...«

»Du übersiehst gütigst, wieviel Heuchelei und Unaufrichtigkeit in dieser Höflichkeit steckt. Unlängst traf ich Carl Finestein – du erinnerst dich an ihn? –, der gerade aus unserer geliebten Stadt zurückgekehrt war, die er dreiundzwanzig Jahre nicht gesehen hatte. Er hätte dir einiges über das ›goldene Wienerherz‹ erzählen können. Du weißt, daß seine ganze Familie von den Nazis in Auschwitz umgebracht worden ist. Er traf in Wien einen alten Bekannten, einen Nichtjuden, auf der Straße. Dieser Mann war während der Nazizeit sicherlich irgendein Bonze gewesen, aber er begrüßte Carl herzlich, wie wenn nichts geschehen wäre. Als sie von der Hitlerzeit sprachen, sagte er: ›Ihr habt es gut gehabt in Amerika. Ihr konntet euch amüsieren und sogar Geld verdienen, während wir hier unter Hitler zu leiden hatten.‹ Der Mann war zweifellos einer der ersten gewesen, die ›Heil Hitler!‹ gerufen hatten, als der Führer in Wien einfuhr.«

In diesem Augenblick setzte sich eine Gruppe von Teenagern uns gegenüber auf eine Bank. Wir hörten ihr Gelächter und sahen zu, wie die jungen Männer die Mädchen neckten und kitzelten, die so taten, als wären ihnen diese Aufmerksamkeiten sehr lästig. Ich zeigte auf die jungen Leute und sagte: »Überleg einmal, was für eine Zeitverschwendung das Ganze ist. Man könnte die Zeit für wertvollere Dinge verwenden...«

»Die Frage ist nur, ob es wirklich wertvollere Dinge im Leben gibt.«

»Vergiß nicht, daß wir zweiundsiebzig sind, Fred!«

»Ich kann es leider nicht vergessen. Wart einmal, wer hat das geschrieben:

> ›Und ist erst das Seelenleben entweibt,
> Dann sind sämtliche Lampen erloschen.
> Für das, was für mich dann noch übrig bleibt,
> Dafür geb' ich nicht einen Groschen.‹

Ach ja, das ist von Frank Wedekind.«

»Du wirst auch diese Alterskrise überstehen«, tröstete ich ihn. »Zuerst kommt die Resignation, und bald wirst du die Sache philosophisch betrachten.«

»Mir ist wie Romeo zumute: ›Hängt die Philosophie! Kann sie nicht schaffen eine Julia...‹ Empfindest du nicht auch so? Der einzige Unterschied ist, daß sie in unserem Fall anders hießen: Mitzi und Gretl oder Anna.«

Ein Mädchen auf der Bank uns gegenüber kreischte und gab dem jungen Mann, der sie auf den Hals geküßt hatte, eine Ohrfeige. In diesem Augenblick hörte ich eine Melodie in mir – eine bekannte Walzermelodie. Was war es noch? Ich kannte sie so gut, aber der Titel fiel mir nicht ein. Nein, es war kein Walzer von Strauß oder Lanner oder Ziehrer. Ich mußte zu dieser Melodie getanzt haben... Ich erinnerte mich an die Sophiensäle in Wien, wo ich als Student so oft getanzt hatte. Manchmal gingen wir – Fred und ich und einige Freunde – von den Sophiensälen direkt zur Universität, weil einige Vorlesungen sehr früh anfingen. Wir tanzten auch Polka und Mazurka, meistens aber Walzer. Die neuen Tänze aus Amerika kamen natürlich erst viel später und waren damals in Wien noch nicht bekannt. Ich erinnere mich, daß die alte Herzogin Pauline Metternich, als sie einen dieser neuen Tänze zum erstenmal sah, sagte: »Zu meiner Zeit hat man das im Bett gemacht...« Ja, das waren noch Zeiten! Wenn ich nur gewußt hätte, was für eine Melodie mich da verfolgte!

Ich war so sehr in meine Suche vertieft, daß ich nicht recht hörte, was Fred gesagt hatte. »Was war das mit den Namen?« fragte ich.

»Ich sagte, daß unsere Mädchen nicht Rosalinde oder Julia hießen, sondern Mitzi und Gretl und Anna.«

Anna! Natürlich! Plötzlich wußte ich, was für eine Melodie das war: der Walzer aus Millöckers *Bettelstudent*:

>»Ach, ich hab' sie ja nur
>Auf die Schulter geküßt,
>Und sie gab mir dafür
>Einen Schlag ins Gesicht.«

Die kleine Szene auf der Bank uns gegenüber, das Mädchen, das halb im Scherz dem jungen Mann eine Ohrfeige gegeben hatte, mußte mich an die Melodie erinnert haben. Dann hatte Fred den Namen Anna erwähnt. Aber so hieß seine jüngere Schwester, in die ich mit achtzehn verliebt gewesen war. Die Erinnerung an sie kehrte zurück. Wie sah sie damals aus? Ein blondes Mädchen mit einer leichten Stupsnase und sehr hübschen Grübchen, wenn sie lächelte, was sie auch oft tat. Wie glücklich ich war, wenn sie über meine Scherze lachte! Ja, ich machte ihr eine ganze Weile den Hof... Einmal, als wir mit anderen jungen Leuten von einem Ausflug in den Wienerwald zurückkamen, küßte ich sie – und sie ohrfeigte mich! Von diesem Augenblick an behandelte sie mich abscheulich. Es war mir klar, daß sie mich nicht mochte und die Gesellschaft anderer junger Männer vorzog. Deshalb also die Melodie von Millöcker. Ich küßte sie, und sie gab mir eine Ohrfeige!

Dann tauchte ein anderes Ereignis aus dieser Zeit in meiner Erinnerung auf. Ich hatte eine Ewigkeit nicht mehr daran gedacht. Einige Wochen nach diesem Ausflug gab es einen Ball in den Sophiensälen. Nun sah ich alles wieder lebhaft vor mir... Ich wollte mit einer Freundin Annas auf diesen Ball gehen. Aber ich hatte kein Geld – es reichte gerade für die Eintrittskarte. Ich konnte es mir nicht leisten, ein Blumensträußchen für sie zu kaufen, wie es bei solchen Gelegenheiten Brauch war. Einen Tag vorher fragte ich sie, ob sie mir ein wenig Geld leihen könne – nur für ein paar Tage. Ich gestand ihr sogar, daß ich es brauchte, um die Blumen für sie zu kaufen. Sie gab es mir. Daher der Titel von Millöckers Operette: *Der Bettelstudent*. So war es wirklich. Ich studierte das erste Jahr an der Wiener Universität und war sehr arm. Mit Nachhilfestunden verdiente ich gerade genug, um mein Studium zu finanzieren. Fred war auch auf dem Ball. Und Anna. Ich sah nicht viel von ihr. Ich grüßte sie nur, als ich an ihr vorbeitanzte.

Am nächsten Tag, als Fred und ich über den Abend sprachen und unsere Eindrücke von den Mädchen austauschten, denen wir begegnet waren, fragte Fred plötzlich: »Was hast du gestern abend eigentlich mit meiner Schwester gemacht?« – »Was soll ich gemacht haben?« fragte ich erstaunt. »Ich habe ihr doch nichts getan. Ich sah sie nur und sagte ›grüß dich‹.« – »Ich glaube dir nicht«, sagte Fred. »Du mußt sie gekränkt haben. Als wir nach Hause kamen, weinte sie, aber sie wollte mir nicht sagen, was sie hatte. Später, als sie mit Mama sprach, hörte ich sie schluchzen und deinen Namen erwähnen.«

Wie dumm, was Frauen anbetrifft, waren wir doch in unserer Jugend! Und nun, da wir alt sind – sind wir viel klüger? Wir wissen mehr über sie, aber kennen wir sie besser? Wieder hörte ich im Geiste die Walzermelodie: »Ach, ich hab' sie ja nur auf die Schulter geküßt...«

Fred unterbrach meine Träumerei: »Ich hab' dir doch von dem neuen Roman erzählt, an dem ich während des Sommers arbeitete, nicht wahr? Jetzt bin ich nach nur sechstausend Worten steckengeblieben.«

»Was ist das für eine Geschichte?« fragte ich.

»Nichts Ungewöhnliches... Das Übliche – ein Mann und eine Frau begegnen, verlieben und mißverstehen sich. Aber auf die Handlung kommt es nicht an. Du scheinst zu glauben, die Schnur sei das Wichtigste an einer Perlenkette. Ich suche eine neue Form der Darstellung. Stell dir einen durchschnittlichen jungen Mann vor – sagen wir, einen Angestellten bei einer Behörde –, der ein durchschnittliches junges Mädchen kennenlernt – eine Sekretärin oder so was. Er fühlt sich zu ihr hingezogen, sie sich zu ihm.«

»So etwas ähnliches muß ich schon einmal gelesen haben«, bemerkte ich mit unüberhörbarem Sarkasmus.

»Nein, das hast du nicht. Ich versuche, das Thema in einer Art von abwechselndem *monologue intérieur* zu behandeln. Du verstehst: zuerst, was der junge Mann denkt und fühlt, dann was das Mädchen erlebt. Nicht nur einer dem anderen gegenüber, sondern auch gegenüber Verwandten, Freunden, Rivalen und so weiter. Sie und er allein sind eine Sache, sie und er zusammen mit anderen Menschen sind etwas anderes. Ich möchte nicht nur die Entwicklung ihrer Beziehung verfolgen, sondern ihre Erlebnisse in der Ehe, ihre Streitigkeiten und Versöhnungen, ihre Seitensprünge, aber nicht auf konventionelle Weise, sondern das Innere nach außen gekehrt, *le cœur nu*, sozusagen, und nicht nur das Herz, sondern auch ihre Gedanken in verschiedenen Situationen. Verstehst du, was ich meine?«

»Ja... Ein doppelter Bewußtseinsstrom, das war mir nicht eingefallen.«

»Was dir alles nicht einfällt, ist erschreckend. Aber der doppelte innere Monolog ist nicht das Wichtige. Worauf es ankommt, ist die Darstellung des geheimen Lebens des Mannes und der Frau. Das Faszinierende ist, daß man so die Möglichkeit hat, die Standpunkte zu wechseln und die ›typisch männliche‹ mit der ›typisch weiblichen‹ Einstellung zu vergleichen. Nicht nur miteinander, sondern auch mit der Gesellschaft und der Welt im großen und ganzen. Es ist so, als lebten sie in zwei verschiedenen Welten. Stell dir, beispielsweise, eine Szene in einem Kaufhaus vor. Der Mann begleitet seine Frau, die einen Hut kaufen will. Ich möchte aufzeichnen, was er denkt, während sie verschiedene Hüte probiert und mit der Verkäuferin plaudert; dann wieder, was sie in dieser Situation erlebt. Dann könnte ich vielleicht die Frau zeigen, wie sie am Nachmittag in sein Büro kommt, um ihn abzuholen. Wie reagiert sie auf diese Atmosphäre?«

»Also sozusagen eine Art von innerem Duett, Sopran und Tenor abwechselnd.«

»Ja, aber die Prosa müßte so spontan, natürlich und mühelos kommen wie... wie die Musik Mozarts. Warst du diesen Sommer nicht auch bei den Salzburger Festspielen? Diese kleine Arie aus *Don Giovanni* – »Reich mir die Hand, mein Leben« – klingt, als hätte sie Mozart aus dem Ärmel geschüttelt oder vielmehr als wäre sie fix und fertig vom Himmel gefallen. Weißt du, wie viele Versionen es davon tatsächlich gibt? Wie es dieses wunderbare Genie immer und immer versuchte, bis er endlich genau das Richtige fand? Wenn man doch so etwas ähnliches wie Mozarts Musik in der Prosa erreichen könnte: den reichsten Inhalt bei äußerster Einfachheit…! Aber du hörst mir ja gar nicht zu! Woran denkst du?«

Ich dachte in diesem Augenblick auch an Musik, aber nicht an den unsterblichen Mozart. Diese Walzermelodie aus dem *Bettelstudenten* verfolgte mich wieder, seitdem Fred begonnen hatte, von den emotionalen Unterschieden zwischen Männern und Frauen zu sprechen. Als hätte er meine Gedanken erraten, sagte er: »Hast du nicht einen Essay über die emotionalen Verschiedenheiten der Geschlechter veröffentlicht? Ich erinnere mich daran. Es gab da ein paarmal eine falsche Zeitenfolge und andere stilistische Schlampereien, aber sonst war er nicht schlecht, wirklich nicht schlecht. Für eine psychoanalytische Arbeit, meine ich. Hattest du nicht die Absicht, die Reihe fortzusetzen?«

»Ja«, sagte ich, »ich habe gelegentlich mit dem Gedanken geflirtet.«

»Warum heiratest du die Idee nicht und machst eine anständige Frau aus ihr? Warum schreibst du nicht ein kleines Buch? Ich könnte einige deiner Einsichten gebrauchen – mit Vorsicht, versteht sich. Ich habe da beispielsweise eine Szene für den zweiten Teil des Romans entworfen, in der… Was, zum Kuckuck, gibt es da zu lachen?«

»Weißt du, ich finde das wirklich komisch. Es erinnert mich an die Geschichte von dem berühmten Geiger, der endlos von einem Konzert sprach, das er gegeben hatte. Schließlich sagte er zu seinem Freund: ›Aber ich rede die ganze Zeit nur von mir! Nun erzähl mir einmal etwas von dir. Wie fandest *du* mich? Wie habe ich dieses Violinkonzert von Beethoven gespielt?‹

»Schon gut«, sagte Fred ein wenig verlegen. »Ich meine trotzdem, du solltest dieses Buch schreiben.«

Mittlerweile hatte es zu regnen begonnen, es war ein leichter Sommerregen, und wir gingen langsam zum Ausgang des Parks. Weder der Roman noch das Projekt meines Buches wurde noch einmal erwähnt. Wir sprachen von Wien und von den Salzburger Festspielen.

Ich dachte auch zunächst nicht mehr an unser Gespräch, wurde aber seltsamerweise im Laufe dieses Abends noch zweimal daran erinnert. Nach dem Abendessen blätterte ich in einigen Zeitschriften, die ich während der Monate in Europa nicht gesehen hatte. In einer Nummer von *Life* sah ich das Bild einer amerikanischen Filmschauspielerin, die in London der Königin vorgestellt wurde. Auf der anderen Seite stand ein Mann in der gleichen Situation vor ihrer Majestät. Mir fiel der Gegensatz zwischen dem Knicks der Frau und der Verbeugung des Mannes auf. Als ich weiterblätterte, stieß ich auf das Bild eines tanzenden

Paares. Der Mann legte seinen Arm fest um die Taille der Frau, deren Hand leicht auf der Schulter des Mannes lag. Der Unterschied zwischen der Haltung des Mannes und der Frau ließ mich wieder an das Gespräch mit Fred an diesem Nachmittag denken. Vielleicht hat er recht, dachte ich. Ich sollte mir die Notizen über die emotionalen Verschiedenheiten der Geschlechter ansehen. Sie liegen bündelweise in den Mappen in meiner Schublade da drüben. Aber sie sind einzelne Bemerkungen, Beobachtungen ohne Zusammenhang – manchmal nicht mehr als Aphorismen.

Trotzdem will ich sie morgen einmal durchsehen, genauer prüfen, ordnen, ausscheiden, was unwichtig ist, und vielleicht einige neue Beobachtungen hinzufügen. Morgen. Jetzt bin ich schon zu schläfrig. Als ich einschlief, sah ich eine Art von hypnagogischem Bild: das tanzende Paar aus der Zeitschrift. Für einen flüchtigen Augenblick wurde das junge Mädchen in meiner Vorstellung zu Anna, und der Mann war ich selbst – so, wie ich mich von Fotografien aus meiner Studentenzeit kannte: ein magerer Jüngling mit dichtem, dunklem Haar und Augen voll Verwunderung und Sehnsucht. Und dann erklang wieder die Walzermelodie, ich hörte sie mit dem inneren Ohr: »Ach, ich hab' sie ja nur auf die Schulter geküßt...« Und das junge Paar – Anna und ich – tanzte danach.

Erster Teil
Warum kann sich eine Frau nicht wie ein Mann benehmen?

1. Verantwortung für das Geschaffene

Die Hauptperson oder, besser gesagt, der nicht ganz so heroische Held von John P. Marquands neuestem Roman, *Women and Thomas Harrow*, gelangt bei seinen Grübeleien über die emotionalen Verschiedenheiten der Geschlechter zu einem überraschendem Schluß. Diese Figur Marquands ist ein Dramatiker, der mehrere Erfolge, aber auch einige Mißerfolge am Broadway gehabt hat. Seine Frau ist zum erstenmal schwanger. In seinen Gedanken vergleicht er nun die Premiere eines Stücks mit der Geburt des Kindes. Er klagt darüber, daß das Los der Frauen um so viel leichter ist als das der Männer! Er meint, daß sich ein Mann für ein Stück, das er geschrieben hat, verantwortlich fühlt und daß er Schuldgefühle erlebt, wenn sich das Stück als Durchfall erweist. Eine Frau, sagt er, empfindet nichts dergleichen, wenn das Kind, das sie zur Welt gebracht hat, nicht vollkommen ist.

In vielen Abschnitten dieses Romans und anderer Werke zeigt Marquand seine Begabung für die scharfe psychologische Beobachtung, aber hier hat er eine falsche Theorie aufgestellt, eine Theorie, die seltsam anmutet bei einem Mann, der sonst so viel Verständnis für die Gefühle von Frauen hat. Psychologen ebenso wie Gynäkologen wissen aus Erfahrung, daß genau das Gegenteil zutrifft. Sie sind nahezu einhellig der Meinung, daß sich die meisten Frauen für die Gesundheit und die normale Verfassung ihres Kindes verantwortlich fühlen. Die meisten Frauen fühlen sich tatsächlich nicht nur unglücklich, sondern regelrecht schuldig, wenn das Kind mit einem körperlichen Fehler oder Gebrechen geboren wird – so als wären sie direkt dafür verantwortlich. Psychoanalytiker und Gynäkologen kennen die Ängste, die viele Frauen in dieser Hinsicht während ihrer Schwangerschaft erleben. Ich beobachtete einmal den Fall einer sehr intelligenten Amerikanerin, die von der Angst besessen war, daß das Kind, mit dem sie schwanger war, mit Mißbildungen oder schwereren körperlichen Behinderungen zur Welt kommen könnte. Von dieser zwanghaften Angst getrieben, ging sie in Wien von einem Gynäkologen zum anderen und suchte Beruhigung in dieser Hinsicht. In diesem Fall kamen die Ängste daher, daß die Patientin befürchtete, sie hätte sich und ihren Genitalien Schaden zugefügt, als sie als kleines Mädchen masturbierte. Ihre Mutter hatte ihr oft gesagt, sie könne keine gesunden, normalen Kinder haben, wenn sie mit sich selbst spielte. In einem anderen Fall war der Grund für eine ähnliche Angst die Sorge, das Kind könnte durch Vererbung irgendeinen körperlichen Schaden davontragen. Der Vater der Patientin war während seines ganzen Erwachsenenlebens Alkoholiker gewesen, und die Mutter hatte mehrere psychotische Zusammenbrüche gehabt. Was immer die Gründe im einzelnen Fall sein mögen, es ist gewiß richtig zu sagen, daß sich die meisten Frauen für den Zustand ihres Kindes ebenso verantwortlich fühlen wie der Mann für die Qualität seiner Arbeit.

2. Eine überraschende Beobachtung

Wer die menschlichen Beziehungen für selbstverständlich hält, ohne sich manchmal Gedanken über sie zu machen, bringt sich um den großen Vorteil, etwas Originelles an ihnen zu entdecken – sie in einem neuen Licht zu sehen. Eine zufällige Bemerkung in einem Gespräch fällt uns gelegentlich als besonders originell oder »authentisch« auf, obwohl wir das beobachtete Phänomen ebenso wie jeder andere Mann oder jede andere Frau direkt vor Augen hatten. Wir glauben, zum Beispiel, daß wir alles Wissenswerte über die emotionalen Unterschiede zwischen Männern und Frauen wissen. Aber irgendein beiläufiger Satz des nächstbesten Mannes oder der nächstbesten Frau erstaunt uns durch die Originalität der Beobachtung, so als sähen wir diese Unterschiede zum erstenmal. Einige Bemerkungen, die ein Patient unlängst während einer Konsultation machte, öffneten mir wieder einmal die Augen. Dieser Patient, ein Mann in den späten Vierzigern, war zweimal geschieden und hatte nun einige Schwierigkeiten in seiner dritten Ehe. Seine Beziehungen zu Frauen schienen immer in eine Art von emotionaler Sackgasse zu führen, was zum größten Teil entweder daher kam, daß er kein Verständnis für typisch weibliche Verhaltensweisen hatte oder daß er keine Geduld für sie aufbrachte. Seine Einstellung zu »maskulinen« Frauen war jedoch womöglich noch intoleranter als sein Verhältnis zu den sehr femininen Vertreterinnen des anderen Geschlechts. Zusammen mit anderen persönlichen Schwierigkeiten im Beruf und in seinen Beziehungen zu anderen Männern ergab sich aus der Beschreibung der Situation, in die er immer wieder geriet, das Bild einer sogenannten »Charakterneurose«. In Anbetracht seiner gestörten

Beziehungen zu Frauen war es nicht überraschend zu hören, daß er sich über seine dritte Frau beklagte. Was mich allerdings verblüffte, war das, was er ihr vorzuwerfen hatte.

Er sagte: »Ich halte es nicht aus, ständig beobachtet zu werden.« – »Beobachtet?« wiederholte ich erstaunt. Ein leichter Verdacht kam mir. War das ein Symptom einer paranoiden Einstellung? Die psychoanalytische Behandlung hatte erst vor kurzem begonnen, und bis dahin hatte ich nichts bemerkt, was auf eine solche pathologische Einstellung hingewiesen hätte. Ich hatte nicht den Eindruck gewonnen, daß der Mann besonders mißtrauisch oder verwundbar sei. Von Verfolgungs- oder Größenwahn war nichts zu bemerken, und es gab auch keine Anzeichen für jene bei paranoiden Patienten zu beobachtende Vorstellung, daß alle Menschen in ihrer Umgebung sie zum Zentrum ihrer Aufmerksamkeit machen – keinen »Beziehungswahn«, wie die Psychiater diese typische kritische Beobachtung der Umwelt nennen.

Was meinte er also? Er erklärte es mir. »Wissen Sie, Frauen beobachten einen die ganze Zeit. Es ist, als würde man beobachtet oder ausspioniert, solange man sich in ihrer Nähe aufhält. Sie stehen morgens auf, und der erste Blick, den Sie spüren, ist der Ihrer Frau, die feststellen möchte, was für eine Laune Sie haben. Sie kommen aus Ihrem Büro nach Hause, und sie studiert Ihr Gesicht, als wollte sie herauskriegen, ob Sie einen schlechten Tag in der Stadt hatten oder nicht, ob Sie gut aufgelegt sind oder müde oder sauer. Während des Abendessens sieht sie Sie an, und Sie haben das Gefühl, sie tut es, weil sie wissen möchte, ob es Ihnen schmeckt, was sie Ihnen vorgesetzt hat. Später blicken Sie einmal von der Zeitung auf und wissen, sie hat Sie eben angesehen und sich gefragt, ob Sie sie noch lieben. Nein, sagen Sie mir nicht, ich bilde mir das alles nur ein. Sehen Sie, ich behaupte ja nicht, daß meine Frau mich wie ein Habicht beobachtet.« Mit einem ironischen Lächeln fügte er hinzu: »Manchmal denke ich, sie beobachtet mich, als wäre ich ein Habicht, vor dem sie sich fürchtet. Dabei weiß ich, daß sie nicht die geringste Angst vor mir hat. Sie möchte nur unbedingt herauskriegen, was ich fühle – vor allem in bezug auf sie. Sehen Sie, es ist für sie nicht wichtig festzustellen, was ich von meinem Chef halte oder von meinen Kollegen oder von der Regierung der Vereinigten Staaten oder von der amerikanischen Außenpolitik. Sie ist nicht neugierig darauf, was ich von Gott und der Welt denke. Aber in bezug auf das, was ich von ihr denke, kann sie nicht die geringste Ungewißheit ertragen. Sie muß es wissen oder zumindest erraten. Deshalb beobachtet sie mich unaufhörlich. Ich habe das Gefühl, daß ich in meinem emotionalen Leben überhaupt keine Privatsphäre habe. Sagen Sie nicht, daß ich in diese Situation etwas hineindeute. Ich weiß zufällig, daß ich recht habe.«

Er lächelte. »Ich bin nun schon so sehr darauf eingestellt, beobachtet zu werden, daß ich aus der Art, wie sie mich ansieht, folgern kann, was sie von mir über ihr neues Kleid oder ihre neue Frisur hören möchte.«

Seine Bemerkungen verloren dann ihren kritischen Charakter und wurden eher humorvoll. Er schien sich über eine Art von typischer Konzentration der Frauen auf ihre Männer lustig zu machen. Mit den folgenden Gedankenverbindungen gingen seine Beobachtungen vom Persönlichen zum Allgemeinen über. Er behauptete, daß die von ihm beobachtete Haltung für alle Frauen charakteristisch sei – für die jungen und die nicht mehr ganz so jungen.

Lassen wir für den Augenblick mehrere Fragen beiseite, die in diesem Zusammenhang für den Psychoanalytiker von großem Interesse wären – zum Beispiel das Problem der intensiven Bewußtheit und Sensibilität des Patienten. Wir wollen auch nicht von den Motiven und dem Ursprung der emotionalen Schwierigkeiten, die er immer mit Frauen hatte, sprechen und seine Übertreibungen übergehen, die man als Verzerrungen sehen könnte. Es ist klar, daß seine Erklärungen von gewissen Tendenzen geleitet werden, aber das erwarten wir nicht anders, weil sie während einer psychoanalytischen Sitzung gemacht wurden, in der ein ungehemmter und unkonventioneller Ausdruck der Gefühle nicht nur gestattet ist, sondern sogar gefordert wird. Wir werden seine verallgemeinerten Bemerkungen gewiß nicht als die nüchternen, objektiven Meinungen eines unvoreingenommenen Beobachters betrachten. Aber es bleibt die Frage: steckt in ihnen nicht doch ein Körnchen Wahrheit, ein gewisses Maß an korrekter Beobachtung, die von der vergleichenden Psychologie der Geschlechter vernachlässigt oder kaum bemerkt wurde?

Wir wissen, daß alle Verallgemeinerungen falsch sind, aber es steckt wirklich ein Körnchen Wahrheit in den Beobachtungen des Patienten – zumindest sofern sie die durchschnittliche Frau betreffen. Diese verborgene Wahrheit wird offenbar, wenn man die Einstellung der durchschnittlichen Frau mit der des durchschnittlichen Mannes im Alltag des Ehelebens vergleicht. Wir kommen zu dem Schluß, daß die Frau auf Stimmungen und ihre Änderungen nicht nur aufmerksamer und bewußter reagiert als der Mann, sondern daß sie auch ein feineres Wahrnehmungsvermögen für sie besitzt. Ihre Beobachtung ist sicherlich nicht unvoreingenommen und objektiv, sondern persönlich und außerordentlich scharf. Ihrer Aufmerksamkeit entgeht nicht viel. Ihre

Wachsamkeit ist selektiv, aber sie beschränkt sich in den meisten Fällen nicht auf die Einstellung ihres Mannes zu ihr, obwohl diese sicherlich im Vordergrund steht. Und es ist eine psychologische Tatsache, daß viele Frauen wünschen, ihre Männer würden mehr auf ihre Stimmungen achten und ihren Gefühlen mehr »Aufmerksamkeit« schenken.

Es gibt mehrere psychologische und soziologische Gründe für diesen emotionalen Unterschied zwischen den Geschlechtern, aber mir scheint, die Tatsache, daß ein ungleicher Grad von Aufmerksamkeit oder Wachsamkeit vorliegt, läßt sich nicht leugnen. Eine andere Frage ist die der Auswertung der Beobachtungen. Wir wollen sie nicht diskutieren, weil sie hier von sekundärer Bedeutung ist und weil die Auswertung natürlich von den Standpunkten der verschiedenen Personen abhängt. Dostojewskij nannte die Psychologie einen Stock mit zwei Enden. Das gilt auch, wenn man eine gewisse Einstellung eines beobachteten Subjekts bewerten will. Der eine kann einen Mann geizig und knauserig nennen, während ein anderer denselben Mann einfach sparsam oder umsichtig findet.

Soviel ich weiß, ist die hier angedeutete unterschiedliche Einstellung von Mann und Frau in der wissenschaftlichen Literatur der vergleichenden Psychologie noch nicht behandelt worden. Ich fand aber einen wesentlichen Beitrag zu diesem Thema in dem Stück eines Autors, dem man zweifellos zugesteht, daß er Augenblicke durchdringender psychologischer Einsichten hatte.

Der erste Akt von Bernard Shaws *Zurück zu Methusalem* zeigt Szenen zwischen Adam und Eva im Garten Eden. Sie führen uns zurück zum Beginn der Ehe. Eva wird hier tatsächlich als Beobachterin ihres Mannes vorgestellt. Sie bemerkt, daß Adam stundenlang grübelnd dasitzt und schweigt. Sie hat den Eindruck, daß er sie im Innersten haßt. »Wenn ich dich frage, was ich dir angetan habe, sagst du, daß du nicht an mich denkst, sondern an das Entsetzen, ewig hier bleiben zu müssen.« * Sie glaubt, er meint das Entsetzen, für immer mit *ihr* hier bleiben zu müssen. Adam setzt sich mürrisch nieder und bestreitet das energisch. Er mag sie, aber er kann sich selbst nicht leiden. Der Gedanke, daß er sich selbst ewig ertragen muß, ist schrecklich. Er möchte anders sein, besser. »Hast du nie daran gedacht?« fragt er. Eva denkt nicht daran. »Ich bin, was ich bin, daran läßt sich nichts ändern.« Sie denkt nicht an sich, sondern an ihn. Nun kommt Adam zur Sache: »Du beobachtest mich immer. Ich kann niemals allein sein. Du willst immer wissen, was ich gemacht habe. Das ist eine Last. Du solltest versuchen, ein

* Zitate in der Übersetzung von Siegfried Trebitsch, Artemis Verlag, Zürich 1947.

eigenes Dasein zu haben, anstatt dich mit meinem Dasein zu beschäftigen.«

Sehen wir hier nicht die gleiche Ungeduld gegenüber der Frau, die mein Patient in der Analysestunde ausdrückte? Künden diese Sätze Adams nicht ein Leitmotiv an, das in seinen Nachfahren noch als Echo widerhallt? Eva antwortet, was alle Frauen in dieser Situation sagen könnten. Sie erklärt die Gründe für die Wachsamkeit, über die sich der erste Ehemann der Welt beklagt. Sie muß an ihn denken und ihn im Auge behalten, denn: »Du bist faul, du bist schmutzig, du vernachlässigst dich. Du träumst fortwährend. Du würdest schlechtes Zeug essen und ekelhaft werden, wenn ich dich nicht beobachtete und mich mit dir beschäftigte.« Und eines Tages könnte er trotz all ihrer Fürsorge »auf den Kopf fallen und tot sein«.

Es ist nicht nur die erste Ehefrau und »Gefährtin«, die so spricht. Es ist die Mutter, die Urmutter aller Menschen. Ihre Wachsamkeit gegenüber ihrem Mann und ihre Beobachtung seines Tuns sind nur die Fortsetzung der Aufmerksamkeit, die sie ihren Kindern widmen muß. In Adam steckt wie in allen Männern ein Junge, der zu Schaden käme, wenn man nicht auf ihn aufpaßte. Die Einstellung des ersten Paares im Garten Eden wiederholte sich immer wieder. Es scheint, daß Adam schon von Anfang an undankbar war wie wir Männer alle, wenn wir diese besondere Art von Aufmerksamkeit bemerken, die unsere Mütter und Frauen uns widmen. Jedenfalls berichtet keine Überlieferung, daß Adam nach der Vertreibung aus dem Paradies zu seiner Gefährtin gesagt hätte: »Wo immer wir hingehn, wenn ich nur bei dir bin!«

3. Kleine Mädchen, kleine Jungen

Alles, was bei erwachsenen Männern und Frauen in Erscheinung tritt, wurde schon bei kleinen Jungen und Mädchen vorgeformt, und der Unterschied in der Art des Fühlens und Denkens der Geschlechter verrät sich schon früh. In den folgenden Abschnitten sind einige Beispiele für kindliche Reaktionen auf das tägliche Leben aufgezeichnet. In einigen davon sind die weiblichen und männlichen Züge schon im Keim erkennbar.

Ein Mann von dreiundvierzig Jahren spricht in seinen analytischen Sitzungen von Erinnerungen an die sehr frühe Erziehung zur Reinlichkeit, der ihn seine Mutter unterwarf. Sie war stolz darauf, daß sich der kleine Junge nach seinem zweiten Lebensjahr nie mehr beschmutzte. Der Patient berichtet im Zusammenhang damit seine früheste Kindheitserinnerung, die genau datiert und überprüft werden konnte. Als der Patient zweieinhalb Jahre alt war, wurde eine Schwester geboren. Der kleine Junge war dabei, als die Blase sprang. Der Vater lief hinaus, um den Arzt zu holen. Der Junge schrie seine Mutter verächtlich an: »Du Schwein!«

Ein kleiner Junge, der auf einer Farm aufwuchs, erzählte einem Besucher aus New York, daß seine Eltern in der Nacht miteinander rauften. Auf diese Weise deutete das Kind den Geschlechtsverkehr seiner Eltern. Es hatte oft die Geräusche aus dem angrenzenden Schlafzimmer gehört und sie als Kampf ausgelegt.

Ein kleines Mädchen muß zu einer ähnlichen Auffassung von den sexuellen Beziehungen seiner Eltern gelangt sein. Die Patientin erinnert sich, daß sie in ihrer Kindheit dachte, ihr Vater mißhandle ihre Mutter in der Nacht und tue ihr weh. Das Kind sah in diesen nächtlichen Szenen eine Fortsetzung der häufigen Streitigkeiten, die die Eltern während des Tages hatten. Jedesmal wenn es die Mutter in der Nacht seufzen oder stöhnen hörte, fürchtete es, daß der Vater sie schlug, und beim Frühstück suchte es ängstlich die Spuren der nächtlichen Mißhandlung im Gesicht der Mutter.

Ein Vater hielt seinem Sohn, der noch keine zwei Jahre alt war, mehrere Male seine Uhr ans Ohr, weil sich das Kind über das Ticken freute. Einmal nahm der Junge die Uhr, hielt sie dem Vater ans Ohr und beobachtete sein Gesicht. Der scharfsichtige Vater gab sich mit der Erklärung, daß das Verhalten seines Sohnes reine Nachahmung sei, nicht zufrieden. Er erklärte, was der kleine Junge getan habe, sei das erste Zeichen von Liebe, denn was ist Liebe anderes als der Wunsch, Freude zu bereiten und jemanden glücklich zu machen?

Manchmal sind die emotionalen Reaktionen der Väter interessanter als die Handlungen ihrer kleinen Söhne. Zwei Beispiele: ein anderthalb Jahre alter Junge wachte nachts auf und weinte. Der Vater nahm das Kind auf, versuchte es zu beruhigen und legte es schließlich in sein eigenes Bett. Aber der kleine Junge hörte nicht auf zu weinen und sagte immer wieder: »Mami-Bett.« Der Vater verspürte die ersten unbestimmten Regungen von Eifersucht. Derselbe Vater ging mit seinem Sohn, der mittlerweile zwei Jahre alt geworden war, in den Garten seines Hauses. Er sah eine Stelle, wo der Boden uneben war, und versuchte, sie auszugleichen, indem er die Erde niedertrampelte. Dann wurde er ans Telefon gerufen. Während er sprach, sah er durch das Fenster, daß sein kleiner Sohn, den er alleingelassen hatte, die Erde niedertrampelte, wie er es bei seinem Vater gesehen hatte. Der Mann empfand eine seltsame Erleichterung, die er mit den Worten ausdrückte: »Mein Sohn wird einmal meine Stelle einnehmen; meine Arbeit macht er schon.«

Es folgen einige Beispiele aus den ersten Lebensjahren meiner Tochter Miriam. Als sie noch keine vier Jahre alt war, kletterte sie auf meinen Schoß, wandte sich ihrer Mutter zu und sagte neckend: »Schau, jetzt habe ich deinen Mann geküßt.«

Sie zeigte eine früh entwickelte Wahrnehmungsgabe. Als sie vier Jahre alt war, bemerkte sie, daß ihre Mutter eine »Telefonstimme« hatte. Sie meinte damit, daß ihre Mutter am Telefon anders sprach als im direkten Umgang mit einem Menschen. Ein kleiner Junge würde seine Mutter vielleicht nicht so scharf beobachtet haben. Im selben Alter sagte Miriam von einer Dame, die uns oft besuchte: »Sie ist wie ein Mann. Sie hat immer dieselben Sachen an.«

Als mein Sohn Arthur noch sehr klein war, schlief er mit einem Kindermädchen in einem Zimmer. Einmal überraschte er uns mit der Erklärung: »Anne hatte auch einen Wiwimacher (sein Ausdruck für Penis), aber sie war unartig, und er wurde in den Ofen gesteckt.« Er mußte beobachtet haben, daß das Kindermädchen keinen Penis hatte, und war zu dem Schluß gekommen, daß es einmal einen gehabt hatte und daß er ihm weggenommen worden war. Zur Erklärung seiner Vorstellung: am Tag vor dieser Geschichte hatte der kleine Junge unaufhörlich auf einer Spielzeugtrompete geblasen. Anne hatte ihn oft ermahnt, endlich aufzuhören, aber er hatte weiter Lärm gemacht. Schließlich hatte ihm Anne gedroht: »Wenn du nicht aufhörst, nehme ich die Trompete und stecke sie in den Ofen.«

Wenn man den Berichten von Kindergärtnerinnen trauen darf, nennen kleine Mädchen sie oft »Mami«, während kleine Jungen diesen Ausdruck nie gebrauchen.

Ein Mann erinnert sich, daß er sich als kleiner Junge sehr schämte, wenn er mit anderen Kindern aus demselben Häuserblock spielte und seine Mutter aus dem Fenster auf die Straße hinunter rief: »Murray, komm deine Milch trinken.«

Ich leistete mir einen Spaß mit einem vierjährigen Jungen, dem ich sagte, auf einem bestimmten Baum im Garten seiner Eltern wachse Kaugummi. Ich hatte Kaugummi gekauft und die Streifen mit Fäden an den unteren Ästen des Baumes aufgehängt. Der Junge kletterte hinauf und pflückte sie. Er zweifelte nicht daran, daß sie auf dem Baum wuchsen, und es machte ihn auch nicht stutzig, daß sie in Papier eingewickelt waren. Meine Erklärung, daß die einzelnen Stücke verschiedene Geschmäcker hatten, da sie zu verschiedenen Zeiten blühten, akzeptierte er ohne weiteres. Als ich ihn im folgenden Jahr an den Kaugummibaum erinnerte, schämte er sich seiner früheren Leichtgläubigkeit und sagte: »Reden wir nicht davon.« Später mußte ich unwillkürlich denken, daß alte Menschen sich oft ihrer früheren Überzeugungen und abergläubischen Vorstellungen schämen, wenn sie aus gewissen Entwicklungsphasen herausgewachsen sind.

Manchen Kritikern psychoanalytischer Theorien fällt es schwer zu glauben, daß kleine Jungen ihren Vätern in Gedanken eine unbegrenzte Macht zuschreiben. Dieser Glaube wird oft in späteren Jahren trotz der bewußten Kenntnis der begrenzten Fähigkeiten der Väter noch unbewußt beibehalten. Ich erinnere mich, was für einen großen Eindruck es auf mich machte, wenn ich als kleiner Junge das Büro meines Vaters aufsuchte. Ich sah auf seinem Schreibtisch eine Anzahl spitzer Bleistifte in verschiedenen Farben und dachte, mein Vater müsse eine sehr einflußreiche und wichtige Persönlichkeit sein.
Mein Sohn Arthur, mit dem ich einmal in Wien auf den Bahnhof ging, um einen Verwandten abzuholen, bat mich: »Papa, laß doch noch einen Expreßzug kommen!« Er schrieb mir die Macht zu, Züge ankommen und abfahren zu lassen.
Kleine Mädchen flüstern manchmal miteinander, »Männer tun« dies und das. Kleine Jungen sprechen beinahe nie so von Frauen.

Als meine Töchter noch klein waren, sahen wir uns manchmal Cartoons in *The New Yorker* an, und ich forderte sie auf, mir die Zeichnungen zu erklären, das heißt, mir zu sagen, was daran witzig war. Ich tat es, um ihre Intelligenz und ihre Auffassungsgabe zu testen (und ich zog Zeichnungen ohne Text vor). Während des Krieges zeigte ich meiner Tochter Miriam, die damals vier Jahre alt war, eine Zeichnung, in der ein General und sein Adjutant ein Lager inspizierten. Die beiden Offiziere mußten durch ein Zelt gehen, in dem Angehörige des Frauenhilfskorps ihre Wäsche, Höschen, Büstenhalter etc., an einer Leine aufgehängt hatten. Der General und sein Adjutant waren sichtlich verlegen. Miriam erklärte die Zeichnung: »Diese beiden Männer schämen sich, weil sie etwas sehen, was sie nicht anschauen dürfen.« Ich bezweifle, daß ein Junge desselben Alters den Sinn der Zeichnung so rasch verstanden, und wenn ja, daß er eine so feinfühlige Erklärung gefunden hätte.
Ein Arzt, der in einem Vorort Wiens wohnte, hatte seiner kleinen

Tochter versprochen, ihr eine Puppe aus der Stadt mitzubringen. Jeden Abend wartete sie auf seine Rückkehr von den Hausbesuchen bei seinen Patienten, aber der beschäftigte Doktor vergaß jedesmal, die Puppe zu kaufen. Schließlich bat er seine Frau, eine zu besorgen, wenn sie einkaufen ging. Sie brachte die Puppe und gab sie ihrer Tochter. Diese warf die Puppe voller Wut gegen die Wand und zerbrach sie. Sie wurde streng bestraft. Die Mutter verstand nicht, daß das Mädchen ein Baby vom Vater und nicht von ihr wollte.

Ein Patient, der in seinem Arbeitszimmer beschäftigt war, hörte nebenan einen langen Streit zwischen seiner Frau und seiner elfjährigen Tochter. Er ging ins Zimmer und fragte, was los sei. Man erklärte ihm, der Streit gehe darum, was für eine Art von Knöpfen das Mädchen an der Jacke tragen sollte. Der Mann fragte sich, ob ein so heftiger und langer Streit wegen Knöpfen zwischen Vätern und Söhnen vorstellbar sei.

Ich hörte von einem Jungen, der, bis er beinahe vier Jahre alt war, glaubte, er heiße Halt-den-Mund, so wie andere Jungen Charles oder John hießen.

Die enge Mischung von aggressiven und sexuellen Trieben zeigt sich schon sehr früh. Kleine Jungen, die nicht wissen, was sie zu kleinen Mädchen sagen sollen, schlagen sie manchmal plötzlich, wobei der sexuelle Charakter der Mißhandlung offenkundig ist. Kleine Mädchen, die mit schüchternen Jungen zu tun haben, gehen auch gelegentlich auf sie zu und stoßen sie neckend und spielerisch. Der Angriff des Jungen kommt einem Ersatz für einen sexuellen Annäherungsversuch gleich, der des kleinen Mädchens einer verborgenen sexuellen Einladung im Sinne von: »Wollen wir tanzen?«

Kinder sind weit davon entfernt, sich Tieren überlegen zu fühlen, und sie entwickeln nicht den Hochmut, den Erwachsene ihnen gegenüber zeigen. Ein kleiner Junge sagte, er wolle »einen guten Freund« besuchen gehen. Später erfuhr ich, daß der Freund ein Hund im nächsten Häuserblock war. Für Kinder ist »Hundesohn« kein Schimpfwort. Sie würden sich über eine Abstammung von den Hunden ebensowenig wundern wie die alten Ägypter.

Als ich vor einigen Jahren in den Sommerferien war, traf ich ein mir bekanntes Ehepaar mit seinem kleinen Sohn auf der Hauptstraße von

Bar Harbor. Der Mann, der mich zuerst sah, sagte etwas zu seiner Frau, bevor sie auf mich zukamen. Ich erfuhr später, daß er mein Buch *Hören mit dem Dritten Ohr* erwähnt hatte. Wir gaben uns die Hand und plauderten ein wenig. Der kleine Junge sah mich aufmerksam an, ging um mich herum und musterte mich sorgfältig. Sein Vater erzählte mir später, der Kleine habe mein »drittes Ohr« gesucht.

Ein Junge von neun Jahren wurde von seinem Vater, der ihn im Sommerlager besuchte, gefragt, ob er Heimweh gehabt habe, und antwortete mit einem »Nein«. Darauf fragte ihn der Vater, ob die anderen Jungen Heimweh hätten. »Nur ein paar«, sagte der Junge. »Die, die Hunde zu Hause haben.«

Eine Mutter ermahnte ihre neunjährige Tochter, sich nicht von Jungen küssen und streicheln zu lassen. Sie sagte: »Ein Mädchen, das einem Jungen so etwas erlaubt, macht sich billig.« Das Mädchen fragte: »Und der Junge?«

Nina Katz, ein Mädchen von sechs Jahren, kam aus der Schule nach Hause und erzählte ihrem Vater stolz: »Zwei Jungen in der Schule sind in mich verliebt.« Mr. Katz fragte: »Und in wen bist du verliebt?« – »In den Jungen, der mich am meisten liebt.« Früh krümmt sich, was ein Häkchen werden will.

4. Verstehen Frauen Männer?

Wir halten es für selbstverständlich, daß Frauen Männer besser verstehen als Männer Frauen. Zweifellos ist das auch der Fall. Aber verstehen sie Männer wirklich so viel besser und vor allem: verstehen sie sie in jeder Hinsicht? Verstehen sie alle Arten von Männern? Wie weit werden ihr Urteil und ihr Verständnis durch ihren eigenen Charakter und ihre Weiblichkeit beeinträchtigt? Wie weit ist ihre Meinung durch die Rolle beeinflußt, die sie sich selbst im Leben des Mannes zuschreiben? Wissen sie, beispielsweise, daß nicht wenige Arten von Männern Frauen, Liebe, Sexualität und so weiter in eine eigene Abteilung stecken, die sozusagen keine Verbindung mit ihren anderen Interessen hat und von diesen isoliert und getrennt wird? Eine Frau, die kocht und das Haus sauber hält und ihre Kinder erzieht, einkauft, sich anzieht und auszieht, ist in ihren Gedanken und in ihrem Gefühlsleben nur selten von ihrem Ehemann oder Geliebten getrennt. Beinahe alles, was sie tut oder nicht tut, bezieht sich irgendwie auf ihn. Ein Mann in seiner Werkstatt oder in seinem Büro denkt selten an seine Frau, während er arbeitet. Sie ist, psychologisch gesehen, so weit fort von seinen Gedanken, als lebte sie auf einer fernen Insel, auf die er manchmal, in Augenblicken, in denen seine Aufmerksamkeit bei der Arbeit nachläßt, seine Gedanken und Gefühle überträgt. Bewußt oder unbewußt hat er das Gefühl, daß es nicht richtig ist, daß er sich verirrt, wenn er während der Arbeit an seine Frau oder Geliebte denkt. Welche Frau würde Schuldgefühle haben, wenn sie – während ihrer Betätigung als Stenotypistin, Sekretärin, Krankenschwester und so fort – manchmal an einen geliebten Mann denkt? Und welcher Mann würde in einer entsprechenden Situation nicht manchmal Schuldgefühle haben?

Die Trennung von Zuneigung und Sexualität, die für die meisten Männer so selbstverständlich und den meisten Frauen so fremd ist, stellt eine zweite Quelle von Mißverständnissen dar. Die durchschnittliche Frau, die erkennt, daß ihr Mann eine außereheliche sexuelle Beziehung unterhält, ist in ihrem Stolz tief verletzt, weil sie annimmt, daß ihm diese Beziehung viel bedeutet – oft viel mehr, als es tatsächlich der Fall ist. Sie ist oft nicht mehr als *»une affaire du canapé«*, um Napoleons Ausdruck zu gebrauchen. Die entscheidende Frage ist oft nur, ob eine Couch im Zimmer steht oder nicht, und keineswegs, ob er die andere Frau liebt oder nicht. Der falsche Analogieschluß, den Frauen ziehen, kommt hauptsächlich durch zwei Faktoren zustande: den Platz oder die Bedeutung, die Frauen in den Gedanken erwachsener Männer haben, und die Zeit, die sie, die Männer, mit Frauen verbringen möchten. Für die meisten ernsthaften Männer ist die Frau »etwas für gelegentlich« und nicht der Lebensinhalt. Männer, die in Frauen das Hauptinteresse ihres Lebens sehen, sind selten sehr maskulin. Napoleon, der die Beschäftigung mit Staatsangelegenheiten unterbricht, um eine Frau in Wien aufzusuchen, zu der er kurz und bündig sagt: *»Deshabillez vous!«*, und der dann nach kurzer Zeit entspannt oder angenehm geschwächt zu seiner Arbeit zurückkehrt, ist kein Ungeheuer in Menschengestalt. Seine Einstellung ist schlimmstenfalls eine Karikatur des Verhaltens der meisten reifen Männer gegenüber Frauen, die nur Sexualobjekte sind. Das mag brutal klingen, und es stimmt nur in extremen Fällen, aber es ist nichtsdestoweniger wahr und charakteristisch für die Ungeduld und Direktheit des Geschlechtstriebes des männlichen Tieres im Gegensatz zur emotionellen Einstellung der Frau gegenüber dem Mann.

Die Sexualität ist für Männer oft ein Selbstzweck, für Frauen dagegen eine Station auf dem Weg zu etwas, was über die Sexualität hinausgeht.

In den Gedanken von Frauen bietet die Straße von einem sexuellen Erlebnis zum nächsten viele nichtsexuelle Aussichten. In den Gedanken von Männern ist sie im allgemeinen einfach der Abstand zwischen einer sexuellen Befriedigung und der nächsten.

Goethe bemerkte einmal, daß ein Mann, der sich viel mit Frauen beschäftigt, abgesponnen werde wie die Wolle vom Rocken.

5. Aus dem geheimen Leben der Frau

Eine Frau, die einem Don Juan begegnet, der von einem Mädchen zum andern wandert, könnte die vage Hoffnung haben, daß er bei ihr bleiben, daß er sich nur noch für eine Frau interessieren und ihr treu sein wird. Frauen dieser Art reizt es, ihre Macht zu gebrauchen, den Mann festzuhalten. Diese Hoffnung ist in den meisten Fällen ebenso vergeblich wie die Erwartung, daß ein Schmetterling so lange auf einer Blume sitzen bleibt, daß man ihn fangen kann. Immerhin werden aber manchmal Schmetterlinge so gefangen.

Eine Frau, die sich im Spiegel betrachtet, bevor sie sich einem Mann zum erstenmal hingibt, denkt: »Wird er mit mir, mit meiner Figur, meinen Brüsten, zufrieden sein, wenn er mich nackt sieht?« Sie fürchtet, er könnte von ihr enttäuscht sein, wenn er sie unbekleidet sieht. Kein Mann empfindet etwas ähnliches, bevor er sich einer Frau sexuell nähert.

Ein Mann unternahm einen stürmischen Annäherungsversuch. Die Frau wies ihn ab und warf ihm seine Ungeduld vor. Er wartete zwei Tage, bevor er sie wieder um eine Verabredung bat. Dann machte er einen neuerlichen Versuch, aber die Frau sagte: »Sie haben mir Zeit zum Nachdenken gegeben...«

Jede Frau stellt sich in ihrer Phantasie vor, wie ein Mann ihr einen Heiratsantrag machen, was für Worte er gebrauchen, wie er sie ansehen würde und so weiter. Ein Mann stellt sich vielleicht die Reaktion der Frau auf seinen Antrag vor, aber kaum ihren Gesichtsausdruck oder den Klang ihrer Worte.

Als Platon den Mythos von den Männern und Frauen schuf – die ursprünglich nur halbe Menschen waren, bis sie vereint wurden –, bedachte er nicht, daß die beiden Hälften verschiedene Gefühle in bezug auf ihren Wunsch zusammen zu sein haben würden. Die verliebte Frau hat das Gefühl, daß es himmlisch ist, bei dem geliebten Mann zu sein, und höllisch, ohne ihn zu sein. Er möchte mit ihr nur in Abständen zusammen sein. Sie möchte immer bei ihm sein.

Wenn eine Frau denkt, »ich könnte ihn lieben«, liebt sie ihn schon. Sie gleicht einem Schachspieler, der noch zögert, eine Figur auf dem Brett zu berühren, obwohl er den nächsten Zug schon entschieden hat. Mehr noch: eine Frau kennt oft schon im voraus den nächsten Zug des männlichen Partners, mit dem sie spielt.

Eine Frau, die eine Abtreibung vornehmen lassen will, kann das Gefühl haben, zu ihrem eigenen Begräbnis zu gehen. Unbewußt betrachten die Frauen – wie die katholische Kirche – die Abtreibung als Mord. Ihnen ist zumute, als würde nicht nur das ungeborene Kind ermordet, sondern als müßte auch ein Teil von ihnen selbst sterben.

Frauen, die eine Abtreibung hatten, ertappen sich oft viele Jahre später bei dem Gedanken, wie alt das ungeborene Kind jetzt sein müßte, ob es ein Mädchen oder ein Junge wäre, wie er oder sie aussehen würde und so weiter. Gedanken solcher Art findet man beinahe nie bei Männern. Das ist ein weiterer Beweis für die Tatsache, daß alle intimen Beziehungen im Leben einer Frau mit ihrem Kind verbunden sind.

Kein Mann würde denken, daß die Frau, die – unter dem Zwang äußerer Umstände – eine Schwangerschaftsunterbrechung vornehmen läßt, ihn nicht liebt. Aber der Gedanke, daß der Mann, der ein von ihm stammendes ungeborenes Kind loswerden möchte, sie nicht liebt – dieser Gedanke kommt jeder Frau.

»Je mehr ich mich um ihn kümmere, desto mehr liebe ich ihn.« Eine Frau, die für ihren Geliebten Vorhänge näht oder ihm sein Lieblingsgericht kocht, stellt sich vor, daß sie mit ihm verheiratet ist und Hausarbeit für ihn verrichtet.

Sogar eine maskuline Frau kann eine neue Weiblichkeit annehmen, wenn sie mit dem Mann zusammen ist, den sie liebt. Es gibt Männer, die besser als andere einer Frau das Gefühl geben können, eine richtige Frau zu sein. »Bei ihm fühle ich mich wie eine Königin«, sagte ein Mädchen von einem gewissen Mann.

Frauen erinnern sich viel häufiger als Männer im umgekehrten Fall an Gespräche, die sie mit dem Mann hatten, den sie lieben, und sie erinnern sich nicht nur an seine Worte, sondern auch an den Tonfall, in dem sie gesprochen wurden.

Frauen fragen sich oft, warum die Berührung der Hand eines Mannes – beispielsweise wenn er ihnen beim Aussteigen aus einem Wagen hilft – so ganz andere Gefühle auslöst als die Berührung der Hand eines anderen Mannes unter ähnlichen Umständen. In dem einen Fall möchten sie dem Mann näher sein, in dem anderen von ihm abrücken.

Wir sagen von gewissen Männern, sie seien »Frauenhelden«. Die Franzosen haben den Ausdruck *homme à femmes* und meinen damit einen

Mann, der großes Interesse an Frauen hat und mit ihnen umzugehen versteht, manchmal aber auch einen Schürzenjäger, einen Don Juan. Wenn Männer unter sich von einem »Frauenhelden« sprechen, gebrauchen sie den Ausdruck oft in einem verächtlichen Sinne, so als wollten sie sagen, daß sich das Interesse eines Mannes nicht auf Frauen konzentrieren könne. Ein großer Frauenheld sein, bedeutet irgendwie kein richtiger Mann sein. Es gibt keine analogen Ausdrücke für Frauen. Die in einem ähnlichen Sinne gebrauchten betreffen Frauen, die wahllos im Umgang mit Männern sind, und haben eine sehr grobe Bedeutung. Niemand sagt: »Sie ist eine Männerheldin« oder eine *femme à hommes*, denn das käme einer Beleidigung gleich. Auf Frauen angewandt, die großes Interesse an Männern zeigen, wäre letzterer Ausdruck auch sinnlos, denn Interesse an Männern ist ein immanenter Teil des Lebens jeder Frau. Sie alle verbringen einen großen Teil ihres Lebens damit, sich mit Männern zu beschäftigen oder um Männer besorgt zu sein: *Così fan tutte*.

Die Zeilen »Zur Liebe kann ich dich nicht zwingen, doch geb' ich dir die Freiheit nicht« in der Mozartoper werden einem Mann in den Mund gelegt, aber sie würden besser zu einer Frau passen. Eine Frau kann einen Mann oft nicht zwingen, sie weiter zu lieben, aber sie ist nicht bereit, ihm die Freiheit zu geben, weil sie wider besseres Wissen hofft, daß sich seine Liebe wieder ihr zuwenden wird.

Eine erfahrene alte Schauspielerin, die mit einer jungen Frau die Rolle der Julia einstudierte, unterbrach an einer gewissen Stelle die Deklamation ihrer Schülerin. Die junge Schauspielerin faßte die Julia als romantischen Teenager voller Sentimentalität auf. Die alte Schauspielerin sagte: »Wissen Sie nicht, daß alle Frauen – auch Julia – boshaft sind?«

Es kommt bei Frauen nicht sehr oft vor, daß die inneren Einwände gegen Untreue eine moralische Form annehmen. Sie drücken sich eher in der Angst aus, daß eine heimliche sexuelle Affäre entdeckt werden könnte. Sorgfältig verschlossene Türen und Fensterläden sind manchmal ein guter Ersatz für ein reines Gewissen. Innere Einwände werden manchmal im Namen der Schicklichkeit oder auch der Reinlichkeit erhoben. Eine Frau würde die Vorstellung nicht ertragen, mit ihrem Ehemann und darauf mit ihrem Liebhaber Geschlechtsverkehr zu haben. Eine Patientin, die an eine solche Möglichkeit dachte, meinte: »Es ist so schmuddelig.«

Französische Autoren beschreiben oft Szenen, in denen Frauen im alltäglichen Gespräch zu *confidences de femme* übergehen. Diese vertraulichen Mitteilungen betreffen nicht nur verborgene Unzulänglichkeiten und Handicaps des Frauenlebens, sondern manchmal auch Einzelheiten des intimen Liebeslebens. Sie werden im allgemeinen nicht laut ausgesprochen, sondern geflüstert, und sind oft von der Art, welche die Colette durch die Frage »Madame – wie oft?« charakterisierte. Es gibt keine ähnlichen *confidences de l'homme*. Männer sprechen offen von ihren sexuellen Erlebnissen. Sie haben nicht so viel zu verbergen und zu verschweigen. Nicht einmal ihre Treulosigkeiten und Schwächen können den Frauen verborgen bleiben. Sie sind sozusagen offene Geheimnisse.

Daß Männer Frauen nicht verstehen, ist traurig, aber ihre Überzeugung, daß sie sie verstehen, ist geradezu rührend.

Eine Frau, die sehr unreif ist und von ihrer Mutter abhängig bleiben möchte, ist unbewußt nicht bereit, schwanger zu werden und Mutter zu werden. Sie möchte selbst ein Baby sein. Daher will sie kein Baby haben.

Jugend ist einer der vielen Reize der Frau. Meine Mutter pflegte zu sagen: »Als sie jung war, war sogar die Hexe in ›Hänsel und Gretel‹ schön.«

Männer sind in dieser Welt nicht zu Hause und müssen sie daher erforschen. Frauen, die die Kette aller organischen Wesen bilden, sind in der Welt daheim und fühlen nicht den Drang, alles über sie zu erfahren. Männer müssen in ihrem eigenen Zimmer nach Dingen suchen, während Frauen immer wissen, wo alles mögliche zu finden ist.

Die Objektivität eines Mannes blockiert oft eine Straße, die nur durch die Subjektivität einer Frau geöffnet werden kann. Subjektivität kann von einem Mann als Störung der wahren Tatsachenfeststellung interpretiert werden, und er wird sie oft verächtlich von sich weisen, wenn er sie bei sich selbst entdeckt. Er vergißt aber, daß eine Tatsache erst Bedeutung erlangt, wenn sie zu anderen in Beziehung gesetzt werden, die er vielleicht verwirft, weil sie »nicht dazugehören«.

Die Selbsteinschätzung einer Frau hängt von der Art von Mann ab, der sie erwählt oder, besser gesagt, den sie dazu bringt, sie zu erwählen. Ein Mann, dessen Selbsteinschätzung mit der gesellschaftlichen Stellung oder den persönlichen Qualitäten der Frau steigt oder fällt, die er erwählt hat, kann nur im anatomischen Sinne ein Mann genannt werden.

Frauen zögern viel länger als Männer, bevor sie ihren Verwandten eingestehen, daß ihre Ehe unglücklich ist. Daß sie ihren Angehörigen nur Kummer ersparen wollen, kann nicht der Grund sein. Schämen sich Frauen mehr, weil sie sich mehr als Männer dafür verantwortlich fühlen, daß die Ehe kein Erfolg wurde?

Ein Junge, der von anderen Jungen oder älteren Menschen ein »Weichling« genannt wird, ist oft ein Gegenstand der Verachtung oder des

Mitleids. Der Ausdruck »feminin« wird in einem verächtlichen Sinne gebraucht. Es gibt, genau genommen, kein entsprechendes Wort für ein Mädchen, das sich ein wenig maskulin benimmt. Wenn man von einem Mädchen sagt, es benehme sich wie ein Junge, so mag das zwar kritisch gemeint sein, aber unter Mädchen hat diese Feststellung nichts von Spott oder Mitleid an sich. Manchmal klingt sogar ein wenig Neid mit.

Viele Frauen verstehen nicht recht, daß Männer in ihrem Sexualleben Abwechslung brauchen. Es ist, zum Beispiel, für eine gut erzogene Frau schwer zu begreifen, daß ihr Mann Interesse an Frauen zeigen kann, die in sexueller Hinsicht ein wenig frivol oder gar wahllos sind. Es ist, als weigerten sie sich einzugestehen, daß jemand, der Beethoven oder Mozart liebt, auch an Suppé oder Offenbach oder gar an Schlagern und Jazz Gefallen finden kann. »Ein hübsches Mädchen ist wie eine Melodie?« Ja, das stimmt, aber diese Melodie muß nicht immer von erlesenem Geschmack sein.

Die Feststellung, daß Frauen Komplimente, die man ihrer Kleidung macht, höher schätzen als Männer, ist ein Gemeinplatz. Aber es ist nicht so offenkundig, *warum* Frauen solche Komplimente so hoch schätzen. Sie betrachten sie als ein Lob, das im Grunde der Schönheit ihres Körpers gilt. Das Lob des Kleides wird als Ersatz für den Beifall aufgefaßt, den man dem Menschen unter dem Kleid zollt.

Wo versteckt ein Mann Liebesbriefe und dergleichen vor seiner Frau? In Büchern, in Geheimfächern in seinem Büro und so fort. Und Frauen? Entweder unter ihren Unterhemden und Strümpfen oder zwischen Höschen, Büstenhaltern und so fort in Schubladen, die für Männer tabu sind. Die Liebesgeheimnisse der Frauen sind viel intimer mit ihrem Körper verbunden als die der Männer, die sozusagen mehr der Peripherie des Lebens angehören.

Ein Mann, der hört, daß eine Frau, die er bewundert, verheiratet ist, nimmt einfach die Tatsache zur Kenntnis. Eine Frau, die hört, daß ein Mann, der sie interessiert, verheiratet ist, fragt sich: Wie sieht seine Frau aus? Mit was für einer Art von Frau ist er verheiratet? Wenn die Frau den Mann nicht mag, kann sie vielleicht sagen: wie unglücklich seine Frau sein muß! Ein Mann, der eine Frau sehr widerwärtig findet, wird allenfalls fragen: »Gegen wen ist sie verheiratet?«

Frauen schreiben mehr Briefe als Männer, schicken die Briefe aber weniger häufig als Männer auch tatsächlich ab. Von Frauen geschriebene Briefe werden manchmal vernichtet, und manchmal werden sie auch nur in der Phantasie geschrieben.

Eine Frau sagte von einem Mann: »Ich habe noch keinen gesehen, der sich so beherrscht wie er.« Sie meinte, daß es ihr nicht gelungen war, ihn sexuell zu erregen.

Eine Frau sagt über eine andere: »Sie ist so selbstsüchtig, daß sie nicht einmal Schadenfreude über die Mißgeschicke ihrer besten Freundinnen empfinden kann.«

6. Aus dem geheimen Leben des Mannes

Hochintelligente – ja sogar geniale – Männer zeigen manchmal einen erstaunlichen Grad von Stumpfheit und Gefühllosigkeit gegenüber der Psychologie der Frau. Ein bezeichnendes Beispiel: Alma Maria Mahler berichtet in ihrer Biographie [*] von dem Verhalten ihres Mannes, des berühmten Komponisten, während der Stunden vor der Geburt ihres zweiten Kindes. Gustav Mahler war damals (am 15. Juni 1905) fünfundvierzig Jahre alt. Früh am Morgen hatte Frau Mahler heftige Schmerzen gehabt. Ihr Mann hatte sich rasch angezogen und die Hebamme geholt. In den folgenden Stunden tat er alles, was in seiner Macht stand, um ihre Schmerzen zu lindern... aber es fiel ihm nichts besseres ein, als ihr Kant vorzulesen! Frau Mahler saß am Schreibtisch und krümmte sich vor Schmerzen, während sie das monotone Dröhnen seiner Stimme beinahe verrückt machte. Sie schrieb, sie habe kein Wort von dem verstanden, was er vorlas, und es zuletzt nicht mehr ausgehalten. In einer seltsamen Untertreibung fügte sie hinzu, das philosophische Traktat sei unter diesen Umständen keine gute Wahl gewesen: es war zu schwer zu verstehen.

Wenn wir für den Augenblick alle anderen psychologischen Faktoren beiseitelassen, die das Verhalten des Komponisten in dieser Notlage bestimmten, sind wir besürzt über die Rücksichtslosigkeit und Verständnislosigkeit, die sich darin zeigen, daß er seiner Frau aus dem höchst abstrakten und schwierigen philosophischen Werk Kants vorliest, während sie sich vor Schmerzen windet.

Ein anderer männlicher Zug, den man vor allem bei jungen Männern antrifft, ist der Konkurrenzgeist in bezug auf die Leistungen eines älteren Mannes, gewöhnlich einer Vaterfigur. Dieser Konkurrenzgeist zeigt sich auf allen Gebieten, von der Tischlerei bis zur Malerei oder Atomphysik.

Es ist charakteristisch für junge Männer, daß sie einen großen Mann

[*] Alma Maria Mahler-Werfel, *Gustav Mahler*, London 1946. Dt.: Bermann-Fischer, Wien 1949.

(oder auch mehrere) auswählen, den sie bewundern und als Vorbild nachzuahmen trachten. Solange sie noch sehr bescheiden sind und keine nennenswerten Leistungen vorzuweisen haben, können sich diese jungen Männer nicht vorstellen, ernsthaft mit den bewunderten Vorbildern zu konkurrieren. Psychologisch interessant ist, daß zumindest in Gedanken ein Vergleich mit diesen hochgeachteten Männern unvermeidlich ist. Das Schema der Beziehung des Sohnes zum Vater schreibt diese Entwicklung vor. Ein repräsentatives Beispiel: Zur Zeit Schuberts war das musikalische Wien in zwei Lager geteilt. Die einen bewunderten Beethoven mehr, die anderen gaben Mozart den Vorzug. Als Schubert gefragt wurde, für wen er sei, antwortete er: »Ich bin selber aner.« (Nämlich: ein Komponist.) Indem er sich weigerte, sich einer der beiden widerstreitenden Parteien zuordnen zu lassen, behauptete der sonst so bescheidene Komponist nicht nur sich selbst, sondern er wagte es auch, sich mit Beethoven und Mozart zu vergleichen. Um im Reich der Musik zu bleiben: Friedrick Eckstein erzählt in seinen Memoiren* eine Anekdote aus Mahlers Jugend. Gustav Mahler und Hugo Wolf hatten einander auf dem Wiener Konservatorium kennengelernt. Wolf berichtete Eckstein, er sei Mahler eines Tages in Wien auf der Straße begegnet. Er zeigte auf eine Rolle Notenpapier, die Mahler unter dem Arm trug, und fragte ihn, was er da habe. Mahler antwortete, es seien Lieder, die er komponiert habe. Wolf las sie auf der Straße und sagte: »Sehr schön. Sie gefallen mir sehr gut.« Mahler zögerte ein wenig verlegen, dann sagte er: »Ich glaube, jetzt haben wir endlich Mendelssohn erreicht.« Jahre später, als er wahnsinnig geworden war, stürmte Hugo Wolf in Mahlers Wohnung und erklärte, er sei der Direktor der Wiener Oper – der damals Mahler war. Der Wunsch, Direktor des berühmten Opernhauses zu werden, trug mit zu Hugo Wolfs psychotischem Zusammenbruch bei. (Er starb sechs Jahre später in einem Irrenhaus in Wien.) Ein ehrgeiziger Konkurrenzgeist ähnlicher Art erscheint in verschiedenen Formen in den Phantasien junger Männer. Vor mehr als zweitausend Jahren wanderte Themistokles abends durch die Straßen von Athen und erklärte, die Lorbeeren von Miltiades, dem Sieger von Marathon, ließen ihn nicht schlafen.

Das Bild Gullivers, der den brennenden Palast löscht, kann wegen der anatomischen Verschiedenheit der Harnorgane kein weibliches Gegenstück haben. Das brennende Gefühl in der Harnröhre des Mannes, wenn er den Urin zurückhalten muß, wird von Frauen nur selten erlebt. Aber gerade dieses Gefühl bildet das Schema des Feuers und liefert

---

* *Alte unnennbare Tage*, Wien und Zürich 1936, S. 113.

das Vorbild für das Spielen mit Feuer, das man so oft bei Jungen findet. Unter den Frauen neigen nur sehr wenige zur Pyromanie. Frauen haben im allgemeinen eher Angst vor dem Feuer. Nach der psychoanalytischen Theorie ist das Brennen in der Harnröhre nicht nur strukturbildend für das Interesse am Feuer, sondern es hat auch eine charakterliche Entsprechung im Ehrgeiz. (Sprechen wir nicht von einem »brennenden« Ehrgeiz?) Es scheint also, daß sich auch der vergleichsweise schwach entwickelte oder fehlende Ehrgeiz bei Frauen durch den anatomischen Geschlechtsunterschied erklären läßt. Kleine Mädchen versuchen manchmal zuerst im Stehen zu urinieren wie die Jungen, aber sie geben den Versuch rasch auf.

Ein Ehepaar geht die Fifth Avenue entlang. Der Mann sagt: »Ich sehe gerade, daß ich meine Brieftasche zu Hause gelassen habe.« Die Frau fragt: »Hast du nicht daran gedacht, daß ich heute verschiedenes einkaufen wollte?« – »Ja, doch.« Ist das ein Versprecher oder eine ehrliche Antwort?

Verheiratete Männer beneiden oft ihre unverheirateten Freunde um die Freiheit, die sie genießen. Verheirateten Frauen tun ihre unverheirateten Freundinnen eher leid, und sie empfinden ihnen gegenüber eine Art von Überlegenheit. Das schließt die Freundschaft nicht aus, aber sie muß mit einem Schuß Herablassung hingenommen werden.

Eine mehr bei Männern als bei Frauen anzutreffende Reaktion zeigt sich in der psychologischen Bedeutung der Arbeit und der Unterbrechung der Arbeit. Ich möchte eine persönliche Erinnerung als Beispiel anführen. Ich war es seit vielen Jahren gewohnt, meine psychoanalytische Arbeit mit Patienten um neun Uhr morgens zu beginnen. An einem schönen Frühlingsmorgen sagte ein Patient seine Verabredung wegen einer Erkrankung ab. Da ich über eine Stunde zu meiner Verfügung hatte, beschloß ich, einen Spaziergang zu machen, und überquerte den Broadway, um in den Central Park zu gehen. Meiner Arbeit ledig fühlte ich mich wohl und gut gelaunt. Bald darauf war ich merkwürdig deprimiert. Die Stimmung dauerte an, und ich begann, meine Gedankenassoziationen zu verfolgen, um herauszubekommen, was mich bedrückte. Es war folgendes: Als ich den Broadway überquerte, befand ich mich mitten in einem Strom von Männern und Frauen, die in ihre Büros und an andere Arbeitsplätze eilten. U-Bahnen und Busse waren gedrängt voll. Alle strebten ihrem Bestimmungsort, ihrem Ziel, zu – alle außer mir. Was mich deprimierte, war nicht nur das Gefühl, ausgeschlossen oder »arbeitslos« zu sein und nicht gebraucht zu werden, sondern noch etwas anderes. Die Arbeit reduziert soziale Angst oder unbewußte Schuldgefühle, die in jedermanns Leben frei flottieren. Ich war im Gegensatz zu den Menschen um mich herum zu dieser Morgenstunde ohne Arbeit. Diese »Freiheit« öffnete sozusagen die Tür zu der sozialen Angst, die sonst durch meine übliche Arbeit beruhigt oder eingeschläfert wurde. Die Hast der Menschen um mich her hatte dieses Gefühl durch den Kontrast mit der Umgebung an die Oberfläche gebracht. Es scheint, daß Männer im allgemeinen Muße und Nichtstun weniger gut ertragen als Frauen, weil bei ihnen stärkere Schuldgefühle geweckt werden.

Es ist bemerkenswert, daß Friedrich von Schiller ungefähr hundertfünfzig Jahre vor Freud Arbeit und Schuld miteinander in Verbindung brachte. In seinem Gedicht *Die Ideale* pries er die »Beschäftigung«, die auch im Alter »von der großen Schuld der Zeiten Minuten, Tage, Jahre streicht«.

Reue und Bedauern wegen vergeudeter Zeit spielen für Männer eine größere Rolle als für Frauen und können gelegentlich verhängnisvoll und tragisch werden. Einer meiner Patienten versicherte mit bitterer Selbstironie, er könnte ein Lehrbuch über die besten Methoden, Zeit zu verschwenden, schreiben. Jeder Psychiater kennt in seiner klinischen Praxis viele Fälle von Männern, die, anstatt zu arbeiten, viele Stunden mit Reue und Selbstvorwürfen verbringen, weil sie nicht arbeiten. Es gibt aber nur wenige Frauen, die so fühlen. Wenn Männer eine Aufgabe auf den nächsten Tag verschieben, erscheint sie ihnen zu groß und zu schwierig, um noch bemeistert zu werden. In ihrer Reue haben sie einen Teufelskreis gebildet, der sich gegen sie selbst richtet und sie daran hindert, mit der Arbeit zu beginnen. Dieser Kreis zwingt sie, ihre Zeit zu verschwenden, worauf wieder Selbstvorwürfe folgen und so fort. Frauen kennen solche bitteren Überlegungen kaum und handeln, als hätten sie »ein Meer von Zeit«. Die Reue wegen der Vergeudung von Zeit und Geld ist bei Männern tiefer, weil diese Reaktion das strengere Überich des Mannes spiegelt.

Ein Patient bezeichnete sich als »Pflichtmensch«. Die Neigung, Verpflichtungen einzugehen, die dann erfüllt werden müssen, scheint unter unseren Männern mit höherer Schulbildung weit verbreitet zu sein. Beinahe alle sind die Pflichtmenschen.

Die funktionelle Beziehung zwischen heterosexuellen und homosexuellen Einstellungen zeigt sich besonders deutlich in Fällen, in denen es zu einer Enttäuschung in der einen oder anderen Richtung kam. Ein Mann, der einen Mißerfolg bei seiner Arbeit (in der sublimierten Homosexualität) erlebte, wandte seine unbewußte Aggressivität oder Feindseligkeit gegen seine Freundin. Ein Arzt, der bei der Behandlung eines Patienten etwas wesentliches übersah, zeigt, als er nach Hause kommt, eine entschieden kritische Einstellung gegenüber seiner Frau. Sein Schuldgefühl wirkt hier, psychologisch gesehen, genau so, als hätte er eine Zurückweisung seines Wunsches erlebt, von seinen Kollegen anerkannt und geliebt zu werden. Frustrierter Ehrgeiz beeinflußt die Beziehungen eines Mannes zu Frauen ebenfalls ungünstig, so als führte die Frustration zu einem gestörten Gleichgewicht gegenüber dem anderen Geschlecht. Eine Frau, die seit ihrer Kindheit eine unerfüllte Sehnsucht nach der Liebe ihrer Mutter hatte, wird emotionale Schwierigkeiten mit ihrem Ehemann oder Geliebten haben, weil die auf den Mann übertragene unbewußte Forderung nach der Liebe der Mutter ihre Beziehung zu dem Mann beeinträchtigt.

Es gibt selbstverständlich noch andere determinierende Kräfte, die sich in den gestörten Beziehungen zu dem einen oder dem anderen Geschlecht auswirken, aber das hier hervorgehobene Element ist ein konstanter und mächtiger Faktor. Seine Eigenart hängt ab von – und variiert mit – der unbewußten oder verdrängten Feindseligkeit gegenüber dem anderen Geschlecht. Bemerkenswert ist auch, daß sich dieser Groll in den meisten Fällen nicht auf eine einzelne Person beschränkt, sondern auf alle Angehörigen des Geschlechts ausgedehnt wird. Hamlet, der sich nach seinem toten Vater sehnt und sich ihm gegenüber unbewußt schuldig fühlt, greift Ophelia an: »Geh in ein Kloster.« Ebenso überhäuft er die Königin in der Szene in ihrem Zimmer (III, 4) mit Anklagen und Beschimpfungen. Das immer größere Verlangen nach der Liebe seines Vaters und seine Unfähigkeit, die von ihm geforderte Tat zu vollbringen, schüren seine Feindseligkeit gegen die Frauen, und zuletzt erscheint er als Frauenhasser. Shakespeares Tragödien liefern viele Beweise dafür, daß der Dichter intuitiv ein emotionales Gesetz erkannte, das die Psychoanalyse mehr als vierhundert Jahre nach seinem Tod erst wiederentdecken mußte.

7. Frauen und Arbeit

Ein weiser französischer Schriftsteller sagte einmal, eine der kleinen Tragödien des Lebens bestehe darin, daß Frauen Männer lieben und Männer die Arbeit. Lassen wir für den Augenblick alle Einwände und Einschränkungen beiseite und nehmen wir an, diese Feststellung sei richtig. Hat die Frauenarbeit die fundamentalen emotionalen Unterschiede zwischen Frauen und Männern verändert? Ganz gewiß nicht. Die meisten Frauen lieben die Arbeit nicht um der Arbeit willen, was aber bei Männern oft der Fall zu sein scheint. Frauen mögen keine unpersönliche Arbeit. Wenn sie etwas leisten wollen, sei es in der Küche, im Kinderzimmer oder im Büro, wollen sie es für jemanden tun: für den Mann, das Kind, den Chef, die Gemeinschaft. Männer versuchen, die Welt um sie herum zu ändern, um Wirkungen zu erzielen. Sie schlagen Breschen in die Natur. Frauen versuchen die natürliche Lebensweise zu erhalten. Die Änderungen, die sie sehen möchten, sind mit ihrem Heim verbunden und mit der Gesellschaft nur insofern, als sie das Heim betrifft.

Ich war einmal bei einer Diskussion zwischen Männern und Frauen zugegen, in der der alte Kampf der Geschlechter wieder ausgetragen wurde, diesmal im Hinblick auf die intellektuelle Leistung. Zuletzt sagte eine reife Frau: »Wir wollen gern zugeben, daß ihr Männer intelligenter seid und auf verschiedenen Gebieten vieles leistet. Aber wir Frauen haben etwas Wichtigeres zu tun. Ohne uns würde die Menschheit aussterben. Wir müssen dafür sorgen, daß es Kinder auf der Welt gibt und daß es Männer und Frauen in künftigen Generationen gibt.«

Wenn die Umwälzungen der industriellen und ökonomischen Revolutionen Verwandlungen herbeigeführt haben – sind sie so fundamental, daß sie an diesen elementaren Unterschieden etwas ändern? Die Tatsache, daß beinahe jeder dritte amerikanische Arbeitnehmer eine Frau ist, daß es 22,5 Millionen Frauen unter den vollbeschäftigten Arbeitskräften in den Vereinigten Staaten gibt, muß psychologische Auswirkungen haben. Es kann nicht gleichgültig sein, daß Frauen in der letzten Generation eine enorme ökonomische Macht gewonnen haben, daß sie beispielsweise Millionen Dollar allein in Form von Aktien besitzen. Gewinnen in Amerika die Frauen den Kampf der Geschlechter? Geht der soziale und wirtschaftliche Aufstieg der Frauen Hand in Hand mit dem Niedergang des amerikanischen Mannes, wie manche Autoren behaupten? Stimmt, was eine besorgte Psychiaterin, Dr. Irene Josselyn, unlängst feststellte, nämlich, daß »wir auf eine Gesellschaftsstruktur zutreiben, die aus maskulinen Frauen und femininen Männern besteht«?

Ich behaupte, daß es nicht einmal möglich ist, eine allgemeine Antwort auf eine so einfache Frage wie die folgende zu geben: Inwiefern unterscheidet sich die arbeitende Frau in ihrer emotionalen Einstellung von ihrer Schwester, die nur Hausfrau und Mutter ist? Die Antwort hängt von so vielen Variablen ab, daß sich keine allgemeinen Feststellungen treffen lassen. Zunächst einmal hängt die Antwort von der Erkenntnis ab, was für eine Art von Frau zur Arbeit geht, oder anders gesagt, wie die Frau war, bevor sie zur Arbeit ging. Zweitens: aus welchen Gründen suchte sie Arbeit außerhalb des Hauses? Es ist sicherlich psychologisch von Bedeutung, ob eine wirtschaftliche Notwendigkeit vorlag, beispielsweise weil das Einkommen des Ehemannes nicht ausreichte, um sie und die Kinder zu versorgen. Ebenso ist es von Bedeutung, ob die Frau mit ihrem Leben als Ehefrau, Mutter und Hausfrau unzufrieden ist und einen anderen Betätigungskreis oder eine andere soziale Stellung anstrebt. Und es ist wiederum etwas anderes, wenn eine ältere Frau, deren Kinder verheiratet sind und das Haus verlassen haben und deren Mann nur zum Abendessen nach Hause kommt, das Gefühl hat, daß ihr Leben zu leer ist, und etwas Nützliches tun möchte, das ihren Ehrgeiz befriedigen könnte. Mit anderen Worten, es ist ebenso unmöglich, eine allgemeine Antwort auf diese Frage zu finden wie auf die Frage des kleinen Mädchens: »Mami, wie sieht ein Dieb aus?«

Die Frage ist selbst dann schwer zu beantworten, wenn wir die Hauptmotive kennen, die eine Frau dazu bewogen, in einer Fabrik oder in einem Büro zu arbeiten. Nehmen wir den Fall einer Frau, die in ihrer Charakterstruktur starke maskuline Neigungen hat. Wird die Tatsache, daß sie als Empfangsdame oder Sekretärin arbeitet, sie so beeinflussen, daß sie in ihren Beziehungen zu ihrem Ehemann oder Geliebten weiblicher wird? Es ist sehr gut möglich, daß ihre Arbeit, das Gefühl, etwas zu leisten, und der Gewinn von Macht ihre maskulinen Neigungen befriedigen, daß diese sich auf ihre Berufstätigkeit konzentrieren und beschränken, während sie außerhalb des Büros, zu Hause und in Gesellschaft, mehr weibliche Qualitäten entwickelt. Es kann andererseits aber auch sein, daß die größere Unabhängigkeit und das neue Machtgefühl sie erst recht auf den Geschmack bringen und ihre maskulinen Neigungen stärken. Wir erkennen, daß auf dem Gebiet der psychologischen Probleme neben und jenseits der Anwesenheit und Stärke emotionaler Tendenzen quantitative Faktoren eine große Rolle spielen.

Wenn wir versuchen wollen, einige Einsichten in diese Probleme zu gewinnen, ist der geeignetste Ausgangspunkt vielleicht das, was man die Geschlechtsrollen-Differenzierung (Geschlechtsdifferenzierung) nennt. Der Begriff der Geschlechtsrolle in der Psychologie bezieht sich auf die Charakteristika und Verhaltensmuster, die für ein Geschlecht im Gegensatz zum anderen typisch sind.* Die Psychologen sind übereinstimmend der Ansicht, daß die Geschlechtsrollen in unserer Gesellschaft allmählich konvergieren. Das bedeutet, daß eine größere Flexibilität, eine zunehmende Variabilität und kulturelle Mannigfaltigkeit in

---

* Vgl. Daniel G. Brown, »Sex-role Development in a Changing Culture«, in: *Psychological Bulletin*, 55, No. 4, 1958.

den bisher als (typisch) weiblich und männlich betrachteten Rollen zu beobachten ist. Was für Auswirkungen dieses veränderte und sich weiter ändernde kulturelle Muster auf die Beziehungen zwischen den Geschlechtern in der Zukunft haben wird, läßt sich nicht leicht voraussagen.

Im heutigen Amerika zeichnet sich folgende Lage ab: Seit dem Ersten Weltkrieg wollen die Frauen mehr als zuvor »jemand sein« oder »etwas tun«. Aber was meinen sie damit? Wir hatten immer geglaubt, daß Frauen ihren Einfluß und ihre Bedeutung zu Hause und in Gesellschaft einfach dadurch geltend machten, daß sie da waren, und daß sie nicht erst »etwas tun« mußten. Die Frauen, die als bewundernswerte Vorbilder im Gedenken der Menschheit fortleben, sind nicht die, welche auf verschiedenen Gebieten bewundernswerte Dinge vollbrachten, sondern diejenigen, die die besten Frauen und Mütter waren, und solche, die durch ihre Schönheit, ihren Charme und ihre Persönlichkeit die größten Geister ihrer Zeit anregten. Madame Recamier hatte nicht das Bedürfnis, »etwas zu tun«, also beispielsweise für die Regierung zu arbeiten. Sie war damit zufrieden, daß ihr Salon von den bedeutendsten Menschen Europas besucht wurde, die sie im richtigen Sinne beeinflußte. Madame de Staël war eine sehr berühmte Schriftstellerin, und sie wurde von vielen Zeitgenossen bewundert, aber sie machte keinen Eindruck auf Napoleon, mit dem sie über ihre Bücher sprach und der sie ungeduldig fragte: »Und wie viele Kinder haben Sie?« Es ist richtig, daß es große Monarchinnen gab, Queen Victoria, Maria Theresia, Katharina die Große in Rußland, aber im allgemeinen wirken Frauen wohltätiger als Mächte hinter dem Thron, nicht auf dem Thron.

Es scheint, daß bei vielen Frauen heute wie früher eine wachsende Unzufriedenheit mit ihrer Geschlechtsrolle herrscht, nicht nur bei jungen Frauen, sondern auch bei älteren. Unlängst klagte ein junges Mädchen, das das Sarah Lawrence College besucht, darüber, daß die meiste in der Schule verbrachte Zeit nur eine Periode des Wartens auf einen Mann sei. Sie bestritt nicht, daß die Mädchen an ihren Studien interessiert sind, lehnte sich aber auf gegen die Priorität der Aussicht auf Verlobung und Heirat in den Gedanken ihrer Freundinnen, ob sie es zugaben oder nicht. Die Zeiten haben sich geändert. Es ist noch nicht so lange her, da glaubten Männer – und manchmal die Frauen selbst – nicht, daß Frauen imstande und begabt genug seien, um dieselben Arbeiten zu tun wie Männer. Max Liebermann, der berühmte Maler und – vor der Hitlerzeit – Direktor der Berliner Kunstakademie, erklärte einmal: »Es gibt zwei Arten von Malerinnen: die einen, die heiraten wollen, und die anderen, die auch kein Talent haben.«

Heute begegnet man einer so zynischen Einstellung nur noch selten. Aber es bleibt der Zweifel, ob der Anreiz zur Arbeit, sei es in der Kunst, in der Wissenschaft oder in der Industrie, bei Frauen so echt oder »authentisch« ist wie bei Männern. Wieviel davon ist einem sozialen Druck zuzuschreiben, ja sogar der Tendenz, Männer zu beeindrucken oder, besser gesagt, einen Mann?

In einer ungesunden Atmosphäre des Wettbewerbs mit dem Mann kann der intensive Wunsch entstehen, ihm gleich zu sein, nicht nur das gleiche Recht, sondern auch die gleiche Macht zu haben. (Übrigens wollen manche Frauen den Männern »gleicher« sein als andere.) Aber die Macht der Frau ist von anderer Art als die des Mannes. Dieselben Grundgesetze regieren die Phänomene der Elektrizität und des Magnetismus, aber diese beiden Zweige der Physik haben mit verschiedenen Eigenschaften zu tun. Der krankhafte Ehrgeiz, wie ein Mann zu sein, führt zu einem Wettstreit in dem Sinne »Alles, was du kannst, das kann ich noch besser«, der an sich eine männliche Erscheinungsform des Konkurrenzgeistes ist. Anatole France sagte einmal: »Eine Frau, die auf Gleichheit besteht, verzichtet auf ihre Überlegenheit.«

Die Situation wird durch den Faktor des Geldes noch komplizierter. Geld ist ein einfaches Mittel, unsere Bedürfnisse zu befriedigen, aber unbewußt ist es viel mehr: nicht nur ein Symbol der Macht, sondern gelegentlich auch eine Manifestation von Zuneigung oder Liebe – oder ein Ersatz dafür. Wir alle kennen den reichen Mann, der seiner Frau oder Geliebten Pelze und Juwelen und alles, was Geld kaufen kann, statt Zuneigung und Aufmerksamkeit schenkt. Die Frau fühlt manchmal, daß das eine das andere ersetzt, und rächt sich an dem Mann, der ihr alles gibt, nur nicht seine Liebe. Sie verlangt immer mehr Geld von ihm und entmannt ihn sozusagen finanziell. Die Frau, die viel mehr verdient als ihr männlicher Partner, fühlt sich ihm nicht selten überlegen in unserer Kultur, in der Leistung oft am Geld gemessen wird.

Weitere Komplikationen brachten die Kriegsjahre und ihre psychologischen Nachwirkungen mit sich. Die Männer befanden sich lange, oft jahrelang, nur in männlicher Gesellschaft und gewöhnten sich daran, Menschen und Dinge nur vom männlichen Standpunkt aus zu betrachten, so als wäre er der einzig mögliche. Es ist nicht nur etwas Komisches, sondern auch etwas Erschütterndes in Professor Higgins' Klage: »Warum kann eine Frau nicht wie ein Mann sein?«

Etwas Erschütterndes auch in dem Sinne, daß viele Frauen auf eine irregeleitete Weise versuchten, »wie ein Mann« zu sein. Zum Glück für uns Männer ist es ihnen nie ganz gelungen. Es gibt jedoch genug Anzeichen dafür, daß sie sich oft in dieser, das heißt in der falschen, Richtung bewegen, im Beruf und im Privatleben – ein Beweis dafür, daß die »Maskulinisierung der Frauen« fortschreitet.

Unlängst hatte man den Fall einer Regierungsbeamtin, die sich weigerte, ihren Posten in Washington aufzugeben, als ihr Mann sie bat, wieder nach Hause zu kommen und sich um ihn und den Haushalt zu kümmern. Wir kennen ihre Motive nicht, aber wir wollen hoffen, es war nicht Ehrgeiz. Die Flexibilität der Geschlechtsrollen wird in unserer Kultur hoffentlich nicht so weit gehen, daß wir eine weibliche Version von

> »Wie könnt' ich lieben dich so sehr,
> Liebt' ich die Ehre nicht noch mehr?«

erleben. Jedenfalls ist eine Behauptung wie die Nietzsches, daß er nicht seinem Glück nachgehe, sondern seiner Arbeit, für eine Frau nur intellektuell verständlich. In emotionaler Hinsicht fordert eine solche Einstellung ihren Widerstand heraus. Was kann wichtiger sein als das Glück eines Menschen?

Die Tatsache, daß Frauen in Büros und Labors, als Redakteurinnen und leitende Angestellte arbeiten, hat zweifellos psychologische Auswirkungen. Man muß allerdings unterscheiden zwischen Frauen, die aus finanzieller Notwendigkeit arbeiten, und denen, die von einem Drang, mit Männern zu wetteifern, getrieben werden. Manche Angehörige der letzteren Gruppe scheinen ihre weibliche Rolle aufzugeben, sie werden eigenwillig und herrisch. Es ist, als wäre eine Art von Osmose mit dem Mann, der an ihrer Seite arbeitet, am Werk. Ich glaube jedoch nicht, daß die Maskulinisierung der amerikanischen Frau über sehr enge Grenzen hinausgehen wird. Die biologischen und emotionalen Unterschiede zwischen den Geschlechtern sind im Grunde unveränderlich, und keine Umwandlung unseres kulturellen Systems kann sie umkehren. Die Unabhängigkeitserklärung der Frau ist, so laut sie auch verkündet werden mag, eher eine Absicht als eine Tatsache. »Nichts wird so heiß gegessen, wie es gekocht wird.« Das gilt auch in diesem Falle.

8. Die Erziehung

Pädagogen, Lehrer und Psychologen haben oft die Notwendigkeit oder Möglichkeit einer unterschiedlichen Erziehung für Frauen und Männer diskutiert. Neben dieser Debatte in akademischen Kreisen hat das Leben selbst dafür gesorgt, daß Jungen und Mädchen im Hinblick auf verschiedene Ziele erzogen werden. Soviel ich sehen kann, gehen die Unterschiede in zwei Richtungen. Der heranwachsende Junge wird dazu erzogen, bestimmte Forderungen zu erfüllen, die von der Generation der Väter und Vaterfiguren an ihn gestellt werden. Er muß gewissen Anforderungen entsprechen, um ein erwachsenes Mitglied des Stammes zu werden. Die Erziehung des Mädchens wird nicht so sehr von Forderungen bestimmt als vielmehr von Einschränkungen und Zwängen, die ihre sexuellen und aggressiven Regungen hemmen. Die Mutter und andere autoritäre Mutterfiguren üben ihren Einfluß aus, um aus dem »Wildfang« eine sanfte und sittsame Frau zu machen. Die Erziehung zur Scham kann als typisch betrachtet werden für den Zwang, der bei der Erziehung des Mädchens im Vordergrund steht.

Der zweite Unterschied kann am besten durch die Feststellung definiert werden, daß die Erziehung des Mädchens im Gegensatz zu der des Jungen einen doppelten Ansatz in bezug auf gewisse elementare Funktionen zeigt. Jungen und Mädchen erlernen in gleicher Weise Funktionen wie Gehen, Sprechen, Aufstehen und Essen. Der Junge benimmt sich dann weiterhin wie von Anfang an. Das heranwachsende Mädchen muß aber diese Dinge noch einmal lernen und modifizieren, was es bisher getan hat. Wenn es die Pubertät erreicht, muß ihm noch einmal beigebracht werden, wie es auf eine anmutige und weibliche Art zu gehen, zu sprechen, zu essen und aufzustehen hat. Das bedeutet, daß die Frau eine doppelte Erziehung durchmacht, der Mann aber nur eine. Hübsch zu sitzen, ist für sie natürlich, aber sie muß auch lernen, sich hübsch hinzusetzen.

Ein weiterer Unterschied in der Erziehung der Geschlechter besteht darin, daß in den entscheidenden Jahren die Forderungen, die an den Jungen gestellt werden, wichtiger sind als die Beschränkungen, denen er sich unterwerfen muß. Bei der Erziehung der Mädchen dagegen sind die Beschränkungen, auf denen bestanden wird, wichtiger als die Forderungen, denen sie entsprechen müssen.

Zweiter Teil
Das Pendel schwingt

1. Reiks Gesetz

Viele Menschen sind der Ansicht, daß die Verhaltenswissenschaften den ehrwürdigen Namen Wissenschaft gar nicht verdienen, weil sie nicht die Gewißheit bieten, welche die Verifikation durch das Experiment und die Vorhersagbarkeit gewährleisten. Es gibt, heißt es, so viele Einschränkungen und Ausnahmen, so viele Störungen durch unvorhergesehene Faktoren, daß die Schlüsse, die Soziologen und Psychologen aus ihren Forschungen ziehen, nicht den Anspruch erheben können, denen der Physik und Chemie gleichgestellt zu werden, und daher auch nicht Gesetze im Sinne dieser Wissenschaften genannt werden können. Wir wollen uns hier jedoch nicht näher mit dem Problem befassen, das durch methodologische und ähnliche Überlegungen über den Begriff Wissenschaft gestellt wird, sondern eine Beziehung oder Sequenz von Phänomenen darstellen, die den Gesetzen der Physik oder Chemie analog sein könnte.

Ich versuche, eine Schlußfolgerung zu formulieren, zu der ich nach mehr als fünfundvierzig Jahren psychoanalytischer Praxis gelangt bin. Zuerst möchte ich auf eine allgemeine Tatsache hinweisen: wir alle schwanken im Laufe unseres ganzen Lebens in unserer emotionalen Einstellung zwischen der Neigung zum anderen Geschlecht und der Neigung zum eigenen Geschlecht hin und her – psychoanalytisch gesprochen zwischen heterosexuellen und homosexuellen Einstellungen. Die tägliche Erfahrung lehrt uns, daß wir manchmal mehr geneigt sind, die Gesellschaft von Frauen aufzusuchen, und daß wir manchmal die Gesellschaft von Männern vorziehen. Dieses Schwanken ist in den meisten Fällen unbewußt, es kann aber unter gewissen Umständen durchaus bewußt werden.

Die psychoanalytische Praxis kann diese allgemeine Feststellung durch verschiedene andere Einsichten ergänzen. Im allgemeinen bevorzugen wir die Gesellschaft des anderen Geschlechts, während wir den Umgang mit unserem eigenen Geschlecht nur bei bestimmten Gelegenheiten suchen. Eine solche Verteilung des Interesses ist jedenfalls charakteristisch für die normale emotionale Einstellung des reifen und gut ausgeglichenen Individuums. Psychologisch interessant ist, daß die Konzentration des Interesses auf das andere Geschlecht bei völliger Vernachlässigung des eigenen Geschlechts bedeutet, daß sich die betreffende Person einem emotionalen Ungleichgewicht nähert. Nehmen wir an, eine Patientin ist nur an Männern interessiert und spricht nie von Freundinnen, weiblichen Verwandten und Bekannten. Wenn diese Einstellung einen Ausschluß jeglichen emotionalen und geistigen Interesses an Frauen bedeutet, wird der Psychoanalytiker vermuten, daß sich die Patientin bemüht hat, ihren eigenen Gedanken und Gefühlen ein Interesse fernzuhalten, das jede Frau für Angehörige ihres eigenen Geschlechts empfindet. Wir würden folgern, daß diese Art von Interesse unterdrückt wurde, aber noch vorhanden und wirksam sein muß. Wir schließen also aus dem Fehlen jeder emotionalen oder geistigen Beschäftigung der Patientin mit anderen Frauen, daß intensive unbewußte oder verdrängte Triebe vorhanden sind, die in diese Richtung weisen. Ich möchte einen Vergleich gebrauchen: Sie beobachten einen Menschen, der lange sehr aufmerksam in die rechte Ecke eines Zimmers blickt. Es gibt dafür zwei mögliche Gründe. Der erste ist der, daß er in dieser Ecke etwas Bemerkenswertes oder Interessantes sieht. Der zweite ist der, daß er die Aufmerksamkeit der im Zimmer Anwesenden von der linken Ecke ablenken will, daß er es absichtlich vermeidet, in die linke Ecke zu blicken.

Eine andere psychologische Schlußfolgerung, die sich auf zahllose Erfahrungen in der psychoanalytischen Praxis gründet, führt uns über diesen Punkt hinaus. Sie hat die Wirkung und Bedeutung eines psychologischen Gesetzes, das ebenso verbindlich und gültig ist wie die Gesetze der Physik und Chemie. Wenn jemand mit den Angehörigen des einen Geschlechts nicht auskommen kann und ständig nur Feindseligkeit gegen sie erkennen läßt, ist immer eine unterdrückte Neigung zum anderen Geschlecht am Werk. Nehmen wir an, daß alle Beziehungen einer Frau zu Männern – Vater und andere männliche Verwandte, Freunde und Liebhaber – durch Kritik, Feindseligkeit und Aggressivität gekennzeichnet sind. In einem solchen Falle können wir mit Recht folgern, daß eine große Sehnsucht nach Liebe von Frauen (zum Beispiel von der Mutter, von Schwestern und Freundinnen) vorhanden ist, die nicht befriedigt wurde. Die Ursachen ebenso wie die Erscheinungsformen solcher unbefriedigter Liebesgefühle können natürlich sehr verschieden sein. Es kann, zum Beispiel, eine alte Fixierung an frühe Liebesobjekte bestehen, eine mangelnde Reaktion seitens dieser Objekte, Sehnsucht nach einem abwesenden oder verlorenen Menschen, Schuldgefühle gegenüber diesem Menschen etc. Ein Mann, der mit Frauen nicht auskommen kann, leidet an einer unerfüllten Sehnsucht, von einem Mann oder von Männern geliebt zu werden. Auf eine Formel gebracht, kann diese analytische Einsicht so ausgedrückt werden: *Der Grad der gegen das eine Geschlecht empfundenen Feindseligkeit steht in einer funktionellen Beziehung zu dem Grad der unbefriedigten unbewußten Liebe zum anderen Geschlecht.* Diese unbefriedigte Sehnsucht kann unter gewissen Umständen bewußt werden, aber sie kann verdrängt bleiben. Die Bedeutung der funktionellen Beziehung zwischen Feindseligkeit gegenüber dem einen Geschlecht und Mangel an befriedigter Liebe zum anderen wird noch nicht immer therapeutisch erkannt. Die Beziehung ist jedoch ebenso gesetzmäßig wie die gegenseitige funktionelle Abhängigkeit zwischen zwei Größen in einer Gleichung, und es gibt kaum Ausnahmen. Meine Studenten, die diese funktionelle Beziehung in der analytischen Praxis zu verifizieren versuchen, bezeichnen sie als Reiks Gesetz.

2. Wer ist wer beim Geschlechtsverkehr?

Die Zeit, in der über sexuelle Dinge in gemischter Gesellschaft nicht gesprochen wurde, ist längst vorbei, und das ist gut so. Es gibt eine alte Anekdote über die Frau, die ihren Mann vor dem Schlafengehen fragte: »Wirst du mich heute abend brauchen wollen?« Heute geben die Frauen nicht nur offen zu, daß auch sie sexuelle Lust verlangen, sondern sie fühlen sich manchmal sogar schuldig, wenn sie den sexuellen Höhepunkt nicht erreichen, nämlich schuldig gegenüber ihrem Partner. Unlängst veröffentlichte eine mutige Frau, Maxine Davis, ein Buch unter dem Titel *Die sexuelle Verantwortung der Frau**. Man kann jeden beliebigen Mann fragen, und er wird einem sagen, daß die Reaktion der Frau wichtig für seine eigene Befriedigung ist, aber kaum ein Mann wagt zu denken, daß die Frau – und die Frau allein für den Erfolg oder Mißerfolg beim Geschlechtsverkehr verantwortlich ist. Die Männer hatten immer ein unbestimmtes Gefühl, daß die Frauen zu diesem Erfolg beitragen können. Das war jedoch eine Art von abergläubischem Vertrauen in die magische Kraft der Frau, etwas in dem Sinne des französischen Sprichworts: »*Ce que veut la femme, Dieu le veut.*« (Was die Frau will, das will auch Gott.) Der Mann vermutete, daß die Frau manchmal für das Versagen verantwortlich gemacht werden konnte,

---

* *The Sexual Responsibility of Woman*, New York 1956.

aber er dachte beinahe nie, daß er seinen Erfolg in diesem Bereich ihr verdankte. Wenn wir Mrs. Davis glauben dürfen, ist die Frau nun bereit, auch auf diesem Gebiet die führende Rolle zu übernehmen. Was dem einen recht ist, ist dem andern billig.

Wir dürfen nicht vergessen, daß manche Männer wollen, daß die Frau beim Geschlechtsverkehr die aktive Rolle übernimmt. Ich hatte einen Patienten, einen Mann in mittleren Jahren, der darauf bestand, daß die Frau ihn verführte. Sie mußte beim Verkehr die Stellung einnehmen, die üblicherweise dem Mann vorbehalten ist, und alle seine Bewegungen vollführen. Als ich ihn fragte, warum er sich weigerte, die sexuelle Rolle des Mannes zu übernehmen, antwortete er: »Das ist keine Betätigung für einen Gentleman.«

Aber wir wollen uns nicht mit halb pathologischen Fällen dieser Art befassen, sondern mit der Rolle der Frau, wie sie in einigen unlängst erschienenen Büchern über dieses Thema angekündigt wird. Von dem hier erreichten Stadium ist es nur ein Schritt zu einer Phase, in der die Frau die sexuelle Initiative ergreift. (»Willst du nicht in meinen Salon kommen? sprach die Spinne zur Fliege.«) Die führende Rolle, die nun der Frau zugeschrieben wird, beschränkt sich nicht auf das allgemeine Verhalten, sondern betrifft manchmal die technischen Details des Geschlechtsverkehrs, für dessen Erfolg sie verantwortlich gemacht wird. Maxine Davis schreibt, zum Beispiel, vor, wie sich die Frau in den Augenblicken vor dem sexuellen Höhepunkt des Mannes verhalten sollte. Um aus ihrem Buch zu zitieren: »Sie muß ihren Mann genau wissen lassen, wie sie reagiert. Er kann nun jeden Augenblick seinen Orgasmus erreichen. Er muß geführt werden, um ihr zu helfen, ihren Orgasmus zugleich mit ihm zu erreichen. Er kann die Ejakulation durch geistige Beherrschung verzögern, indem er seine Gedanken für einige Minuten auf etwas anderes richtet oder indem er still liegt...«

Ich behaupte, daß die geistige Beherrschung, die hier empfohlen wird, in Wirklichkeit die ist, die die Frau über ihren Sexualpartner ausüben möchte. Ich behaupte ferner, daß der Rat, der hier gegeben wird, absolut schlecht ist, weil er sich auf eine falsche Vorstellung vom Sexualleben des Mannes gründet. Der Mann kann den Samenerguß bis zu einem gewissen Grad aufschieben, und er tut es, um auszugleichen, was Freud einmal die Phasendifferenz der Erregbarkeit von Mann und Frau nannte. Wenn seine Erregung aber einen bestimmten Punkt erreicht hat, von dem aus es kein Zurück mehr gibt, wäre eine Verzögerung nicht nur für ihn selbst, sondern auch für seine Partnerin schädlich. Jede Verzögerung würde dann nämlich zu einer verfrühten und lustlosen Ejakulation bei ihm und zu einer Enttäuschung bei ihr führen. Die menschliche Natur ist nicht dafür gemacht, große Opfer auf sich zu nehmen.

Frauen, meine ich, wollen im allgemeinen, daß der Mann in geschlechtlichen Dingen die Initiative ergreift – zumindest offiziell. Wenn wir uns vorstellen, daß Ratschläge wie die hier zitierten konsequent befolgt werden, wären die Auswirkungen katastrophal. Die Frauen würden vielleicht den Kampf der Geschlechter gewinnen, aber gewiß den Krieg verlieren.

3. Ehrgeiz und Homosexualität

Ursprünglich gibt es im Kind keinen Konflikt zwischen der Liebe zur Mutter und der Liebe zum Vater. Zu einem Zusammenstoß der beiden emotionalen Interessen kommt es erst unter dem Einfluß der allmählich entstehenden Ödipus-Situation, in der der Vater im Hinblick auf die Liebe der Mutter als der Rivale des kleinen Jungen erscheint. Es ist offensichtlich, daß diese Situation eine mächtige Komponente bei der Bildung ehrgeiziger Triebe darstellt, die darauf gerichtet sind, den Vater einzuholen und zu ersetzen. An der Entstehung und Entwicklung des Ehrgeizes ist jedoch noch ein anderer Faktor beteiligt, der von den Psychoanalytikern nicht hinlänglich berücksichtigt wird, nämlich die Beziehung zwischen Ehrgeiz und passiver Homosexualität.

Das ursprüngliche Ziel des Ehrgeizes ist, von den Eltern gebilligt, anerkannt und bewundert zu werden. Der kleine Junge möchte von Mutter und Vater gelobt und um seiner Leistungen willen geliebt werden. Später erweitert sich der Kreis der Menschen, deren Bewunderung er sucht, und schließt die Lehrer und Spielkameraden, dann die Freunde und Bekannten und so weiter mit ein. Schließlich nimmt die öffentliche Meinung den Platz ein, den ursprünglich die Eltern allein innehatten: der Mann möchte berühmt sein und von der ganzen Stadt, von seinem Volk, von allen Völkern geschätzt werden. Der Ursprung des ehrgeizigen Strebens in der Suche nach der Anerkennung durch die Eltern bleibt jedoch unauslöschlich und bestimmt Ziel und Art der Bestrebungen des Mannes. Mir scheint, daß der Unterschied in der Entwicklung der Ödipus-Situation, vor allem die geringere Intensität der aggressiven Triebe, für die Tatsache entscheidend ist, daß der Ehrgeiz bei Frauen nicht so stark ausgeprägt ist wie bei Männern. Eitelkeit und Stolz auf ihre Schönheit ist für die Frau das Äquivalent für den männlichen Ehrgeiz.

Der vernachlässigte emotionale Faktor bei der psychologischen Analyse des Ehrgeizes ist die unbewußte homosexuelle Beziehung zum Vater. Bei der Entwicklung des Ehrgeizes des Jungen sind nicht nur Konkurrenztendenzen am Werk; der Vater ist unbewußt ein bewundertes Objekt. Neben der Liebe und Bewunderung für den Vater entwickelt sich ein anderer Trend als Produkt der Ödipus-Situation. Als emotionale Reaktion auf die Regungen, den Vater zu beseitigen und zu ersetzen, entstehen unbewußte Schuldgefühle, die um so tiefer sind, je intensiver die aggressiven oder sogar mörderischen Wünsche erlebt werden. Dieses reaktive Schuldgefühl tendiert in der Richtung der Buße für die feindseligen Impulse und manifestiert sich als ein Bedürfnis, den Vater zu ehren und seine Vergebung zu erlangen. Diese unbewußten Gefühle dringen in den Bereich der ehrgeizigen Bestrebungen ein und intensivieren ihre emotionale Kraft. Die kreative Funktion unbewußter Schuldgefühle wird durch die Leistungen des Sohnes bewiesen. Diese Leistungen zeigen zugleich, daß er einen Sieg über seinen Vater errungen hat und daß er das Andenken des noch mächtigen Vaters ehrt. Das unbewußte Ziel des Ehrgeizes ist es also einerseits, den Vater zu überwinden und zu übertreffen, und andererseits, ihm zu beweisen, daß man ihn liebt und bewundert. Die Intensität der im Ehrgeiz wirkenden Schuldgefühle wird von dem Bedürfnis bestimmt, wieder geliebt zu werden wie in der Kindheit, vom Vater anerkannt zu werden und die auf seine Vernichtung gerichtete Tat wiedergutzumachen. Die Fortdauer dieser gebieterischen Strebungen kann durch die Analyse zurückgeführt werden auf den verdrängten Wunsch, sich dem Vater, dessen Vergebung gesucht wird, als Liebes- und Sexualobjekt anzubieten. Auf diese Weise hat der Ehrgeiz, der bewußt mit Konkurrenzgeist und Aggressivität verwandt ist, auch unbewußte Wurzeln in einer passiven femininen homosexuellen Einstellung.

Die Entdeckung des verborgenen Wirkens einer passiven, femininen homosexuellen Neigung innerhalb des Ehrgeizes gründet sich natürlich auf klinische Erfahrungen in der psychoanalytischen Praxis. Ich führe ein repräsentatives Beispiel an, aus Gründen der Diskretion in leicht veränderter Form. Ein junger, sehr ehrgeiziger Archäologe, der in Griechenland mit einigem Erfolg Grabungen durchführt, träumt davon, daß er höchst bedeutende archäologische Schätze entdecken wird. Er sieht in seinen Phantasien, wie er von Professor X, dem berühmten und bewunderten Altmeister der klassischen Archäologie, gefeiert und geehrt wird. Der alte Herr schüttelt ihm herzlich die Hand und gratuliert ihm voll Sympathie. Die Gedankenverbindungen führen den jungen Gelehrten dazu, den Gegensatz zwischen amerikanischen und französischen Sitten zu vergleichen. Er hebt hervor, daß in Frankreich bei solchen Gelegenheiten der berühmte ältere Mann den jungen Mann, dessen Leistungen er würdigt, umarmen und küssen würde. In der angelsächsischen Kultur ist die »Akkolade« nicht üblich. Der junge Archäologe, der sich eine solche Szene vorstellt, freut sich über die Zuneigung des Meisters und schöpft große Befriedigung aus seiner Phantasie. Er sagt, daß er den alten Herrn sehr gern hat, der für ihn eine hohe, den Vater vertretende Persönlichkeit ist. Dann taucht beim Patienten die Frage auf, ob er vielleicht wünscht, von dem alten Archäologen sexuell gebraucht zu werden, was ganz energisch verneint wird. Seine Gedankenassoziationen berührten an diesem Punkt die verdrängten passiven homosexuellen Neigungen, die bewußt energisch zurückgewiesen wurden.

4. Phantasie und Wirklichkeit

Viele sexuelle Dinge sind in der Phantasie erlaubt und werden genossen, während sie in der Wirklichkeit verboten sind. Die Phantasie gehört in den Bereich der Vorlust-Phänomene und ist gekennzeichnet durch angenehme Spannung. Oft hindern unbewußte Verbote und manchmal auch konventionelle Vorstellungen die Phantasien daran, auf den Bereich der Wirklichkeit überzugreifen.

Ein junges Mädchen, das auf seinen Freund wartet, stellt sich vor, daß es ihn mit Küssen und leidenschaftlichen Liebkosungen empfangen wird. Als er dann kommt, ist es wie zu Eis erstarrt. Was in der Phantasie erlaubt ist, ist oft in der Wirklichkeit nicht erlaubt. Einer der wirksamsten Faktoren innerhalb der Vorlust ist die gespannte oder freudige Erwartung. Nehmen wir an, ein Masochist wird sexuell erregt durch eine Phantasie, in der er von einer großen, dicken Frau geschlagen wird. Er masturbiert oft mit dieser Phantasie und erlebt einen Orgasmus. Nehmen wir nun an, daß derselbe Mann auf der Straße von einer Frau dieses Brünhilde-Typs attackiert wird. Sie verwechselt ihn vielleicht mit einem anderen Mann, der sie gekränkt hat, und ohrfeigt den überraschten Masochisten. Wird er eine angenehme Empfindung oder sexuelle Erregung erleben? Das ist sehr unwahrscheinlich. Eher ist anzunehmen, daß er empört und wütend ist. Die Entwicklung der Erwartung als für die sexuelle Erregung nötige Voraussetzung fehlt.

Ein Mann, der eine lange Affäre mit einer Frau hatte, von der er wußte, daß sie ihn ständig betrog, heiratete sie schließlich, als sie einen anderen Mann zu heiraten drohte. Der frischgebackene Ehemann erkannte bald, daß er einen Fehler gemacht hatte, und beklagte sich darüber, daß er sich gefangen und eingesperrt fühlte. Er konnte sich nicht erklären, daß seine Frau, mit der er höchst befriedigende sexuelle Beziehungen gehabt hatte, völlig reizlos für ihn geworden war. Der frühere Reiz des Verbotenen reichte nicht aus, um diese veränderte Einstellung zu erklären. Während seiner psychoanalytischen Behandlung mußte er erkennen, daß gerade die Promiskuität seiner Geliebten der entscheidende Faktor gewesen war, der sie so reizvoll für ihn gemacht hatte. Es hatte eine verborgene Brücke zwischen ihm und anderen Männern gegeben, eine unbewußte homosexuelle Verbindung mit dem eigenen Geschlecht. Die Treue seiner Ehefrau verringerte die sexuelle Macht, die sie über ihn hatte. Es war, sagte er, als hätte sie für ihn einen gewissen Hautgout verloren.

5. Sexuelles Rollenspiel

Ein Patient war nur schwach potent und konnte mit seiner Frau nur sexuelle Erlebnisse haben, wenn sie seine Anweisungen befolgte, die seltsam genug waren: sie mußte hinter ihm stehen oder sitzen und von hinten mit der einen Hand seine Hoden streicheln und mit der anderen seine Brustwarzen. Es war offensichtlich, daß er die Rolle einer Frau spielte, mit der er etwas ähnliches tun wollte, wozu er aber zu schüchtern war. Seine Frau mußte stellvertretend die Rolle des aggressiven Mannes spielen. Ein anderer, ähnlicher Fall sah zuerst nach Transvestismus aus. Ein Mann in mittleren Jahren war bei seiner Frau impotent außer unter sehr sonderbaren und ungewöhnlichen Umständen. Er mußte die Kleider seiner Frau einschließlich der Strümpfe und so weiter anziehen und ging dann in das Schlafzimmer, in dem sie lag. Er streichelte sie und erregte sie sexuell. Der Mann spielte stellvertretend die Rolle seiner Frau. Es war, als könnte er nur potent werden, wenn die Frau die sexuelle Initiative ergriff und ihn so weit brachte, daß er sie begehrte. Der Mann erschien in dieser oft wiederholten Szene in der Rolle der Frau, die ihn zum Geschlechtsverkehr auffordert, weil sie selbst ihn wünscht. Die gemeinsamen Faktoren sind in beiden Fällen eine Identifikation mit der Frau und eine besondere Schüchternheit des Mannes bei der sexuellen Annäherung. Beides war den Patienten unbewußt geblieben.

Dritter Teil
Männliche und weibliche Ansichten
Einige Seitenblicke

1. Frauen über die sexuelle Liebe

Nur Psychoanalytiker und Gynäkologen haben Gelegenheit zu hören, was Frauen von der Liebe ihrer Männer halten. Hier sind einige Beispiele für Gedanken von Frauen über dieses heikle Thema, Gedanken, die in analytischen Sitzungen in Worte übertragen wurden. Eine Frau über ihren Ehemann: »Warum glaubt er, daß ich mit ihm schlafen will, wenn ich ihm beim Abendessen liebevoll übers Haar streichle? Ich will ihm doch nur zeigen, daß ich Zärtlichkeit für ihn empfinde – oder vielmehr ich wünsche, daß er zärtliche Gefühle für mich haben sollte.«

Eine Frau, die auf eine bestimmte Weise liebkost werden möchte, wird, wenn ihr Wunsch lange nicht erfüllt wird, ihren Liebhaber auf diese Weise liebkosen: sie wird ihn beispielsweise hinter dem Ohr küssen, wenn das eine erogene Zone für sie ist. Sie tut mit ihm das, was er nach ihrem Wunsch mit ihr tun sollte.

Die meisten Frauen haben das Gefühl, daß Männer ihre Liebe auf eine mechanische und nüchterne Weise ausdrücken. Eine Frau sagte: »Männer, die Liebe wollen, scheinen alles auf die einfache Formel der Sexualität zu reduzieren. Es ist, als gäben sie einem HO_2 statt Wasser.«

Europäerinnen nehmen die außerehelichen Affären ihrer Männer oft nicht so tragisch. Eine sagte einmal: »Ein Mann ißt manchmal gern in einem Restaurant, aber in Wirklichkeit zieht er Hausmannskost vor.« Eine Wienerin, die wußte, daß ihr Mann eine außereheliche Beziehung unterhielt, sagte voll Verachtung über ihre Rivalin: »Schlafen kann er ja mit ihr, aber sprechen kann er nur mit mir.«
Eine Frau, die nur widerwillig dem Wunsch ihres Mannes nach Geschlechtsverkehr nachgab, dachte während des Aktes an das Mittagessen für den nächsten Tag und fragte sich, ob sie Bohnen oder Erbsen kochen sollte. Ihre Reaktion war unter diesen Umständen nicht sehr überzeugend.

Frauen sprechen während des Geschlechtsverkehrs nur selten. Das eine Wort, daß die Männer in dieser Situation am häufigsten von ihnen hören, ist eine Bitte: »Mehr!«

Eine Frau beschrieb die anfängliche sexuelle Erregung, die wieder abklang, ohne daß sie einen Orgasmus hatte, mit den Worten: »Es war ein Plätschern, aber keine Welle.«

Eine Frau, die einige frustrierende und enttäuschende sexuelle Erlebnisse mit verschiedenen Männern hatte, sagte seufzend: »Das sind nur Geisterliebhaber.«

Eine Frau zu ihrem Mann über den Geschlechtsverkehr: »Du hast mir schon lange keine Freude mehr gemacht.« Man vergleiche die folgende Anekdote. Die Herzogin von Marlborough (1660–1741) erzählte einer Freundin: »Heute kehrte der Herzog aus dem Krieg zurück und beglückte mich zweimal in seinen Stulpenstiefeln.«

Eine Hausfrau mittleren Alters, die vor kurzem entdeckte, daß ihr Mann ein Verhältnis mit einer ihrer Freundinnen hatte, spricht von ihrer Abneigung, Geschlechtsverkehr mit ihm zu haben: »Lieber lasse ich mir einen Zahn ziehen.«

2. Leben in Träumen

Freud wies darauf hin, daß die unbewußten Wünsche, die man als traumbildende Kräfte erkennen kann, nachdem die latenten Trauminhalte entziffert wurden, aus den tiefsten Winkeln der Seele kommen. Er bemerkte, daß Tagesreste (Eindrücke und Erlebnisse des Tages, die dem Traum vorausgehen und Material für seine Produktion liefern) oft solche verborgenen Wünsche wecken, die dann im Traum als erfüllt erscheinen. Mir scheint, daß in der psychoanalytischen Literatur den halbbewußten Wünschen zu wenig Aufmerksamkeit gewidmet wurde, die während des Tages auftauchen und als Keime für tiefere, oft infantile Wünsche des Träumers fungieren. Mit anderen Worten, der latente Trauminhalt wird bis zu einem gewissen Grade von als Keime dienenden Gedanken während des Tages bestimmt, und er ist auch vom Willen des Träumenden abhängig. Es gibt eine Geschichte von zwei kleinen Mädchen, die einander jeden Morgen ihre Träume erzählten. Anne, die gerade drei Jahre alt geworden war, sagte, daß sie nie von ihrer älteren Schwester träumte. Trudy, sechs Jahre alt, war deshalb sehr entrüstet und sagte: »Wenn du nicht von mir träumst, werde ich auch nicht mehr von dir träumen.«

Ein junger Mann hatte einen Traum, der die entscheidende Rolle von

Tagesresten gut veranschaulicht: der Träumende sah sich ein Friseurgeschäft betreten, dessen Inhaber ihn lächelnd mit einem Händedruck begrüßte. Der junge Mann hatte am Abend vor dem Traum den Film *Der große Diktator* gesehen, in dem Charlie Chaplin als Friseur auftritt. Er hatte den Künstler bewundert und sich gewünscht, ihn kennenzulernen.

3. Pygmalion

Die sexuelle Erregung der Frau hängt im allgemeinen stärker von der Art zu lieben des Mannes ab als die Erregung des Mannes vom Verhalten der Frau. In diesem Sinne möchte jeder Mann ein Pygmalion sein, unter dessen Händen die leblose Statue zum Leben erwacht. Obwohl nicht jede Frau eine Galatea ist, neigt doch jeder Mann zu dem Glauben, seine Aufgabe sei der des griechischen Bildhauers ähnlich, der der Schutzpatron des sexuell erregten Mannes sein könnte. Die Erfüllung dieser freiwillig übernommenen Aufgabe ist für das Selbstvertrauen des Mannes wichtiger als das Gelingen der gesellschaftlichen Verwandlung, die Professor Higgins in Shaws Stück vollbringt. Sie erfordert vom Mann auch größere Geschicklichkeit, und die Wirkung der Verwandlung einer sexuell kühlen Frau in eine, die einen Orgasmus erlebt, ist tiefer und emotional bedeutsamer als die soziale Verwandlung von einem Londoner Blumenmädchen in eine Dame der Gesellschaft. Eine solche soziale Verwandlung wird von der Frau als nichts Außergewöhnliches empfunden, aber das erste Erlebnis sexueller Erfüllung kann in ihren Augen beinahe ein Wunder sein.

4. Beweise

Eine Frau, die wir Anne Brown nennen wollen, begann ihrem Mann zu mißtrauen, der gelegentlich an den Wochenenden Geschäftsreisen unternehmen mußte. Er gab ihr gewöhnlich den Namen des Hotels in der Stadt, in dem er im Notfall zu erreichen war. Mrs. Brown rief einmal um die Mittagszeit in diesem Hotel an und fragte, ob sie Mrs. Brown sprechen könne. Der Portier sagte ihr, daß Mr. und Mrs. Brown gerade fortgegangen seien, und fragte, ob er Mrs. Brown etwas ausrichten solle. Die Frau sagte: »Nein, danke.« Ihr Verdacht war bestätigt. Es ist unwahrscheinlich, daß ein Mann, der in einem solchen Fall einen Beweis sucht, eine solche Methode ausdenken und anwenden würde, um seinen Verdacht bestätigt zu finden. Das Vorgehen, das die Frau wählte, führt zu dem psychologischen Schluß, daß sich Mrs. Brown unbewußt mit ihrer Rivalin identifizierte.

5. Keine Überraschung

Ich beobachtete einmal zufällig die verschiedenen Reaktionen eines Mannes und einer Frau bei einer überraschenden Begegnung. Ein junger Mann sah ein Mädchen, das er kannte, ein Restaurant betreten. In dem Augenblick, in dem er sie erkannte, sprang er von seinem Stuhl auf, ging auf sie zu und begrüßte sie herzlich. Kurz darauf beobachtete ich in demselben Restaurant das Verhalten einer jungen Frau in derselben Situation. Ein Mann, den sie kannte, kam herein. Als er sie grüßte, blickte sie auf und gab vor, ihn erst in diesem Augenblick bemerkt zu haben. »Oh!« sagte sie im Tonfall der Überraschung. »Ich habe Sie gar nicht gesehen! Guten Abend!«

6. Stimmen aus dem Getto

Von Zeit zu Zeit fallen mir komische Aussprüche ein, die ich von meinem Großvater gehört haben muß, als ich ein Junge von fünf oder sechs Jahren war. Das war zu der Zeit, als Großvater, ein Witwer, zu uns zog. Einige dieser Aussprüche, die ich immer auf Jiddisch zu hören bekam, machten sich über die Frauen lustig. Hier sind zwei davon: Wenn ein Mädchen im Getto die Unnahbare spielte, verspotteten die Juden sie, indem sie ihr die Worte in den Mund legten: »Schlepp mich, ich geh gern.«

Ein anderer solcher Scherz, der von einer Frau ausgesprochen wird, lautet: »Chodsch ich bin mies, hab ich mein Mann doch gern.« (Chodsch = obwohl.) Das bedeutet natürlich eine energische Zurückweisung der Anschauung, daß eine Frau, die sich selbst für häßlich hält, einen Mann nicht lieben kann, weil sie voraussetzt, daß er ihre romantischen Gefühle nicht erwidern wird. Die Frau, die diesen Satz ausspricht, beweist ungewöhnlichen Mut und großes Selbstvertrauen.

7. Musterung

Bevor eine Frau ihren Ehemann oder Geliebten ihrer Freundin vorstellt, mustert sie ihr Gesicht und ihre Figur sorgfältig und mißtrauisch und versucht, ihre möglichen Absichten zu erraten. Es ist so, als wollte sie die Freundin zuerst mit den Augen des Mannes sehen, besonders wenn sie jünger und hübscher ist. Das weibliche Gefühl der Feindseligkeit und eifersüchtigen Besitzgier kommt in dieser Musterung unweigerlich zum Vorschein.

8. Veränderlichkeit

Ich sah eine Anzeige eines Modegeschäfts mit dem Bild einer eleganten Frau. Der Text dazu lautete: »Sie ist jeden Tag eine andere Frau.« Man fragt sich: »Warum will sie, wer immer sie sein mag, jeden Tag eine andere Frau sein?« Ein Mann möchte jeden Tag derselbe sein. Er ist konsequent und will sich nicht bei jedem Sonnenauf- oder -untergang ändern. Die Anzeige will sagen, daß die abgebildete Frau mit jedem neuen Kleid auch eine neue Persönlichkeit annimmt. Aber diese Anzeige ist pleonastisch, denn eine Frau sein, das bedeutet jeden Tag ein anderer Mensch sein.

9. Maskuline Züge

Der starre Moralkodex des gebildeten Mannes führt schließlich zu der arroganten Annahme, er dürfe keine Irrtümer begehen und müsse unfehlbar werden. Die Absurdität einer solchen Einstellung wird offensichtlich in der pathologischen Verzerrung in den Gedanken zwanghafter Persönlichkeiten. Ihre Selbstbestrafungen und Bußen bringen zuletzt immer wieder ihre aggressiven und grausamen Tendenzen an die Oberfläche. Über den Abwehren, die sie aufgebaut haben, tauchen überraschenderweise diese verdrängten Triebe auf. Ein Chirurg, den ich behandelte, war manchmal entsetzt über solche plötzlichen Impulse während seiner Operationen. Wenn er ein bestimmtes Instrument brauchte und die Operationsschwester ihm ein anderes zureichte, das er ebensogut benutzen konnte, mußte er denken: »Jetzt ist alles verloren. Ich sollte diesem Patienten ein Messer ins Herz stoßen.« Auf jeden kleinsten Fehler folgen in vielen Fällen dieser Art Verzweiflung, Abscheu gegen sich selbst und der Drang zur Selbstbestrafung. Ein Mann, der beim Rasieren einige Haare über der für das Ende der Koteletten vorgesehenen Linie wegschnitt, verspürte die Regung: »Nachdem ich diesen Fehler gemacht habe, kann ich mir gleich die Kehle durchschneiden.«

10. Der normale Prototyp

In den Fällen von Paranoia sind sich die Patienten des tatsächlichen oder eingebildeten Eindrucks, den sie auf Menschen in ihrer Umgebung machen, übermäßig bewußt, und sie deuten (oder mißdeuten) die Worte und Gesten dieser Menschen als Reaktionen, die sie betreffen. So entstehen die Eindrücke, die die Patienten zum Beziehungswahn führen. Das *normale* Gegenstück zu diesen pathologischen Phänomenen ist die Befangenheit einer Frau, die einen Raum betritt, in dem eine Gesellschaft versammelt ist, und alle Blicke auf sich gerichtet fühlt.

11. Kühe und Stiere

Karl Kraus schrieb einmal, in der Nacht seien alle Kühe schwarz, auch die blonden. Wenn man diesen ungalanten Vergleich fortspinnen will, könnte man den Unterschied zwischen dem weiblichen und dem männlichen Temperament so darstellen: Frauen mag man vielleicht mit Kühen vergleichen, die stumpfsinnig ihr Futter wiederkäuen, aber sie sind zumindest friedlich. Männer dagegen lassen sich mit Stieren vergleichen, die von Zeit zu Zeit in blinder Wut in den Porzellanladen der Zivilisation stürmen.

12. Geständniszwang

Frauen, die ihre Treulosigkeiten ihren Männern gestehen, werden manchmal nicht von der Macht ihres Gewissens dazu getrieben, sondern eher von grausamen und rachsüchtigen Neigungen. Ähnliche Motive findet man selten bei Männern, die ihren Frauen ihre Untreue gestehen. Bei Frauen ist eines der unbewußten Motive oft der Wunsch, ihren Ehemännern zu zeigen, daß sie auch noch für andere Männer attraktiv sind. Auch die heimliche Hoffnung, den Mann zurückzugewinnen, kann manchmal bei ihren Beichten eine Rolle spielen.

13. Genie und Geschlecht

Ilja Metschnikow, der große Biologe (1845–1916), betrachtete Genie als sekundäres Geschlechtsmerkmal wie die tiefe Stimme oder den Bart. Seine Theorien gelten heute als veraltet. Die Seltenheit des Auftretens von genialer Begabung bei Frauen verbindet diese Tatsache nichtsdestoweniger mit den sexuellen Charakteristika. Freud erklärte, die Sexualität sei im wesentlichen maskulin. Sollte man nicht annehmen, daß auch Genie im wesentlichen maskulin ist, auch wenn es bei Frauen auftritt?

14. Faute de mieux

Die Franzosen, die als frivole Nation gelten, haben ein Sprichwort: »In Ermangelung eines besseren schläft man mit seiner Frau.« *(Faute de mieux on couche avec sa femme.)* Einen solchen Standpunkt kann man sich bei Frauen kaum vorstellen. Nicht nur wegen ihrer größeren Treue, sondern vielmehr weil für Frauen das Sexualobjekt nicht so leicht austauschbar ist wie für Männer. Viele Frauen würden höchstwahrscheinlich nicht mit ihrem Ehemann schlafen wollen, wenn ihr Geliebter gerade abwesend ist. Die Schwierigkeit liegt für sie darin, daß ihre Sexualität eng an die Persönlichkeit ihres Partners gebunden ist. Die Austauschbarkeit von Sexualobjekten ist für sie ebenso möglich wie der Austausch des eigenen Kindes gegen ein anderes.

15. Die Schulmeisterinnen

John Fisher zeichnete einmal eine sehr hübsch aussehende Braut, die mit ihrem Mann durch den Mittelgang der Kirche geht, ihm ihr strahlendes Gesicht zuwendet und flüstert: »Halt dich ein bißchen gerader, mein Lieber!« So beginnt die Zähmung der Bestie oder, gnädiger ausgedrückt, der lange Erziehungsprozeß der Ehemänner, den viele Bräute in ihren Gedanken schon vorausgeplant haben.

16. Eine überraschende Frage

Ein Angestellter, der ein kleines Haus in einem Vorort hat und täglich zur Arbeit nach New York fährt, erzählte seinen Freunden, daß er unlängst während des starken Schneesturms nicht nach Hause fahren konnte. Es gelang ihm nicht einmal, seine Frau telefonisch zu erreichen, und er beschloß, im Büro zu übernachten, wo er es sich auf einer Couch so bequem wie möglich machte. Einer seiner Freunde, der sich die Schilderung dieser Nacht aufmerksam angehört hatte, fragte: »War sie hübsch?«

17. Die andere Seite

Gretchen in Goethes *Faust* denkt an ihren Geliebten und sagt sich verwundert: »Was so ein Mann nicht alles, alles kann!« * Es ist bemerkenswert, daß Männer keine ähnliche Verwunderung empfinden: »Was so eine Frau nicht alles, alles fühlt!«

18. Der Spiegel

Eine Frau fragte: »Sehen Männer überhaupt in einen Spiegel, außer wenn sie sich rasieren?«
Eine Frau, die in den Spiegel sah, wiederholte laut die zärtlichen Worte, die ihr Geliebter am Abend zuvor zu ihr gesagt hatte. Es ist möglich, daß sich ein Mann an liebevolle Worte, die seine Geliebte zu ihm gesagt hat, erinnert und daß er sie wiederholt, aber es ist kaum vorstellbar, daß er das tun würde, während er sich in einem Spiegel betrachtet.

19. Die Schwiegertöchter

Eine Frau suchte oft Wahrsagerinnen auf, für die sie eine Menge Geld ausgab. Einmal ging sie zu einer Frau, die sehr gelobt wurde, weil sie die Zukunft voraussagen konnte. Die Wahrsagerin erzählte ihrer Kundin einige erstaunliche Dinge über Ereignisse in der Vergangenheit und Gegenwart. Aber dann begann sie, die Zukunft Peters, des dreizehn-

---

* Gemeint ist: *denken* kann. Der Autor geht von der englischen Übersetzung aus, in der es sinngemäß heißt: »How much such a man can think and think.« (Anm. d. Übers.)

jährigen Sohnes der Kundin, vorauszusehen. Sie sagte, der Junge werde ein sehr nettes Mädchen heiraten und seine Mutter werde dieses Mädchen sehr lieben. »Da erkannte ich, daß die Frau eine Schwindlerin war«, berichtete mir die zukünftige Schwiegermutter. »Ich bezahlte sie und ging, denn ich kann mir nicht vorstellen, daß ich Peters Braut sehr lieben würde, wer immer sie sein mag.«

20. Der Köder

Zärtlichkeiten und liebevolle Gesten, die Frauen in Gegenwart von Männern austauschen, haben manchmal die Bedeutung eines unbewußten Köders für den Mann. Sie sollen in ihm den Wunsch wecken, ebenso zärtlich behandelt zu werden.

21. Legitimität

In außerehelichen Beziehungen manifestiert sich immer der Wunsch der Frau nach Legitimität. Was Frauen bewegt, ist nicht nur der Wunsch, geheiratet zu werden, sondern ein tief empfundenes Bedürfnis nach Legitimität. Die Frau, die ein unerlaubtes Verhältnis hat, empfindet – so großzügig sie auch denken mag – plötzliche Ressentiments, ein Aufwallen von Zorn, so als wäre der Mann nicht gewillt, sie in sein Leben aufzunehmen und sie zu *seiner* Frau zu machen. Eine Frau, die einen Ehemann bekommt, gewinnt in den Augen anderer Frauen an Bedeutung, von der sie wieder einiges verliert, wenn sie verwitwet oder geschieden ist. Es gibt nichts dergleichen im Falle von Witwern oder geschiedenen Männern. Auch sie werden von ihren Freunden beneidet. Die Freiheit wird von der modernen Frau nicht so sehr genossen, wie sie nun oft vorgibt.

22. Der neue Goya

Mehr als hundertfünfzig Jahre sind vergangen, seitdem Goya die zweiundachtzig Radierungen der Folge *Los desastres de la guerra* schuf. Kein moderner Künstler würde es wagen, die Greuel des Krieges in unserer Zeit darzustellen. Die menschliche Vorstellungskraft war imstande, die Mittel für den Holocaust zu erfinden, der alles Leben auf dieser Erde auszulöschen droht. Aber die Phantasie des Menschen

reicht nicht aus, ihn in Kunstwerken darzustellen. Ein wiederaufer-
standener Goya würde heute vielleicht die Schrecken des Krieges
zwischen den Geschlechtern malen. Manche Phänomene haben der
Krieg und die Beziehung zwischen den Geschlechtern gemeinsam.
Der Ring am Finger, beispielsweise, kennzeichnet die Frau als Sie-
gerin und den Mann als Kriegsgefangenen, Alimente ähneln einer
Kriegsentschädigung, und Kinder sind oft als Geiseln gebraucht
worden.
Es könnte in diesem Krieg ein Augenblick kommen, in dem keine andere Lösung mehr übrigbleibt, als einer destruktiven und herrischen
Frau ein Ultimatum zu stellen: »Bedingungslose Kapitulation.«

23. Stimmung und Aussehen

Auch in Stimmungen, die durch emotionale Erschütterungen verur-
sacht werden, bleiben sich viele Frauen ihres Aussehens bewußt. Manche tragen beispielsweise in solchen Zeiten ihr Haar in einem Zustand
hochkultivierter Zerzaustheit.
Karl Kraus kam auf psychologischen Umwegen zu dem Schluß, daß es
sich nur ein Mann leisten kann, in der Liebe unglücklich zu sein. Eine
Frau sieht in dieser Verfassung so schrecklich aus, daß ihr Unglück
verständlich wird.

24. Geschlecht und Name

Als ob es mit dem Geschlecht nicht schon genug Verwirrung gäbe, trägt
eine neue Sitte noch zum allgemeinen Durcheinander bei: Manche
Männer haben weibliche Vornamen und manche Frauen haben männliche Vornamen. »Dein Name ist nur mein Feind«, sagt Julia. »O Romeo! Warum denn Romeo?« Eine gute Frage, aber man stelle sich vor,
wie hoffnungslos verwirrt das Mädchen erst gewesen wäre, wenn der
Geliebte Romeo Maria Montague geheißen hätte! Heutzutage nehmen
die Menschen mehrere Namen an, so daß man nie sicher sein kann, ob
eine Person, die nur namentlich genannt wird, ein Mann oder eine Frau
ist.
Zu Beginn des Ersten Weltkriegs, als der österreichische Dichter Rainer
Maria Rilke eingezogen wurde, kam es zu einer heiteren Szene. Der
Feldwebel, der die Personalien des schüchternen Dichters aufnahm,
fragte ihn: »Wie heißen Sie?« – »Rainer Maria Rilke.« Der verblüffte

Feldwebel, der den Verdacht hatte, daß sich der Rekrut über ihn lustig machte, schrie: »Was soll denn das? Maria! Ich heiß' doch auch nicht Mitzi.«

25. Lektüre

Ein Mann sagte von seiner Frau: »Ich kenne sie, als wäre sie ein Buch in meiner Bibliothek.« Aber ein Buch wird von anderen Lesern mit anderen Reaktionen gelesen. Außerdem könnte sich ein Mann, der diesen Vergleich gebraucht, in der Annahme täuschen, daß dieses Buch immer in seiner Bibliothek stand. Vielleicht gehörte es einmal einer Leihbücherei und ging durch viele Hände.

26. Projektion

Ein Patient, der während seiner Analyse mit unbewußten Widerständen kämpfte, nannte seinen Analytiker in seinen Gedankenassoziationen »die ehrbare Dirne«. Diese Assoziation wurde durch die Tatsache bestimmt, daß der Patient daran dachte, daß er dem Analytiker an diesem Tag seinen monatlichen Scheck geben mußte. Der Vergleich des Analytikers mit einer Dirne hat aber nicht nur mit dem Geld zu tun, das gezahlt werden muß, sondern auch mit dem Gefühl der emotionalen Erleichterung in der Analyse. Es ist bezeichnend, daß in einer Art von unbewußter Projektion die homosexuellen Neigungen des Patienten auf diese Weise auf den Analytiker übertragen wurden. Das Adjektiv »ehrbar«, das dem Titel von Sartres Stück entnommen ist, ist aber nicht nur ironisch gemeint, sondern es spiegelt auch die Verehrung wider, die der Patient für den Analytiker empfand.

27. Der Platz der Geschlechter

Die Tatsache, daß der Mann das Zentrum des Interesses der Frau bildet und daß die Frau nur einen Platz an der Peripherie der Interessen des Mannes beanspruchen kann, erklärt, daß sich für einen Betrachter der Beziehungen zwischen den Geschlechtern oft seltsame geometrische Anordnungen ergeben. Die häufigste ist natürlich das Dreieck.

28. Die Verschwörung

Gewisse Männer haben manchmal den Eindruck, daß sich die Frauen auf einer Party oder bei anderen Gelegenheiten gegen sie »zusammen-rotten«, daß sie Mittel und Methoden einer geheimen Verständigung untereinander haben. Es gibt, versichern diese Männer, gewisse Blicke über die Schultern der Männer, gewisse Arten zu lächeln und amüsierte Gesten zwischen einer Frau und der anderen, ja es gibt sogar eine Art von »verschwörerischem Geflüster«.

Vierter Teil
Die Starken und/oder die Schweigsamen

1. Sprechen und schweigen

Niemand spricht jemals von einer starken, schweigsamen Frau. Manche Frauen sind stark, aber sie sind nicht schweigsam. Sprechen ist nicht nur Kommunikation, sondern auch Ausdruck einer freundlichen Haltung. Wenn man mit jemandem »nicht spricht«, so bedeutet das, daß diese sozialen Gefühle fehlen. Frauen haben oft das – instinktiv richtige – Gefühl, daß das Schweigen ihrer Männer nicht nur Gleichgültigkeit oder einen Mangel an Zuneigung bedeutet, sondern Feindseligkeit. Sie empfinden es als Zurückweisung. Eine Psychoanalyse-Patientin, die gern die Platten Harry Belafontes hört, beklagte sich darüber, daß ihr Mann nie etwas über sie sagt, wenn sie sie auflegt. Sie hat recht. Er mag sie nicht.

Ein Rechtsanwalt klagte darüber, daß die Menschen, mit denen er zu verhandeln hat, von so vielen irrelevanten, völlig unwichtigen Dingen reden. Es ermüdete ihn, sich an solchen Gesprächen beteiligen zu müssen, in denen unwichtige Kleinigkeiten diskutiert wurden. Seine Frau beschwerte sich darüber, daß er selten mit ihr sprach und sich auf das Nötigste beschränkte. Er hatte nicht die Gabe, unverbindlich zu plaudern, und hielt es für nötig, immer sofort zur Sache zu kommen und sich auf ein Thema zu konzentrieren. Er verstand nicht, daß das Sprechen mit seiner Frau nicht nur die Funktion hatte, gewisse Dinge mitzuteilen, sondern auch ein Ausdruck liebevoller Gefühle war, und daß das Geplauder über unwichtige Dinge in Situationen, in denen er Verhandlungen zu führen hatte, auch die soziale Funktion erfüllte, sich miteinander bekannt zu machen – eine wesentliche Voraussetzung, die oft die geschäftlichen Besprechungen erleichtert. Es gibt ein Sprichwort: »Durchs Reden kommen die Leute zusammen.« Das heißt, sie kommen besser miteinander aus.

Die Tatsache, daß Frauen viel gesprächiger sind als Männer, läßt sich durch die Entwicklung der beiden Geschlechter erklären, nämlich durch die Theorie, daß die Frau mehr von den emotionalen Charakterzügen des Kindes beibehält als der Mann. Das heißt nicht, daß sie – wie manche Frauenfeinde behaupten – ein Wirrkopf ist, sondern vielmehr daß es ihr schwerfällt, das Unwichtige nicht in Worte zu fassen, die kleinen Gedanken oder peripheren Eindrücke von der sprachlichen Formulierung auszuschließen. Aber wie kann diese weibliche oder, wenn man so will, kindliche Einstellung mit der anerkannten Fähigkeit in Einklang gebracht werden, gewisse Dinge geheimzuhalten? Man weiß, daß eine Frau viel besser etwas für sich behalten kann als ein Mann, wenn sie wirklich will. Der Widerspruch läßt sich beseitigen, wenn man annimmt, daß ihre geistige und psychologische Entwicklung auf zwei Gleisen verläuft. Auf dem einen bleibt sie kindlich, und ihre Entwicklung bleibt hinter der des Mannes zurück; auf dem anderen ist sie dem Mann ständig voraus und reifer und erwachsener als er. Wir könnten noch hinzufügen, daß eine Frau, die etwas verbergen will, keineswegs schweigsam ist. Die meisten Frauen sind besonders redselig, wenn sie Angst haben. Auf Männer trifft das selten zu. Manchmal projiziert eine Frau ihre eigenen emotionalen Reaktionen auf den Mann und glaubt, er sei böse auf sie, wenn er lediglich schweigsam oder nachdenklich ist.

Sacha Guitry sagte einmal, daß es Leute gibt, die reden, bis sie etwas zu sagen finden. Nicht wenige Männer gehören dieser Gruppe an. Und es gibt Frauen, die reden, bis sie etwas finden, was sie nicht sagen wollen, und dann umso mehr reden.

Die schönsten Worte, die eine Frau gern von einem Mann hört, sind: »Ich liebe dich.« Die schönsten Worte, die ein Mann gern von einer Frau hören möchte, sind: »Ich bin so stolz auf dich.«

2. Schweigen und sprechen

Es gilt immer noch, daß eine Frau einen Mann durch ihr Aussehen und ihre Persönlichkeit anzieht. Selbst Frauen, die sich ihrer Schönheit gewiß sind, zweifeln oft daran, daß ein Mann auf die Dauer an ihnen interessiert sein wird; sie glauben, sie hätten dem Mann außer ihren persönlichen Reizen nichts zu bieten. Viel häufiger als Männer fürchten Frauen, langweilig zu sein. (Männer fürchten das nicht. Sie bringen es fertig, sehr langweilig zu sein, ohne sich dessen im geringsten bewußt zu sein.) Frauen fürchten oft auch, sie hätten nichts anderes zu bieten als »unverbindliches Geplauder«. Diese Angst kann sie dazu verleiten, Albernheiten zu sagen oder regelrecht zu verstummen. Die Männer in ihrer maskulinen Eingebildetheit lassen sich zu dem Glauben verleiten, eine Frau wäre an ihrer Baufirma oder ihren politischen Ansichten, an

Scherereien mit den Arbeitern oder Schwierigkeiten in der Führung und Organisation des Betriebes interessiert. Die meisten Frauen sind es nicht, aber sie tun so, als ob. Außerdem wissen sie, daß der Mann, indem er von diesen verschiedenen Themen spricht, verrät, was für eine Art von Mann er ist, und das – nicht das diskutierte Problem – interessiert sie. Männer fürchten nicht, langweilig zu sein, weil sie der Frau immer den Hof machen und mit ihr flirten können. Aber auch einer Frau, die einen Mann zu langweilen fürchtet, stehen ausgezeichnete Mittel zur Verfügung, sich in seinen Augen interessant zu machen. Sie braucht ihm nur die richtigen Fragen über ihn, sein Geschäft und seine anderen Interessen zu stellen. Wenn sie den Mann dazu bringt, über sich selbst zu sprechen, hat sie ein Mittel gefunden, nicht nur interessant, sondern auch sehr intelligent zu erscheinen.

Einem Mann kann peinlich bewußt werden, daß er nicht zu »plaudern« versteht; eine Frau mag befürchten, daß sie nur »plaudern« kann.

Hier ergibt sich ein Problem der gesellschaftlichen Erziehung. Mann und Frau müssen zwei verschiedene Fähigkeiten erwerben: die Frau muß lernen zu schweigen, wo sie gern reden möchte; der Mann muß lernen zu reden, wo er lieber schweigen möchte.

Männer neigen dazu, die Bedeutung von Wörtern abzuwerten und zeigen damit eine revolutionäre Tendenz. Nehmen wir als Beispiel das Wort Magd, das ursprünglich soviel wie Jungfrau bedeutete. Heute bezeichnet es eine Dienerin, die nicht notwendigerweise Jungfrau sein muß. Das französische Wort *fille* (ursprünglich, neben »Tochter«, »Mädchen«) ist heute ein Synonym für »Prostituierte«. (Mädchen = *jeune fille*.) Es gibt keine vergleichbare Tendenz zur Abwertung von Wörtern in der weiblichen Gesellschaft. Eine Frau kann zu einem Mann beleidigende und schmeichelhafte Dinge sagen. Ein Mann kann zu einer Frau schmeichelhaft beleidigende und beleidigend schmeichelhafte Dinge sagen.

Wir wundern uns viel zu wenig über zwei Facetten der Gespräche von Frauen. Wenn wir bedenken, wie viele Themen in ihren Unterhaltungen vermieden werden, sind wir nicht genug von der Tatsache beeindruckt, daß Frauen im allgemeinen mitteilsamer sind als Männer. Diese »Vermeidungen« wirken sich nicht darin aus, daß Frauen verstummen, sondern darin, daß sie eine um so größere Fähigkeit erwerben, Dinge zu umschreiben. Obwohl die emotionalen Reaktionen der Frauen unmittelbarer sind als die der Männer und ihr Ausdruck durch gesellschaftliche Konventionen eingeschränkt ist, ist es beinahe unmöglich, eine Frau zu finden, der es »die Sprache verschlägt«.

Junge Analytiker müssen lernen, welche Macht das Schweigen hat. Die

Versuchung, alles, was man zu verstehen gelernt hat, auszusprechen und dem Patienten zu sagen, was er unbewußt enthüllt hat, ist für sie oft unwiderstehlich. Dennoch müssen sie lernen zu warten, bis der richtige Augenblick zu sprechen gekommen ist. Der richtige Zeitpunkt für das Sprechen wird durch ein unbewußtes, wiederholtes Signal im Innern des Psychoanalytikers angekündigt. Man braucht ein Netz nicht augenblicklich einzuholen, wenn man weiß, daß man einen Fisch gefangen hat. Es ist besser zu warten, bis man weiß, was ins Netz gegangen ist, bevor man den Fang aus der Tiefe heraufzieht. Die Macht des Schweigens ist zweifacher Natur: dem Patienten gegenüber wirkt es als Lockmittel, es fordert ihn heraus zu sprechen, eine unausgesprochene Frage zu beantworten. Aber es wirkt auch auf den Psychoanalytiker, der einige Befriedigung aus seiner Zurückhaltung schöpft, aus seiner Fähigkeit, still zu sein, während er sich versucht fühlt zu sagen, was er erraten oder erkannt hat. Wissen ist Macht, besonders wenn es nicht mit dem anderen geteilt, sondern ihm erst zum richtigen Zeitpunkt mitgeteilt wird.

Das Selbstvertrauen oder die Ichstärke eines Menschen kann durch viele Faktoren beeinträchtigt werden, zum Beispiel durch die Erkenntnis der eigenen Schutz- oder Machtlosigkeit, durch Gefühle der Unzulänglichkeit, durch Krankheit und so fort. Einer der ernsthaftesten Faktoren ist ein unbewußtes Schuldgefühl. Ein überstrenges Gewissen erschreckt und ängstigt den Menschen. »So macht Gewissen Feige aus uns allen.« Eine der wichtigsten Aufgaben des Psychoanalytikers ist es, das Selbstvertrauen seiner neurotischen Patienten zu stärken, indem er die Forderungen eines zu strengen Überichs reduziert und den Patienten lehrt, sich selbst zu akzeptieren. Bei der Lösung dieser schwierigen Aufgabe muß er den Patienten auch davon überzeugen, daß er Güte neben Feindseligkeit, Liebe neben Haß und Hilfsbereitschaft neben Bosheit besitzt. Der Patient muß ermutigt werden im Geiste der Devise der Seigneurs des Gruuthuse-Palastes in Brügge: *Plus est en vous.* – »Es ist mehr in dir (als du glaubst).«

3. Telefongespräch um null Uhr dreißig
Ein Beispiel – leicht unfair?

»Hallo, ist dort die Polizei? Hier spricht Mrs. Margaret Wolff, 426 East End Avenue... Ja, das ist in der Nähe der 79th Street. Ich brauche Hilfe! Vor vier Wochen sind neue Leute in dieses Wohnhaus eingezogen. Sie drehen jeden Tag nach elf Uhr abends das Radio oder den Fernseher auf. Sehr laut. Ich kann überhaupt nicht mehr schlafen... Wie meinen Sie? Sie sind für Vermißtenanzeigen zuständig? Wie hab' ich denn diese Nummer erwischt? Ah, ich verstehe... Was für ein Revier soll ich anrufen? Sind Sie sicher, daß die sich um mich kümmern? Eine Minute, ich muß mir nur einen Bleistift holen...

Hallo, ist dort die Polizei? Ich habe eine Beschwerde. Bitte helfen Sie mir! Ich habe seit vier Wochen nicht mehr geschlafen (es folgt die obige Beschreibung)... Mein Mann? Ich bin Witwe... Ja, natürlich habe ich mich an den Hausbesitzer gewandt, aber er hatte gerade ein solches Unglück in der Familie. Seine Tochter hatte einen Unfall, als sie ihr Kind zur Schule fuhr. Sie liegt im Krankenhaus, und nun kümmert er sich natürlich nicht viel darum, was in seinem Mietshaus vorgeht... Der Hausmeister, sagen Sie? Ja, natürlich, ich habe mich schon mehrere Male bei ihm beschwert. Erst gestern war ich wieder bei ihm und sagte ihm, daß ich nicht schlafen kann! Diese Leute fangen jeden Abend nach elf Uhr an... Calypso und Jazz... Es macht mich verrückt, ich bin schon ganz krank. Bitte, unternehmen Sie etwas! Wie meinen Sie? Ich soll mit dem Hausmeister sprechen? Wissen Sie, er ist wirklich gemein. Er verspricht mir herauszukriegen, wer das ist, aber er hält sein Versprechen nicht... Ja, es ist sehr laut, und sie spielen bis zwei oder drei Uhr morgens. Der Hausmeister tut überhaupt nichts, wenn man ihm nicht ein gutes Trinkgeld gibt... Natürlich gebe ich ihm was zu Weihnachten oder wenn er in der Wohnung etwas repariert. Ich gebe ihm mindestens einen Dollar. Ja, hier spricht Mrs. Margaret Wolff... Apartment B... Ja, das ist in der Nähe der 79th Street. Würden Sie bitte diesen Leuten verbieten, so spät in der Nacht noch so laut zu spielen? Wenn sie die Musik wenigstens leiser stellen würden! Ich habe seit vier Wochen nicht mehr geschlafen... Natürlich tu ich das! Ich rufe aus dem Küchenfenster, aber glauben Sie, die hören auf mich? Nein, das geht weiter und weiter! Wenn Sie eine Minute warten, lasse ich Sie's am Telefon hören. Haben Sie das gehört? Nein? Nein, sie haben kein Telefon... Warten Sie nur, bis Sie hier sind, dann werden Sie's hören. Ja. Apartment B. Ich danke Ihnen!«

Eine halbe Stunde später läutet es, und ein junger Polizist betritt die Wohnung. »Haben Sie sich darüber beschwert, daß jemand zu laut Radio spielt, Lady?«

»Ja, aber ich weiß nicht, ob es das Radio oder das Fernsehen ist. Es geht in einem fort bis zum Morgen... Ich kann überhaupt nicht schlafen... Es ist so laut, es klingt, als wäre es in diesem Zimmer! Jetzt höre ich nichts. Sie haben aufgehört. Aber wenn Sie ein bißchen warten, werden Sie es hören... Ich habe zu ihnen hinunter gerufen, aber das hat nichts genützt. Ich habe es dem Hausbesitzer gesagt, aber der hat gerade Sorgen in der Familie. Seine Tochter hatte einen Unfall mit dem Wagen, als sie ihr Kind zur Schule fuhr. Der arme Mann hat seine Sorgen und kümmert sich nicht mehr viel um sein Mietshaus. Ich habe den Hausmeister gebeten, mit diesen Leuten zu reden, aber er hört einfach nicht auf mich. Sie machen sich keine Vorstellung, was für ein gemeiner Kerl das ist! Den interessiert nur, wieviel Geld man ihm gibt. Glauben Sie mir, ich gebe ihm eine Menge, wenn er was für mich repariert...«

»Wo wohnen diese Leute, die Sie belästigen?«

»Wo sie wohnen? Was weiß ich? Vielleicht drüben auf der anderen Seite. Der Hausbesitzer hat mich das auch gefragt und der Hausmeister auch. Ich weiß solche Sachen nicht! Vielleicht sind sie im Haus nebenan. Aber auch wenn sie nicht in diesem Haus wohnen, ich sage Ihnen, es ist so laut, als wär's in diesem Zimmer! Jetzt haben sie aufgehört, aber wenn Sie eine Weile warten, fangen sie wieder an. Woher soll ich denn wissen, wo sie wohnen. Das müssen doch Sie herauskriegen.«

»Aber, Lady, ich kann doch nicht von Tür zu Tür gehen und fragen, wer nach elf Uhr noch das Radio oder den Fernseher laufen hatte!«

»Warum denn nicht?«

»Hören Sie, Sie sind nicht einmal sicher, ob es in diesem Gebäude ist oder nicht. Meinen Sie nicht, es wäre besser, Sie stellten zuerst einmal fest, woher der Lärm kommt? Dann sprechen Sie mit dem Hausbesitzer oder dem Hausmeister. Tut mir leid, aber ich kann Ihnen nicht helfen. Gute Nacht!«

4. Was Männer über Frauen sagen

Ein Physiker, der von seiner Ehe sprach, gebrauchte wissenschaftliche Ausdrücke, um ihre Natur zu beschreiben. Er sagte, seine Stimmungen seien eine Funktion der Entfernung. Damit meinte er, daß er um so besser gelaunt war, je weiter er von seiner Frau entfernt war. Derselbe Patient unterschied zwischen seinem Leben im Büro und dem mit seiner Frau und seinen Kindern. Er nannte letzteres die »Heimatfront«. Als er einmal sein Büro verließ und nach Hause fuhr, dachte er: »Jetzt beginnt meine Nachtschicht.«

Ein Mann überlegte: »Warum gibt es keine Versicherung gegen die Möglichkeit der Heirat wie im Falle anderer Unfälle? Ich bin sicher, Fachleute würden feststellen, daß es Männer gibt, die heiratsgefährdet sind.«

Ein Patient sprach von den verschiedenen Arten, Frauen zu verlassen, mit denen er eine Affäre hatte, und sagte: »Diesmal verabschiede ich mich von ihr und flüchte nicht wie in anderen Fällen, und das ist ein großer Unterschied. Wenn man flüchtet, trägt man Reste der Ketten mit sich, aber wenn man sich verabschiedet, sagt man einem Lebensabschnitt Lebewohl.«

Ein anderer Patient, der verheiratet war und ein Verhältnis mit einer geschiedenen Frau hatte, beschrieb den Abend, den er mit seiner Geliebten verbracht hatte, wie folgt: »Sie ist nicht dumm. Tatsächlich ist sie recht intelligent, und nach dem Essen sprach sie von einem Buch, das sie gelesen hatte, aber mich interessierte nicht, was sie sagte. Ich hörte ihr nur mit einem halben Ohr zu. Ich dachte die ganze Zeit nur an die Liebe mit ihr und begann sie zu streicheln und ihr Zärtlichkeiten zu sagen, aber in Wirklichkeit wollte ich nur so rasch wie möglich mit ihr ins Bett gehen. Beachten Sie, bitte, ich bin kein eiskalter Verführer. Was ich ihr sagte, war zeitweise sogar ehrlich gemeint. Meine Begierde ist so stark, daß ich sie manchmal mit Liebe verwechsle, aber ich weiß natürlich, daß ich sie nicht liebe. Unmittelbar nach der sexuellen Befriedigung fühle ich mich eher abgestoßen, aber sie ist dann zärtlich und spricht von Liebe. Das ist bei weitem nicht das, was ich fühle. Immer wenn sie von sich selbst und mir als ›wir‹ spricht, zucke ich zusammen. Ich bin noch weniger an dem, was sie sagt, interessiert als vor dem Geschlechtsverkehr, und manchmal fühle ich mich versucht zu sagen: ›Hör auf, mir deine Persönlichkeit aufzudrängen!‹ Aber ich tat so, als liebte ich sie. Ich weiß, daß ich unaufrichtig bin und eine Rolle spiele, aber ich kann mir nicht helfen. Zuletzt frage ich mich immer: ›Ist es das wert?‹ Aber ich weiß, in fünf oder sechs Tagen, wenn die sexuelle Begierde wieder kommt und ich vor Spannung überreizt bin, werde ich sie wieder haben wollen. Ich weiß nur, daß ich sie nicht liebe.«

Ein Mann, der sich für die griechische Mythologie interessiert, gebraucht manchmal Vergleiche aus diesem Bereich, um sein Eheleben zu beschreiben: »Als ich sie heiratete, wußte ich ebensowenig, was für Gefahren ich mir einhandelte, wie die Trojaner, die das hölzerne Pferd mit den Feinden darin in ihre Stadt zogen.« Der Geschlechtsverkehr mit seiner Frau erschien ihm ebenso sinnlos wie die Arbeit der Danaiden, die ein Faß voller Löcher mit Wasser füllen sollten. Er verglich sein Liebesleben vor der Heirat mit dem freien Flug eines Adlers, während er sich nun eher wie ein Vogel mit gestutzten Flügeln vorkam.

Ein Mann über seine Ehefrau: »Sie ist wie der Finanzminister. Je mehr ich verdiene, desto höher und ungerechter werden ihre Forderungen.«

Ein Verführer sagt: »Die beste Methode, eine Frau zu bekommen, ist, zuerst zärtlich und rücksichtsvoll zu sein und im gegebenen Augenblick mit Kraft und Schwung vorzustoßen.«

5. Telefongespräche

Ein Mann, der zufällig Zeuge eines Telefongesprächs seiner Frau mit ihrer Freundin wird, erliegt oft Sinnestäuschungen, wie sie sonst nur Geisteskranke haben können. Er kann unter der Zwangsvorstellung leiden, das Opfer einer Belastungsprobe oder einer Folter zu sein, neben der das Märtyrertum mancher christlicher Heiliger zur Bedeutungslosigkeit verblaßt. Er kann von dem Eindruck überwältigt werden, daß eine Unmenge von Nichtigkeiten und unwesentlichen Dingen eigens dafür erfunden wurden, in Telefongesprächen ausführlich und in allen Einzelheiten diskutiert zu werden.

Wenn er zufällig Psychologe ist, hat er hier reichlich Gelegenheit, mehrere Probleme seiner Wissenschaft neu zu untersuchen, zum Beispiel den Unterschied zwischen objektiver und subjektiver Zeitmessung. Wenn er beispielsweise einen sehr wichtigen Anruf aus Los Angeles erwartet, kann er durch Introspektion beobachten, wie seine »Frustrations-Schwelle« immer weiter sinkt, je länger er dem Gespräch zwischen seiner Frau und ihrer Freundin zuhört. Die Zeit, die die beiden Damen brauchen, um über die Party von gestern abend zu sprechen, erscheint ihm als eine Ewigkeit, während in Wirklichkeit seit dem Beginn des Gesprächs erst ein paar Stunden vergangen sind.

Telefongespräche sind für die meisten Männer Mitteilungen, für die meisten Frauen aber gesellschaftliche Begegnungen und regelrechte Besuche mit allen Begleiterscheinungen außer den visuellen. Mit der Einführung der mit Fernsehschirmen gekoppelten Telefone wäre dann der Telefonbesuch, den eine Frau einer anderen abstattet, komplett, und die Telefonverbindung wird zur Lebensader der modernen Frau.

6. Über ein gewisses Bewußtsein

Man sagt, es sei charakteristisch für einen Gentleman, daß er nie grob ist – es sei denn mit Absicht. Diese Haltung ist das Ergebnis einer Tradition und einer bestimmten gesellschaftlichen Erziehung. Wir wissen allerdings, daß das in Augenblicken heftiger Erregung nicht zutrifft. Dann – und vielleicht nicht nur dann – ist auch ein Gentleman grob, ohne es zu wollen. Wichtiger und entscheidender für die emotionalen Unterschiede zwischen den Geschlechtern ist aber, ob sich der Mann der Kränkung bewußt ist, die er durch seine Grobheit einem anderen Menschen zugefügt hat. Ich bin der Ansicht, daß Männern sehr oft nicht klar wird, daß sie durch eine Bemerkung, eine Handlung oder einen Fauxpas jemandes Stolz verletzt oder jemanden in Verlegenheit gebracht haben. Das jedoch ist bei Frauen äußerst selten. Frauen können gelegentlich ebenso grob sein wie Männer, aber die Frau, die sich der Kränkung, die sie jemandem zufügt, nicht bewußt ist, muß eine Psychopathin oder eine Ausnahme von der weiblichen Natur sein. Das gilt für alle Frauen und hängt nicht vom Milieu oder von dem Grad oder der Natur der gesellschaftlichen Erziehung ab. Mit anderen Worten, dieses Bewußtsein, diese Sensibilität ist eine Eigenschaft von Frauen aller Schichten – von der Herzogin bis zum Fischweib auf dem Markt.

7. Die Tyrannei der Mütter

Bei dem allgemeinen und im weitesten Ausmaß gerechtfertigten Lob der Mutterschaft vergessen wir zu leicht, daß manche Mütter eine schwere Tyrannei über ihre Kinder ausüben. Diese Mütter sind sich gewisser schädlicher Wirkungen ihres Verhaltens selten bewußt, und sie täuschen sich oft hinsichtlich der Rolle, die sie im Leben ihrer Töchter und Söhne spielen. Da gibt es, zum Beispiel, die beinahe unsichtbare Tyrannei durch Mitleid. Kranke Frauen benutzen diese Emotion oft als ein Mittel, die Aufmerksamkeit auf sich zu lenken. Eine ältere Frau klagte jedesmal, wenn ihr erwachsener Sohn sie besuchte, über ihre verschiedenen Krankheiten und Schmerzen, um sich seiner Fürsorglichkeit und seines Mitleids zu vergewissern. Der Sohn hatte sich so an die Klagen seiner Mutter gewöhnt, daß er beinahe erstaunt war, als er sie einmal besuchte und sie seine Frage nach ihrem Befinden mit den Worten »recht gut« beantwortete – »mit einem gewissen Bedauern«, wie er berichtete. Eine Frau, die ledig geblieben war, klagte über ihre Mutter, bei der sie wohnte und mit der sie nicht gut auskam. Sie beschrieb ihre Mutter als freundlich und unbekümmert und gab sich selbst die Schuld an den häufigen Konflikten zu Hause. Der Psychiater, der diese Patientin behandelte, hatte Gelegenheit, die Einstellung der Mutter zu studieren, als sie ihn einmal konsultierte. Er mußte erkennen, daß das Bild, das seine Patientin von ihrer Mutter gezeichnet hatte, völlig falsch war. Die Frau hatte einen ungewöhnlich starken Willen und verstand es auch, ihn durchzusetzen. Der Psychiater faßte die Ein-

drücke, die er von der Mutter gesammelt hatte, in dem Satz zusammen:
»Das ist keine Frau, das ist eine Dampfwalze.«

8. Was sie in psychoanalytischen Sitzungen sagen

Ein junges Mädchen: »Nachdem ich all das Zeug getrunken hatte, sagte ich ein paar zweideutige Sachen. Als die Männer lachten und mich ansahen, spielte ich die Rolle der völlig Naiven. Ich wurde rot und schlug beide Hände vors Gesicht. Es war einfach himmlisch.«

Dieselbe College-Studentin: »Ich kam gerade noch davon. Er wurde so leidenschaftlich. Ich sagte: ›Warum können wir nicht einfach beisammensitzen und reden?‹ Aber er interessierte sich nicht für meine Gedanken und Gefühle. Er wollte nur das eine. Meine Freundin sagt, alle Männer sind so... Als ich sagte, daß ich nicht bloß Sex will, fragte er: ›Aber warum bist du dann gekommen?‹ Ich sagte zu ihm, es wäre besser, wenn wir uns nicht mehr sähen. Dann schrieb er mir. Ich habe den Brief nicht beantwortet, in dem er mich um eine neue Verabredung bat. Ich wußte, daß es ja doch nur dasselbe sein würde. Aber... wissen Sie, der wahre Grund, weshalb ich ihm nicht antwortete, war, daß ich dachte, so würde er von Willington herüberkommen, um mich wiederzusehen...«

Eine Frau in mittleren Jahren: »Jetzt werde ich Ihnen etwas Gehässiges über Mrs. Brown erzählen. Wissen Sie, was Perlenverkürzer sind? Das sind kleine Klammern, die dazu dienen, lange Perlenschnüre zu verkürzen. Sie sehen alle so ziemlich gleich aus und sind gewöhnlich billig – achtzig Cent bis zwei Dollar. Neulich auf einer Party sagte ich zu Mrs. Brown: ›Was, um Himmels willen, tragen Sie da?‹ Sie trug zwei Perlenverkürzer auf einem Revers, als wären es Schmuckstücke. ›Ach das?‹ sagte sie. ›Das sind zwei Anstecknadeln, die mir unlängst eine Freundin schenkte.‹«

Die meisten Männer würden in dieser Geschichte nichts Nachteiliges für Mrs. Brown sehen und manche Frauen vielleicht auch nicht. Aber die meisten Frauen würden das amüsant und herabsetzend finden. Sie würden es einander mit einiger Schadenfreude erzählen – und das ist etwas, was ein Mann nicht zu empfinden vermag, wenn er diese Geschichte hört.

»*Mein Mann sagte:* ›Streiten wir uns doch nicht, meine Liebe.‹ Ich antwortete natürlich: ›Ich will ja keinen Streit. Ich bin nur so dagesessen. Du hast mit dem Streit angefangen. Du bist hereingekommen und hast gesagt...‹«

Ein junges Mädchen, Studentin in Bennington: »Susie frißt wie ein Pferd und bleibt schlank, während ich jedesmal den Gürtel weiter machen muß, wenn ich nach dem Essen noch ein Eis esse. Ich seh' ihr zu, wie sie hineinschaufelt, und ich könnte sie erwürgen.«

Eine berufstätige Frau: »Ich finde, er ist unmöglich, und ich sollte meine Zeit nicht mit ihm verschwenden. Ich sollte nicht einmal an ihn denken. Er stellt nichts dar, und ich mache mir überhaupt nichts aus ihm. Ich war nur neugierig, ob er auf mich warten wird, wenn ich um fünf aus dem Büro komme. Die Zeit wollte nicht vergehen.«

Ein Mädchen über seine Freundin: »Sue versucht, sie mit ihrem Charme niederzumähen. Immer wenn sie mit einem Mann zusammen ist, holt sie ihn aus und stellte ihm lauter Fragen. Wenn er etwas über sie erfahren will, sagt sie bescheiden: ›Ach, sprechen wir doch nicht von mir! Erzählen Sie mir lieber alles über sich.‹ Verstehen Sie, sie macht es nicht einmal geschickt oder raffiniert. Sie trägt faustdick auf. Aber es funktioniert... hundertprozentig.«

Eine Frau: »Ich hatte dieses fürchterliche Kleid an... und diese verdammten Schuhe – die Absätze waren weder hoch genug noch flach genug, gerade so in der Mitte, wie sie alte Damen tragen. Ich fühlte mich so schlecht angezogen, so fehl am Platz, daß ich vier Gläser Champagner trank und mich aufführte wie eine dumme Gans. Ich redete ununterbrochen!«

Eine Frau über ihren Mann und eine Rivalin: »Das Unglück ist nicht nur, daß er sie liebt, sondern daß sie in ihn verliebt ist. Ich will nicht, daß eine andere Frau ihn liebt.«

Eine Dame der Gesellschaft: »Wir sprachen über Männer, und sie sagte, Mr. Goudener sei ein Gentleman, aber es fehle ihm an Energie. Das heißt natürlich, daß er sie nicht genug beachtet... Die Gräfin von Warenburg hat sich mit Douglas Harvey, ehedem David Hamburger, verlobt. Er ist sehr intelligent, ein reicher Bankier, aber schrecklich jüdisch...«

Eine Sekretärin über eine andere: »Jane hat zwei Chefs in ihrem Büro. Sie kommt oft sehr spät nach Hause, und ich nehme an, einer der Chefs führt sie zum Abendessen aus. Sie ist beiden gegenüber hilfsbereit. Sehr hilfsbereit...«

Eine Frau mittleren Alters erzählt mir von einem Besuch bei ihrer Freundin: »Es war wirklich ekelhaft, wie diese Frau ihren Mann fütterte. Können Sie sich das vorstellen? Sie steckte ihm eine Kirsche nach der anderen in den Mund. Ich war gespannt, ob sie ihn die Kerne allein ausspucken läßt.«

Ein junges Mädchen über die Zimmergenossin: »Sie räumt ihre Sachen nicht auf, und sie macht die Badewanne nicht sauber, und das Zimmer ist ein Saustall, wenn sie morgens ins Büro geht. Ich sage immer: ›Wenn man schon mit jemandem zusammenwohnt, sollte es wenigstens ein Mann sein.‹«

Eine Frau mittleren Alters über eine andere: »Sie ist sehr gemein und ich habe Angst vor ihr. Ich bin besonders höflich zu ihr.«

Ein Patient: »Unsere Ehe war die Verbindung zweier Desperados.«

Ein anderer Patient: »Der Tod meines Vaters führte mir deutlich vor Augen, daß ich sterblich bin.«

Hier noch ein Beispiel für zwei gegensätzliche charakteristische Einstellungen, die ich in zwei aufeinanderfolgenden psychoanalytischen Sitzungen beobachtete. Ein Patient sagte: »Ich möchte am liebsten weinen, aber es ist mir unangenehm, vor Ihnen schwach zu werden.« Eine Patientin sagte: »Ich möchte weinen, aber ich bin so häßlich, wenn ich weine.«

Fünfter Teil
Ernstere Stimmungen

1. Zur Psychologie der Schuldgefühle

Wir haben über die Eigenschaften und Wirkungen unbewußter Schuldgefühle noch viel zu lernen. Sogar ihr Ursprung liegt noch im Dunkeln. Wir stehen, zum Beispiel, vor der psychologischen Tatsache, daß Selbstzerstörung oder Selbstbestrafung und bewußte Schuldgefühle selten nebeneinander existieren. Das heißt, wenn das eine wirksam ist, wird das andere nicht in größerem Ausmaß erlebt. Selbstverständlich gibt es Fälle, in denen – zumindest zeitweise – das eine im Schatten des anderen lebt, aber diese Koexistenz ist in bezug auf Zeit und Wirkung beschränkt, und schließlich gewinnt der eine Teil des Gegensatzpaares die Oberhand. Für den Analytiker besteht die Aufgabe oft darin, selbstschädigende und selbstbestrafende Tendenzen in bewußte Schuldgefühle zu verwandeln, da sie Manifestationen eines unbewußten Drangs nach Buße und Bestrafung sind. Die Notwendigkeit einer solchen Verwandlung ergibt sich daraus, daß das unbewußte Agens, daß sich darin zeigt, daß sich jemand selbst seine Chancen verdirbt, daß es Unfälle und andere selbstschädigende Ereignisse provoziert und Entbehrungen in der Arbeit, im Vergnügen und so fort bewirkt, stumm ist. Es kann erst behandelt werden, wenn es als manifestes Schuldgefühl zusammen mit seinen Motiven bewußt geworden ist.

Ein anderer Faktor in der Entstehung unbewußter Schuldgefühle ist die Wahrnehmung, daß jemand, im Gegensatz zu anderen, die ihm nahestehen und lieb sind, vom Schicksal besonders begünstigt wurde. Dieses gewissermaßen unterirdische Schuldgefühl kommt natürlich in verschiedenen Arten und Graden vor, je nachdem, worauf es sich gründet. Es kann sich als eine Art von unbestimmtem Unbehagen ausdrücken, beispielsweise im Falle finanziell privilegierter Menschen. (Vor nicht allzu langer Zeit erschien ein Buch mit dem Titel *The Conscience of the Rich* – Das Gewissen der Reichen.)

Andererseits kann es die Form einer ernsthaften Selbstbestrafung annehmen. Es ist interessant, daß es beim Individuum oft als moralische Reaktion auf einen Augenblick großer Befriedigung über das eigene bessere Los oder die eigene privilegierte Situation im Vergleich mit anderen auftritt. In manchen Fällen kam es zu dieser Reaktion, nachdem jemand einen Augenblick der Befriedigung über den Tod eines geliebten Menschen erlebt hatte.

Es folgen zwei Beispiele aus der analytischen Praxis, das eine betrifft eine Frau, das andere einen Mann. Die Frau, sie war etwa Mitte Vierzig, erschien in einem schwarzen Kleid, mit schwarzem Schleier und so weiter in meinem Sprechzimmer. Ich fragte sie, warum sie Trauer trug. Sie antwortete, daß sie ihren fünfzehn Jahre alten Sohn verloren habe. Zu meiner Verwunderung erfuhr ich dann, daß der Junge schon drei Jahre zuvor gestorben war. Die Geschichte, die sie später während der analytischen Behandlung erzählte, war tragisch. Der Junge hatte einen Hirntumor und wurde wahnsinnig. Er zerstörte oft Möbelstücke und stieß gewalttätige Drohungen aus. Als er einmal für kurze Zeit alleingelassen wurde, zerschnitt er alle Kleider seiner Mutter. Die Mutter weigerte sich, den Jungen in eine Anstalt zu geben, weil sie nicht von ihrem geliebten Kind getrennt werden wollte. Schließlich mußte er doch in eine Irrenanstalt eingewiesen werden. Man sagte der Mutter, daß er unheilbar sei. Einige Wochen später lief er seinem Wärter davon und erhängte sich an einem Baum im Garten der Anstalt. Die Mutter erfuhr am Telefon, daß der Patient Selbstmord verübt hatte. Damit begann eine Periode pathologischer Trauer. Sie mied ihre Freunde und war nur noch in Trauerkleidung zu sehen.

Während des analytischen Prozesses konnte die innere Entwicklung ihrer Störung gut rekonstruiert werden. In dem Augenblick, in dem sie vom Direktor der Irrenanstalt von dem Selbstmord des hoffnungslos unheilbaren Sohnes hörte, muß sie ein Gefühl vollkommener Erlösung im Sinne von »Gott sei Dank, es ist vorbei!« empfunden haben.

Dieses menschlich so verständliche Gefühl geriet in einen unmittelbaren Konflikt mit der großen Liebe zu ihrem Sohn und mit ihren moralischen Anschauungen. Es wurde energisch unterdrückt und war schließlich vollkommen unbewußt geworden. Die moralische Reaktion, die auf das Auftreten dieses Gefühls folgte, zeigte sich in der pathologischen Trauer und in nervösen Symptomen wie Kopfschmerzen und anderen Beschwerden.

Der zweite Fall betrifft einen holländischen Juden. Dieser Mann versteckte sich, als die Nazis Holland überrannten. Er lebte untergetaucht bei einer nichtjüdischen Familie, die ihm Schutz gewährte. Er erkannte deutlich die Gefahr, in der er sich befand, aber seine jüngere Schwester, die mit einem Nichtjuden verheiratet war, leugnete sie. Er versuchte, sie davon zu überzeugen, daß sie sich verstecken mußte, und drängte sie, mit ihm zu gehen. Sie wollte ihren Mann nicht verlassen. Beim letzten Gespräch, das er mit ihr hatte, tat er sein Bestes, sie dazu zu überreden, sich in Sicherheit zu bringen. Vergeblich. Kurz darauf wurde die Schwester von der Gestapo geholt und in ein Konzentrationslager gebracht, wo sie später ermordet wurde. Während der Psychoanalyse wurde klar, was der Patient in dem Augenblick erlebt hatte, als er von der Festnahme seiner Schwester erfuhr: ein überraschendes Gefühl des Triumphs. Es war, als fühlte er eine Befriedigung darüber, daß die Gestapo sie und nicht ihn geholt hatte. Der analytische Prozeß ließ erkennen, daß gewisse Gefühle einer Geschwisterrivalität von Kindheit an und andere Emotionen die Bildung der ambivalenten Einstellung zu der jungen Frau bestimmt hatten. Trotz des aufrichtigen und tiefen Kummers empfand der Mann sogar eine Art von Befriedigung darüber, daß bei der Beurteilung der gefährlichen Lage er recht und sie unrecht gehabt hatte. Es war sozusagen ein posthumes: »Ich habe es dir ja gesagt.« Später kamen andere Emotionen in Verbindung mit dem letzten Gespräch an die Oberfläche. Er fragte sich, ob er überzeugend genug gewesen sei, als er mit ihr sprach, und sagte: »Jetzt ist mir, als hätte ich damals Leben und Tod meiner Schwester in meiner Hand gehabt.« Er selbst entkam den Nazis, aber er zeigte viele Jahre lang ernsthafte Symptome von Selbstzerstörung und selbst auferlegten Entbehrungen, deren Verbindung mit den Emotionen beim Tod seiner Schwester ihm unbewußt geblieben war. Auch in diesem Fall hatten diese symptomatischen Züge den Charakter unbewußter moralischer Reaktionen nach dem Auftreten eines flüchtigen Gefühls der Befriedigung, das heftig zurückgewiesen wurde. Die Psychoanalyse konnte ihn von der Last eines unbewußten Schuldgefühls befreien, das ihn begleitet hatte – aber erst nachdem ihm klar geworden war, daß er sein Leben weiter im Schatten eines Gefühls der Befriedigung verbracht hatte, das für einen Augenblick aus den Tiefen aufgetaucht war.

Ich sagte es schon: Das Selbstvertrauen oder die Ichstärke eines Menschen kann durch viele Faktoren beeinträchtigt werden, zum Beispiel durch die Erkenntnis der eigenen Schutz- oder Machtlosigkeit, durch Gefühle der Unzulänglichkeit, durch Krankheit und so fort. Einer der ernsthaftesten Faktoren ist ein unbewußtes Schuldgefühl. Ein überstrenges Gewissen erschreckt und ängstigt den Menschen. »So macht Gewissen Feige aus uns allen.« Eine der wichtigsten Aufgaben des Psychoanalytikers ist es, das Selbstvertrauen seiner neurotischen Patienten zu stärken, indem er die Forderungen eines zu strengen Überichs reduziert und den Patienten lehrt, sich selbst zu akzeptieren. Bei der Lösung dieser schwierigen Aufgabe muß er den Patienten auch davon überzeugen, daß er Güte neben Feindseligkeit, Liebe neben Haß und Hilfsbereitschaft neben Bosheit besitzt.

2. Die Herausforderung der Unabhängigkeit

Es gibt kaum noch größere unerforschte Regionen auf unserem Planeten, und die noch weißen Gebiete sind im Menschen selbst zu finden, in seinem Geist und nicht in seiner Umwelt. So ist es, zum Beispiel, erstaunlich, daß wir noch immer nicht genug über die emotionalen Kräfte wissen, die die Anziehung zwischen den Geschlechtern beherrschen. Das bedeutet, daß noch unentdeckte, in dieser Richtung wirkende Kräfte gefunden und isoliert werden müssen. Es gibt noch unbekannte oder jedenfalls nicht klar erkannte wesentliche Komponenten in den Kräften, die Frauen zu Männern und Männer zu Frauen hinziehen. Bei dem folgenden Versuch, eine der Komponenten dieser Anziehung zu isolieren und zu beschreiben, gehe ich davon aus, daß sie kaum jemals in ihrer eigenen und reinen Form dargestellt und daß ihre besondere Wirkung in der psychoanalytischen Literatur noch nicht richtig eingeschätzt wurde. Ich meine den Eindruck der Unabhängigkeit oder Selbstgenügsamkeit, den das Liebesobjekt, gleich ob Mann oder Frau, ursprünglich auf einen Angehörigen des anderen Geschlechts macht. Dieser hinsichtlich seiner Bedeutung für die Gesetze der Anziehung sonst vernachlässigte Faktor findet sich natürlich selten in seiner reinen Form und ist im allgemeinen mit anderen Eigenschaften des bewunderten Objekts kombiniert, aber er tritt bei der psychologischen Analyse der Liebe und des sexuellen Begehrens so gut wie immer als einer der attraktiven Züge auf. Der Eindruck der Unabhängigkeit oder Selbstgenügsamkeit geht im allgemeinen dahin, daß der betreffende Mensch unabhängig von der Zuneigung oder Hilfe anderer ist und auf seine eigene Stärke, Fähigkeit oder Begabung vertraut. Der Zustand oder die Eigenschaft der Unabhängigkeit wird am besten für Liebe und geschlechtliche Anziehung getrennt beschrieben. Der Mensch, der unabhängig zu sein scheint, hat seinen Schwerpunkt in sich selbst und zieht einen anderen Menschen, der sich in einem Zustand der Selbstverachtung, der Selbstkritik oder der Unzufriedenheit mit sich selbst befindet, unwiderstehlich an. Da ist die Frau, die mit sich selbst, ihrer Schönheit und ihrem Charme zufrieden zu sein scheint und offenbar aufgrund ihrer Selbstliebe nicht der Liebe anderer bedarf. Sie fordert den Mann heraus, in ihre Selbstgenügsamkeit einzubrechen, seine eigene Unzufriedenheit auf sie zu übertragen und die Mauer zwischen ihm und ihr niederzureißen. Ihre innere Ruhe, ihre Zurückhaltung, ihre Unbekümmertheit und Gelassenheit provozieren den Mann, sie führen ihn in Versuchung, ihre Selbstgenügsamkeit und Gemütsruhe zu stören. Der Anschein des Fehlens von sexuellen Begierden wirkt als zusätzliches Stimulans auf den Mann, der in ihr die gleichen Emotionen wecken möchte, die er, von ihr angezogen, empfindet. Aber auch die Frau ist oft beeindruckt von dem Anschein der Unabhängigkeit bei einem Mann. Es ärgert sie irgendwie, daß er für ihre Reize oder ihre Persönlichkeit nicht empfänglicher ist, daß er mit anderen und wichtigeren Dingen beschäftigt ist. Aber kann und sollte es wichtigere Dinge für ihn geben, wenn sie da ist? Der Anschein der Unabhängigkeit ist eine der stärksten Herausforderungen für beide Geschlechter. Frauen sind nur besser als Männer imstande, ihre Wirkungen zu tarnen und zu verbergen.

3. Elternschaft

Die Dualität der Elternschaft wird von der Frau dauerhafter und intensiver empfunden als vom Mann. Ein Mann, der sein Kind betrachtet, wird selten nach der Ähnlichkeit mit der Mutter suchen, während eine Frau in ihrem Kind körperliche und charakterliche Züge findet, die denen des Vaters ähneln. Die Emotionen, die solche Beobachtungen begleiten, sind natürlich verschieden und hängen von der Einstellung der Mutter zum Vater des Kindes ab. Tagträume von einem Kind von dem geliebten Mann sind bei Frauen viel häufiger als die entsprechenden Phantasien beim Mann. Sie beschäftigen den Geist der noch nicht schwangeren Frau. Sie freut sich in Gedanken darauf, daß das zukünftige Kind dem Vater ähnlich sehen wird. Andererseits richtet sie heftige Gefühle des Zorns und Hasses, die dem Mann gelten, gegen das Kind. Eine Patientin in den letzten Monaten der Schwangerschaft schlug nach einem Wutanfall gegen ihren Mann mit beiden Fäusten auf ihren Unterleib ein. Die emotionale Situation der Mutter wird auch noch komplizierter durch die Tatsache, daß ihre Einstellung zum Kind nicht nur durch ihre Gefühle für seinen Vater bestimmt wird, sondern auch durch ihre Einstellung zu sich selbst. Sie liebt und haßt das Kind als Stellvertreter ihres eigenen Ichs, denn ein Kind ist, wie es eine Patientin ausdrückte, ein »Teil meiner Eingeweide«. Der tiefe Konflikt zwischen dem Haß auf den treulosen Vater und das Kind und ihrer eigenen mütterlichen Zärtlichkeit für das Kind wird vielleicht am besten in der Arie der Medea in Cherubinis Oper ausgedrückt. Genau betrachtet, sind

Jason und die Kinder, die Medea von ihm hat, unbewußt eine einzige Einheit: die Kinder sind Teile von ihm, sind er, der sich in ihnen verkörpert.

Ein Mann, der Vater wird, ist stolz wie ein Pfau, wenn er an seine Bürokollegen Zigarren verteilt. Er führt sich auf, als hätte er ein Wunder vollbracht, indem er ein Kind zeugte, während die Rolle der Frau nebensächlich ist. Ich hörte einmal einen Mann in einem Drugstore das Problem auf folgende Weise darstellen: »Ich frage euch, wenn ich ein Zehncentstück in den Automaten da werfe und ein Becher Kakao herauskommt, wem gehört dann der Kakao, mir oder dem Automaten?« Er schätzt seine Rolle sehr hoch ein. In Wirklichkeit war der Kakao schon im Automaten, und er hat nur den Wert seiner Münze beigesteuert.

4. Metamorphosen

Frauen können manchmal, bewußt oder unbewußt, die erstaunlichsten Verwandlungen in ihrem Charakter, ihrer Haltung und ihrer ganzen Verfassung durchmachen, wenn sie einen bestimmten Mann haben wollen. Da gibt es, zum Beispiel, die Haltung kalkulierter Hilflosigkeit und völliger Abhängigkeit von anderen bei reifen Frauen, die die Welt kennen. In manchen Fällen benehmen sie sich, als wären ihnen die gewöhnlichsten Dinge im Leben fremd und als brauchten sie den Beistand und den Rat des Mannes. Letzten Endes simulieren sie das Verhalten eines Kindes, um ein Kind zu bekommen.

Und es gibt andere Rollen, die Frauen mit einer Virtuosität spielen, um die sie jeder Schauspieler beneiden würde. Eine junge Sekretärin in einem Industriebetrieb berichtet in ihren analytischen Sitzungen, daß ihr Chef ihr den Hof macht und darauf aus ist, ein Verhältnis mit ihr zu haben. Während sie vorgibt, seinen Aufmerksamkeiten auszuweichen, tut sie unbewußt alles, um ihn anzuziehen. Aber sie beklagt sich, daß er »Katz' und Maus mit ihr spielt«. Allmählich wird immer klarer, daß die wirkliche Situation das genaue Gegenteil der von ihr dargestellten ist. Die Rollen sind umgekehrt. Der Mann sucht vergeblich Rettung vor ihrer raffinierten Art, ihn in die Ecke zu treiben. In solchen Fällen gibt es einen Rollentausch, der nicht nur Ovids Metamorphosen übertrifft, sondern auch alle anderen, die uns in alten Mythologien und Sagen überliefert werden. Wo ist eine Verwandlung beschrieben, durch die eine Katze zur Maus wird und eine Maus zur Katze, während die beiden Tiere glauben, sie handelten in Flucht und Verfolgung wie zuvor?

5. Stimmen

Es könnte sich lohnen, die Eindrücke zu beobachten, die die Stimmen von Angehörigen desselben Geschlechts auf Männer und Frauen machen. Sie sind nämlich sehr verschieden. Es kommt selten vor, daß die Stimme eines Mannes in einem Gespräch oder bei einem Vortrag andere Männer nervös macht oder irritiert. Wenn das der Fall ist, hat der Mann höchstwahrscheinlich eine hohe oder »weibliche« Stimme. Die Reaktion auf Frauenstimmen ist offenbar eine ganz andere. Ich will einen langen Abschnitt aus dem Brief einer Unbekannten, offenbar einer jungen Frau, zitieren, die mein Buch *Of Love and Lust* gelesen hatte. Sie schrieb: »Wenn Sie mir erlauben, in echter ›Selbstherrlichkeit am Frühstückstisch‹ auf Ihre Diskussion über Fraulichkeit und Femininität einzugehen: ist es nicht eine Ironie, daß das schwatzhaftere der beiden Geschlechter mit einem so minderwertigen Instrument zum ›Schwatzen‹ ausgestattet wurde? Eine Frauenstimme ist nicht angenehm zu hören (vor allem nicht in der Vervielfältigung von mehr als zwei). Shakespeare bemerkte es, als er von einem außergewöhnlichen Geschöpf sagte, seine Stimme sei immer sanft und tief, lieblich anzuhören bei einer Frau. Nur wenige Frauenstimmen sind in ihrer natürlichen Tonlage sowohl sanft als auch tief. Horchen Sie in ein Zimmer hinein, in dem sich nur drei Frauen versammelt haben, um miteinander zu plaudern (ein noch besserer Horchposten ist eine stark ›beweibte‹ Cocktail-Party), und Sie werden bald bemerken, wie aufreibend, wie erschöpfend und irritierend ihre hochtönende Lautverschwörung ist. Vielleicht meinen Männer in Wirklichkeit diesen rauhen Schmirgelpapiereffekt auf die Nerven, wenn sie sich über das ständige Nörgeln ihrer Frauen beklagen. Nicht ihre Worte, sondern vielmehr der Klang ihrer schwirrenden Worte – da liegt der Hase im Pfeffer. Ich bemerkte es unbewußt vor mehreren Jahren, als ich eine Mädchenschule besuchte, an der es nur Lehrerinnen gab. Seither habe ich einige Männer und Frauen darüber klagen hören, wie schwer es ihnen fällt, die beste Lehrerin zu ertragen. Ich neige zu der Annahme, was sie so schwer erträglich fanden, war, mindestens zum Teil, nicht die Lehrtechnik der Frau, sondern die ermüdende Wirkung ihrer Stimme. Einer Frau geht bisweilen ihre eigene Stimme auf die Nerven, obwohl ihr gewöhnlich nicht bewußt wird, daß das die Ursache ihrer nervösen Spannung ist, und sie es in jedem Fall nur ungern zugeben würde. Aber die Stimme eines Mannes mit ihren fein abgeschliffenen Kanten ist die des Königs: Löwen, Tiger und Bären beherrschen jedes seiner Worte, als wäre seine Stimme ein weiteres von Gott gegebenes Symbol der Männlichkeit, eine weitere

Garantie seiner Stärke, ein weiterer Faktor, der seinen Status als das erste Geschlecht gewährleistet. Ein Zimmer voll Männer, was für ein angenehmer Klang das ist – herzlich, vertrauenerweckend –, ein Klang, den die Nerven endlos aushalten könnten. Ein Mann kann ein Narr sein, aber er hat eine viel größere Chance, eine Zuhörerschaft zu fesseln, als eine Frau mit vier akademischen Graden. Die Frau, das arme penislose Geschöpf, das dürftige zweitbeste Geschlecht, ist dagegen dazu verurteilt, für den Rest ihrer Tage zu meckern und zu klimpern, zu kreischen und zu winseln oder ihre albernen Silberglöckchen zu läuten. Es ist, als könnte man unter dem Falsett, das ihr zugeteilt wurde, ständig Spuren einer latenten Hysterie entdecken, eine Note der Unsicherheit, die zuletzt all ihre anmaßenden Vorstellungen zu Fall bringen wird. (Ich habe außerdem den Verdacht, daß immer wenn eine Schriftstellerin verrissen wird, wenn ihr Text als ›typisch feminin‹ und ›offensichtlich das Werk einer Frau‹ abgetan wird, unbewußt die Erinnerung an die Minderwertigkeit der weiblichen Stimme in den Ohren des Kritikers klingt.) Die melodische Qualität, die Shakespeare so fesselnd fand, ist wahrhaftig eine Seltenheit. Silberzungen sind ebenso knapp wie Rebhuhnzungen. Es könnte interessant sein hinzuzufügen, daß Frauen am meisten geliebt werden, wenn sie die Kunst des guten Zuhörens erlernt haben.«

Man braucht nicht in allen Punkten den Ansichten der unbekannten Schreiberin dieses Briefes zuzustimmen, um ihn sehr scharfsinnig und amüsant zu finden. Jedenfalls ist es interessant, eine Frau so offenherzig über Männer- und Frauenstimmen sprechen zu hören, obwohl man annehmen wird, daß sie nicht ganz frei von Vorurteilen ist. Aber wer ist das schon?

6. Der andere Mann, die andere Frau

Die Bruchstücke zweier Gespräche werden einander gegenübergestellt. Eine Frau fragt ihren Mann: »Wer war der Mann?« – »Welcher Mann?« – »Der gerade vorbeiging. Du hast ihn angesehen. Kennst du ihn?« – »Nein, aber ich weiß, wer er ist. Er ist der stellvertretende Direktor der Werbeagentur, mit der wir geschäftlich zu tun haben.«
Ein Mann fragt seine Frau: »Wer war die Frau?« – »Du meinst die, die gerade vorbeiging? Ich kenne sie nicht.« – »Du hast sie so aufmerksam angesehen. Warum?« – »Sie trug genau die Art von Hut, die ich mir kaufen möchte. Man bekommt sie in dem Geschäft Ecke Madison Avenue und 72nd Street.« – »Du hast sie so lange angesehen, daß ich

dachte, du kennst sie.« – »Nein, ich wollte nur sehen, was für ein Kleid und was für Accessores sie dazu trug.«

In dem Gegensatz zwischen diesen Dialogfragmenten spiegelt sich mehr als nur der Unterschied in der Art und Weise, wie ein Mann und eine Frau eine Person desselben Geschlechts betrachten, die ihnen in einem Restaurant oder auf der Straße begegnet. Im allgemeinen beachten Männer andere Männer bei solchen Gelegenheiten kaum. Frauen dagegen beachten Frauen immer. Ihre Motive scheinen im allgemeinen Neugier und Interessen verschiedener Art zu sein: »Wie ist sie angezogen?« Oder vage psychologisch: »Was für eine Frau ist sie?« Oder allgemein menschlich: »Was für ein Mensch ist sie?« Die ersten beiden Interessen fehlen gewöhnlich bei Männern, die andere Männer betrachten, oder sie sind nur schwach entwickelt. Selbst wenn eines davon vorhanden ist, beschränkt es sich meistens auf einen engen Bereich wie den Beruf oder die Leistungen des anderen Mannes. Bei Frauen reicht die Interessenskala vom Hut bis zu den Schuhen, von attraktiven Persönlichkeitsmerkmalen bis zu unangenehmen und sogar von der persönlichen Beziehung zu sich selbst bis zu den Möglichkeiten der Beziehungen zum anderen Geschlecht.

7. Selbsthaß

Das Phänomen des Selbsthasses bezieht sich nur scheinbar auf eine einzige Person. In der psychologischen Wirklichkeit sind im Selbsthaß zwei Menschen gegenwärtig: das Selbst sieht und prüft sich mit den Augen anderer, ursprünglich denen der Mutter und des Vaters; später kommen dann andere geliebte oder respektierte Personen hinzu. Die Selbstliebe ist die unbewußte Fortsetzung der Freude, die die Mutter an ihrem Kind hatte, und der Selbsthaß spiegelt den Widerwillen oder die Abneigung, die die Mutter in der Vorstellung des Betroffenen empfand. Es ist kein Zufall, daß der Selbsthaß regelmäßig beim Körper beginnt und dann auf die geistigen oder moralischen Eigenschaften übergeht, da das Kind zunächst nur als Körper gesehen wurde. Der erwachsene Mann, der sich selbst haßt oder nicht leiden kann, stellt sich vor, wie seine Mutter ihn mit heftiger Abneigung betrachtete, als er geboren wurde. Aus der Tiefe seiner Verzweiflung sprach der biblische Hiob und verfluchte den Tag seiner Geburt: »Der Tag müsse verloren sein, darin ich geboren bin, und die Nacht, welche sprach: Es ist ein Männlein empfangen.« (Hiob 3,3) Der Haß auf das eigene moralische Selbst ist schon eine Verschiebung dieser ursprünglichen Form, sich selbst zu betrachten, und bleibt oft eng verbunden mit der Betrachtung des eigenen Gesichts. Oscar Wildes *Das Bildnis des Dorian Gray* bestätigt diese Auffassung von der psychologischen Natur des Selbsthasses.

8. Die künftige Ethik

Mit sich selbst auszukommen ist eine der ersten Voraussetzungen des sozialen Lebens. Nur ein Mensch, der mit sich selbst auskommt und erträglich leben kann, ist imstande, ohne zu große emotionale Störungen mit anderen zu leben. Das erste und wichtigste Gebot unserer kommenden Ethik ist: »Liebe dich selbst mehr als deinen Nächsten« – sonst wirst du nämlich deinen Nächsten hassen. Es gibt viele Menschen, die mit sich so unzufrieden sind – und zwar Männer häufiger als Frauen –, daß man sagen kann, sie gehen durchs Leben und sind auf sich selbst böse.

Andere verkehren sozusagen nicht einmal mit sich selbst und verhindern so eine Verbesserung der Beziehung zu sich selbst und anderen. In solchen Fällen von Selbsthaß kommt das Gebot »Liebe deinen Nächsten wie dich selbst« einem misanthropischen Rat gleich. Armer Nächster! Ein jüdisches Sprichwort sagt: »Wer nicht gut zu sich selbst ist, kann nicht gut zu anderen sein.«

Feindseligkeit gegen sich selbst hat, oft in der Form unbewußter Projektion, die katastrophalsten Folgen und kann sogar zum Krieg führen. Ein moderner Polonius würde seinem Sohn raten:

> »Dies über alles: sei dir selber *gut*.
> Und daraus folgt so wie die Nacht dem Tage,
> Du kannst nicht *schlecht* sein gegen irgendwen.« *

Frauen trösten sich leichter als Männer und beschließen: »Ich will gut zu mir selbst sein, wenn es schon sonst niemand ist.« In einer solchen Stimmung kaufen sie sich dann oft ein neues Kleid oder einen neuen Hut. Männer sind kriegerischer als Frauen, und es fällt ihnen schwer, mit sich selbst in Frieden zu leben.

---

* Anstelle von »gut« und »schlecht« heißt es bei Shakespeare »treu« und »falsch«. (Anm. d. Übers.)

9. Vergangene Liebe

Ein Mann, der von einer Frau den Laufpaß bekommt, wird dieses Erlebnis im allgemeinen schneller verwinden als eine Frau in einer ähnlichen Situation. Das trifft besonders dann zu, wenn die Beziehung sexueller Natur war und nicht zu lange dauerte. Zwei Fälle aus der psychoanalytischen Praxis zum Vergleich: Ein Mann hatte ein Verhältnis mit einer viel jüngeren Frau, die er nicht heiraten konnte. Es dauerte zwei Jahre. Dann fand die junge Frau einen anderen, den sie zu heiraten beschloß. Der Mann fühlte sich gekränkt, überwand jedoch die Sehnsucht nach dieser Frau und tröstete sich mit einer anderen. Er hatte seine frühere Geliebte beinahe schon vergessen, als er ihr und ihrem Ehemann auf einer Party begegnete. Er benahm sich den beiden gegenüber ganz ungezwungen und empfand keine heftigeren Emotionen.

Der zweite Fall: eine junge Frau hatte mehrere Monate lang eine sexuelle Beziehung zu einem älteren Mann gehabt. Sie erkannte, daß ihr Liebhaber ihrer müde war. Tief verletzt, zog sie sich zurück. Nach einiger Zeit verliebte sie sich in einen anderen Mann, aber die Erinnerung an ihren vorigen Liebhaber war noch lebendig. Als sie ihn auf einer Party wiedersah, benahm sie sich ihm gegenüber gleichgültig und zurückhaltend, fühlte sich aber immer noch verletzt und fand einige Befriedigung in der Tatsache, daß sie sehr gut gekleidet war und daß ihr gegenwärtiger Geliebter eine einflußreiche Persönlichkeit war und durch sein Verhalten auf der Party zeigte, daß er sie liebte.

Wenn wir für den Augenblick von den individuellen Unterschieden der beiden Fälle absehen, neige ich zu der Annahme, daß sie typisch männliche und weibliche Verhaltensmuster und die verschiedenen emotionalen Einstellungen der Geschlechter zeigen. Ähnliche Umstände vorausgesetzt, könnten wir zu dem Schluß gelangen, daß zwei Hauptgründe entscheidend für die Unterschiede sind. Die Enttäuschung der Frau hat eine tiefere und dauerhaftere Wirkung, weil für sie eine sexuelle Beziehung selten auf den Bereich der bloßen sinnlichen Befriedigung beschränkt ist. Im allgemeinen geht einer solchen Beziehung eine emotionale Anteilnahme voraus, oder sie folgt ihr – was aber nicht notwendigerweise auch für den Mann gilt. Außerdem schmerzt die Enttäuschung die Frau viel mehr, weil sie ihren Stolz und ihre Ichgefühle tiefer verwundet, als das bei einem Mann der Fall ist. Schließlich, und nicht an letzter Stelle, hofft eine Frau, die sich auf eine sexuelle Beziehung einläßt, oft (und manchmal wider besseres Wissen), daß sie zuletzt zur Ehe führen wird. Diese Voraussetzung fehlt beim Mann.

Ein Patient hatte sich eine sehr strenge Selbstdisziplin auferlegt. Er zog sich jedesmal wieder vollständig an, wenn er ein Bad genommen hatte, und erlaubte sich nie kleine Bequemlichkeiten wie Hausschuhe und so fort. Einmal, als er in seinem Beruf einen ungewöhnlichen Erfolg errungen hatte, gestattete er sich, als er nach Hause kam, den Rock auszuziehen, sich auf der Couch auszustrecken und ein Glas Whisky zu trinken. Als er mir von dieser Entspannung erzählte, versuchte er sie zu rechtfertigen, indem er sagte: »Ich leistete mir diese Bequemlichkeiten, wie man einem Bettler Geld gibt.«

Es gibt gewisse Prozesse und emotionale Entwicklungen des einen Geschlechts, die das andere nicht versteht oder nur in sehr beschränktem Maße versteht, weil ihre physiologischen und biologischen Voraussetzungen fehlen. Welcher Mann weiß wirklich (nicht nur rein verstandesmäßig), was in einer Frau vorgeht, bevor die Menstruation beginnt? Welche Mutter begreift die Heftigkeit des Geschlechtstriebes ihres Sohnes während der Pubertät? Kann sie sich emotional seinen verzweifelten Kampf gegen die Masturbation vorstellen, seine Vorsätze, der Versuchung nicht nachzugeben, und seine unvermeidlichen Rückfälle? Es fällt Frauen auch schwer den Konflikt zu erkennen, in den manche asketische Männer durch ihren starken Sexualtrieb geraten. Ich hatte einen Patienten, der immer, wenn er sexuell sehr erregt war, aus dem Bett sprang und eine eiskalte Dusche nahm, um nicht masturbieren zu müssen. Frauen werden im allgemeinen nicht so heftig von sexuellen Begierden heimgesucht, und wenn, unternehmen sie nicht solche Anstrengungen, sie zu bekämpfen, und greifen nicht zu so verzweifelten Maßnahmen, um sich gegen sie zu wehren.

Bei Männern erreicht die Strenge und Starrheit des Gewissens ihren Höhepunkt in Fällen von zwanghaften Verhaltensweisen und Zwangsvorstellungen. Es ist, als ständen die Patienten, die ihre Störungen oft verbergen, unter dem Befehl einer eisernen und unerbittlichen Disziplin. Ihr Verhalten erinnert einen an den bewußten Feldwebel, der seinen Rekruten erklärte: »Ich bin der gemütlichste Mensch, aber im Dienst bin ich ein Schwein, und ich bin immer im Dienst.«

Jungen träumen oft von Ruhm: sie sehen sich dann als Superman. Mädchen haben weniger häufig Träume von Ruhm, und sie sehen sich in ihnen manchmal als Männer.

Kleine Mädchen wehren sich weniger als kleine Jungen gegen das Waschen, Kämmen und dergleichen. In Wien hörte ich einmal von einem kleinen Jungen, der zusah, wie seine Großmutter die Möbel abstaubte, und sie später fragte: »Warum muß ich immer gewaschen werden? Könntest du mich nicht einfach abstauben wie die Bilder?«

Psychoanalytiker sind übereinstimmend der Ansicht, daß sich das Überich bei Männern anders entwickelt als bei Frauen, daß das Überich des Durchschnittsmannes strenger in seinen Forderungen und härter in seinen Strafen ist als das der Frau. Der Unterschied wird sicherlich weitgehend dadurch bestimmt, daß das Überich auf Aggressivität im Individuum reagiert. Die feindseligen und aggressiven Triebe des Mannes sind heftiger als die der Frau – zumindest beim Menschen, während bei vielen tierischen Spezies das Weibchen wilder und grausamer sein soll als das Männchen.

Man macht sich eine gute Vorstellung von der Bildung des Überichs bei Männern, wenn man seine frühen Phasen beim Jungen betrachtet, besonders in der Periode des Übergangs von der Angst vor Strafe zu inneren Forderungen. Zwei Beispiele für dieses Anfangsstadium: Ein kleiner Junge wurde von seiner Mutter in die chinesische Wäscherei geschickt, wo er einige Bündel abzugeben hatte. Der Angestellte in der Wäscherei bestätigte ihm den Empfang der Bündel auf einem kleinen Stück Papier. Auf dem Heimweg verlor der Junge den Zettel. Er war entsetzt. Er wagte nicht, nach Hause zu gehen, irrte durch die Straßen und glaubte, seine Missetat werde die ganze Familie ruinieren. Viele Stunden später las die Polizei ihn auf und brachte ihn nach Hause, wo sich seine Eltern zu Tode ängstigten.

Das zweite Beispiel: Ein Junge in der Volksschule war auf eine scheue Weise in ein kleines Mädchen in seiner eigenen Klasse verliebt. Dunkle sexuelle Wünsche verschmolzen sicherlich mit seiner Bewunderung. Er schrieb einige unanständige Ausdrücke, die in seiner Vorstellung seine Liebesgefühle ausdrückten, auf einen Zettel und warf ihn von seiner Bank aus seiner Angebeteten zu. Der Lehrer sah es, holte sich den Zettel und las ihn. Er befahl dem Jungen zu bleiben, als die anderen Kinder die Klasse verließen. Der kleine Junge hatte große Angst, aber als er schließlich mit dem Lehrer allein war, ließ ihn dieser die Tafel abwischen und Bücher austeilen, und er gab ihm andere Aufgaben, die sonst nur privilegierten Schülern zufielen. Der Patient hatte sich den Namen dieses Lehrers gemerkt. Als er zu mir kam, war er ein Mann von zweiundvierzig Jahren, aber seine Stimme zitterte, als er mir von diesem Erlebnis erzählte.

Sechster Teil
Die Sexualität der Geschlechter

1. Sexuelle Phantasien

Die Ehe mit einer frigiden Frau oder einem Mann von schwacher Potenz fördert das Auftauchen sexueller Bilder von einem sehr befriedigenden Geschlechtsverkehr, besonders solcher Bilder, die sich auf Erinnerungen gründen. Der Mann erinnert sich in solchen Fällen an die Worte, Gesten und Bewegungen, mit denen eine Frau auf seine Liebe reagierte, während sich eine Frau eher die entsprechenden Worte, Gesten und Bewegungen ihres Partners vorstellt, der mit ihr sexuell verkehrte. Sie wird erregt durch die Erinnerung daran, wie heftig er sie begehrte, während der Mann seine sexuelle Erregung in der Erinnerung an die leidenschaftliche und lustvolle Reaktion findet, die seine Begierde in der Frau weckte. Die Selektivität der Erinnerung wird in diesen Fällen nicht nur durch das eigene Verlangen bestimmt, sondern auch durch die Gedanken an den sinnlichen Drang des Partners.

Es ist jedoch bezeichnend, wie sich die bildlichen Vorstellungen von Frauen und Männern allgemein unterscheiden. Die Phantasien von Frauen beginnen gewöhnlich mit der Erinnerung daran, wie der Mann sie bewunderte und umwarb. Die Frau denkt daran, wie er sich ihr durch Zärtlichkeiten und Koseworte näherte. Diese Phantasien gehen dann allmählich in sexuelle Bilder über. Die Phantasien der Männer richten sich unmittelbar auf die in der Erinnerung lebendigen sexuellen Szenen. Wenn die Vorstellungen einer Frau regelmäßig sofort mit sexuellen Bildern beginnen, ohne daß ein liebevolles oder zärtliches Vorspiel vorausgeht, kann man mit großer Wahrscheinlichkeit annehmen, daß diese Frau starke maskuline Züge aufweist. Wenn andererseits ein Mann in seinen sexuellen Phantasien lange bei Szenen reiner Zuneigung verweilt und in seiner Vorstellung das Vorspiel zu lange hinauszögert, kann man folgern, daß in seiner Persönlichkeit ein starkes feminines Element vorhanden ist.

2. Das Sexualleben der beiden Geschlechter

Die Neugier der Frauen ist darauf gerichtet, persönliche Dinge über Menschen zu erfahren, die Neugier der Männer mehr darauf, die verborgenen Dinge der Natur zu entdecken. Persönliche Beziehungen interessieren Männer nicht so sehr wie Frauen. Wenn Männer mehr zur Entdeckung des Geheimnisses der Welt hingezogen werden, so ist es, als hätte die Auffindung der verborgenen weiblichen Genitalien eine prototypische Bedeutung für das Wesen der Neugier des Mannes.

Das Geheimnis, das die Frau für den Mann darstellt, hat seinen Ursprung in der geheimen Lage ihrer Geschlechtsorgane. Der intensive Wunsch, ihre Natur zu erkennen, den kleine Jungen so stark empfinden, wird in der psychologischen Realität nie ganz befriedigt. Das Geheimnis bleibt, obwohl Jungen entdecken, daß sich die weiblichen Genitalien von den ihren unterscheiden. Obgleich sie zumindest teilweise erfolgreich erkundet wurden, wird das Geheimnis für den Jungen sozusagen verewigt. Es ist, als würde das Ergebnis der Untersuchung nur oberflächlich anerkannt, während es auf der tieferen Ebene zurückgewiesen oder verleugnet wurde.

Aufgrund dieser Reaktion erwartet der Mann unbewußt eine ungewöhnliche Entdeckung, sooft er im Begriff ist, eine unbekleidete Frau zu sehen, obwohl er bewußt sehr wohl weiß, daß er bei der einen Frau dasselbe finden wird wie bei der andern. Es besteht also gleichzeitig ein Nichtwissen und ein Wissen, das den Mann auf das vorbereitet, was er finden wird, und ihn dennoch in gespannte Erwartung versetzt, so als sollte er etwas Neues entdecken. Das geht so weit, daß sogar Gynäkologen neugierig auf das sind, was sie erwartet, wenn sie eine neue Frau erobern. Das Bemerkenswerte ist nicht, daß auch sie den sexuellen Drang oder Appetit verspüren – auch Köche müssen essen –, sondern daß ihre Neugier erhalten bleibt, obwohl sie am besten wissen müssen, was sie finden werden. Es ist, als ob die Köche Überraschung von Gerichten erwarteten, deren Rezepte sie sehr gut kennen.

In den Phantasien von Männern und Frauen wird mehr noch als in ihren Handlungen offenbar, daß die sexuelle Erregung bewußt oder unbewußt mit zwei Personen verbunden ist. Nicht nur für einen Streit sind zwei nötig, sondern auch für die sexuelle Erregung. In den Phantasien scheint das Sexualobjekt oft allein zu sein, aber der Mensch, der es begehrt, ist unbewußt mit anwesend oder muß ergänzt werden. In Abwesenheit des Sexualobjekts wird seine Rolle vom Tagträumer selbst übernommen, der beide Rollen spielt, so wie manche Schauspieler eine Frau und ihren Geliebten spielen können, wenn der zweite Schauspieler fehlt.

In der sexuellen Erregung des Mannes gibt es einen gewissen Augenblick, von dem an jede Verzögerung zu einem Nachlassen der Intensität oder einem mangelhaften Koitus führt. Die langsamer steigende Erregung der Frau macht es erforderlich, daß der Mann aus Rücksicht auf die Partnerin seinen Orgasmus hinauszögert. Wenn jedoch der Punkt erreicht wird, an dem es kein Zurück mehr gibt, muß der Mann sich gehen lassen, ohne an die Frau zu denken, ohne Rücksicht auf sie und ohne auf sie zu warten. Nur so kann er die größte Lust erreichen, aber so wird er auch seiner Partnerin die größte sexuelle Befriedigung geben. Indem er in diesem höheren Sinne »egoistisch« ist, ist er altruistisch; wenn er dagegen zu »rücksichtsvoll« ist und zu sehr an seine Partnerin denkt, bringt er sich selbst und die Frau um den sexuellen Genuß. Dieser Augenblick, in dem die animalische, selbstsüchtige Natur der männlichen Sexualität durchbricht und alle Rücksichten legitim beiseite fegt, wird subjektiv deutlich erlebt und ist keineswegs ungewiß. Er wird von dem Rhythmus der männlichen Erregung vorgeschrieben und mit der Präzision eines Metronoms zeitlich abgestimmt. Er ist soviel wie ein Signal: jetzt oder nie.

Freud behauptete, wie schon gesagt, daß die Sexualität ihrer wesentlichen Natur nach maskulin ist, auch wenn sie bei der Frau auftritt. Das ist vielleicht kein Problem für den Psychologen, wohl aber für den Biologen. Es gibt jedoch eine Art von indirektem Beweis für Freuds Theorie in einer Tatsache, die selten, wenn überhaupt, in Büchern über Sexualität erwähnt wird, nämlich die Auslösung der sexuellen Erregung und Aktivität der Frau durch den Mann. Ein Mann, der in seinem Sexualleben große Erfahrung sammelte, versicherte, daß ein langes und sanftes Streicheln der Brustwarzen bei den meisten Frauen den Wunsch weckt, nach dem Penis zu greifen und ihn zu streicheln, so als wäre das die gegebene Reaktion. Er meinte, dies sei ein Gebiet für wissenschaftliche Experimente, nämlich ein Versuch, die Frage zu beantworten: Wie lange kann eine Frau passiv bleiben, wenn sie auf die beschriebene Weise liebkost wird; wie lange dauert es, bis sie die Neigung verspürt, in dieser Form aktiv zu reagieren.

Die meisten Männer kennen Küsse und andere Zärtlichkeiten nur vor dem Geschlechtsverkehr. Die meisten Frauen wünschen sich vergeblich, ihre Partner würden sie auch »außerhalb des Schlafzimmers« küssen und streicheln, ohne die Absicht, sofort mit ihnen ins Bett zu gehen.

Bei Masochistinnen gibt es bezeichnende Phantasien, in deren Mittelpunkt keine Erniedrigung und kein sexueller Mißbrauch steht, sondern die Abweisung der Frau als begehrenswertes Sexualobjekt – was ganz im Gegensatz zu den Phantasien männlicher Masochisten steht. Hier ist die typische Phantasie einer Frau mittleren Alters, deren Tagträume oft eine romanhafte Form annehmen: In einer der Szenen stellt sie sich einen persischen Schah vor, der mit seinem Wesir Schach spielt. Während des Spiels stellt ein Eunuch dem Herrscher viele Frauen vor, die Angehörige seines Harems werden wollen. Eine Frau nach der anderen tritt völlig nackt vor ihn hin, unter ihnen auch die Tagträumerin. Als sie vortritt und sich auf Befehl schweigend umdreht, so daß ihre ganze nackte Gestalt zu sehen ist, blickt der Schah vom Schachbrett auf, macht eine ablehnende Gebärde und sagt zum Wesir »Euer Zug!«, so als wäre ihm die Unterbrechung des Spiels unangenehm gewesen. Eine andere Phantasie derselben Frau: In einer österreichischen Stadt trifft eine Heeresdivision zum Manöver ein. Der General und sein Adjutant verlassen nach dem Abendessen das Offizierskasino. Die Patientin wartet beim Ausgang auf sie, macht einen Knicks und sagt: »Guten Abend! Bittschön, ich bin die Stadthur'.« Phantasien dieser Art erregten die Patientin sexuell. Sie würden diese Wirkung nicht auf einen Mann haben.

Die Promiskuität von Männern kann nicht in ihren masochistischen Phantasien verwendet werden, während die Promiskuität einer Frau in unserer westlichen Kultur als erniedrigend betrachtet wird. Von einem Mann, der in sexueller Hinsicht freizügig lebt, kann man nicht sagen, er mache sich »billig«.

Agents provocateurs gibt es nicht nur in der Politik und im Kalten Krieg der Großmächte, sondern auch im privaten oder halbprivaten Bereich der Sexualität. Es gibt Frauen und Männer, die nicht »Necker« im üblichen Sinne sind, und sie verfolgen auch nicht nur das einfache Ziel, Angehörige des anderen Geschlechts herauszufordern. Ebensowenig wird ihr Verhalten von dem Wunsch diktiert, sich selbst zu beweisen, daß sie imstande sind, einen Partner anzuziehen. Maßgeblich ist vielmehr die Vorfreude auf seine oder ihre Frustration. Eine junge Frau war sich dessen völlig bewußt, und nur ein reaktives Mitleid mit ihrem »Opfer« hielt sie davon ab, die letzten Schritte zu tun. Ein junger Mann, der ihr mit großer Leidenschaft den Hof machte, war – wie sie vermutete – latent homosexuell und bei Frauen impotent. Sie versuchte, ihn zu verführen, wobei sie sich mit einer gewissen grausamen Befriedigung auf sein sexuelles Versagen freute. Den Gedanken, der sie schließlich doch zurückhielt, drückte sie in dem Satz aus: »Der arme Junge! Er würde in Ohnmacht fallen, wenn ich plötzlich Ja sagte.« Eine solche Provokation ist auch in Homosexuellenkreisen gut bekannt. Ein Mann versucht, zum Beispiel, mit allen Mitteln, einen anderen Mann anzuziehen, nur um sehr erstaunt zu tun, wenn der andere, auf diese Weise provozierte, die sexuelle Initiative ergreift. Der Agent provocateur protestiert dann heftig und spielt den Überraschten. Er leugnet entrüstet, homosexuell orientiert zu sein: »Aber ich doch nicht!«

Es sollte nicht bestritten werden, daß der Sexualtrieb des Mannes einen aggressiven und sogar sadistischen Charakter hat und daß das Eindringen in den weiblichen Körper einer Art von gewaltsamer Invasion gleichkommt. Der Trieb beschränkt sich nicht auf die Ausscheidung des Sekrets. Die Eröffnung und Invasion eines anderen Territoriums gehört in den Bereich der Vorlust, vergleichbar dem Aufbrechen einer Tür. Die allmähliche Erweiterung und das Nachgeben der weiblichen Genitalien erhöhen den Genuß. Er wird vermindert durch das Fehlen gewisser körperlicher Empfindungen während des Aktes. Ein Patient beklagte sich darüber, daß der »Eintritt« in den Körper seiner Frau »zu leicht« sei. Er sagte, der Eingang sei »so groß wie ein Scheunentor«.

Freud wies darauf hin, daß sich der Sexualtrieb bei heranwachsenden Jungen zuerst durch den Wunsch, Steine in Fenster zu werfen, und ähnliche Symptome manifestiert. Auch die sexuelle Neugier kleiner Jungen hat diesen aggressiven, zudringlichen Charakter. Der Analytiker hört oft Kindheitserinnerungen, in denen der kleine Junge auf dem Boden lag, weiblichen Verwandten und Dienstmädchen unter den Rock zu gucken versuchte und wegen dieser unanständigen Neugier gescholten wurde, die einem Wunsch gleichkommt, von dem Objekt dadurch Besitz zu ergreifen, daß man es sieht. Voyeuristische Neigungen haben immer diesen sadistischen Unterton, der sich auch in der künstlerischen Produktion von Malern und Fotografen zeigt. Es ist kein Zufall, daß es in der Sprache der Fotografen »ein Bild schießen« heißt.

Die scheinbare Ausnahme von der Vorherrschaft der Aggressivität in der männlichen Sexualität zeigt sich in den Fällen, in denen der Mann wünscht, daß die Frau die sexuelle Initiative ergreift. In den meisten dieser Fälle spielt der Mann sozusagen versuchsweise die Rolle der passiven Frau und erlebt stellvertretend ihre Art zu genießen.

Männer verspüren viel häufiger als Frauen den Drang, die sexuelle Lust als solche, ohne Rücksicht auf das Objekt, zu erleben, »Sex im Rohzustand«, wie ein Patient es nannte. Diese besondere Lust ist an die Bedingung gebunden, daß man in der Frau nur das Sexualobjekt sieht, das Weib, das die Schenkel spreizt und sich der Lust des Mannes ausliefert. Ein Patient, der sozusagen eine launische Potenz hatte, konnte mit seiner Frau nur einen befriedigenden Geschlechtsverkehr haben, wenn er sie, bevor er sich ihr näherte, mit Worten degradierte, indem er möglichst viele obszöne Ausdrücke für sexuelle Handlungen gebrauchte, ihr sagte, daß sie ihn in sich spüren möchte und so fort. Sein Verhalten war nicht nur ein Versuch, seine Frau zu degradieren oder zu erniedrigen, sondern sie von ihrer imaginären höheren Stellung herabzuziehen, damit sie für ihn als Sexualobjekt zugänglich wurde, das heißt, er mußte sie von dem Sockel, auf dem er sie sah, herunterholen, um sich auf der Ebene eines sexuell zugänglichen Objekts neben sie stellen zu können. Andere Formen des Geschlechtsverkehrs ohne die verbale Erniedrigung, die er – analog zur Gehirnwäsche – »Sexwäsche« nannte, waren nicht so befriedigend, weil er dieses Vorspiel vermißte, in dem sich sein Verlangen nach »purem Sex« zeigte.

Das Neugeborene wird in die Wiege gelegt und mit Wärme und Behaglichkeit umgeben. Licht und Geräusche werden in seiner Nähe vermieden. Der Übergang vom Leben im Mutterschoß zu einer neuen, unabhängigen Existenz wird erleichtert durch eine Art von künstlicher Wiederherstellung der Lebensbedingungen im Schoß, durch eine Situation, die der früheren Existenzform möglichst nahekommt. Beim Geschlechtsverkehr wird die Frau weich und nachgiebig, sie paßt ihren Körper dem des Mannes an, bis die beiden Körper so eng miteinander vereint sind, wie es unter erwachsenen Menschen möglich ist. Der weibliche Körper umgibt den Mann wie einst die Wiege das Kind, und er befeuchtet den Körper des Mannes, der in ihn eindringt. Ein mehrere Male von Freud zitiertes schweizerisches Sprichwort sagt: »Liebe ist Heimweh.« Dieses Sprichwort ist nicht als Definition des Geschlechtstriebes gedacht, sondern eher als eine charakteristische Beschreibung seiner Natur: zumindest wie er vom Mann erlebt wird, nämlich als Suche nach einem Zuhause. Das setzt aber voraus, daß das Zuhause nicht nur ein Ort ist, wo man auspackt, sondern auch einer, der das Ziel aller Wünsche ist. Aus dieser Charakterisierung kann man schließen, daß es nicht ein Ort ist, vor dem man sich fürchtet oder an den man voll Langeweile denkt. Er ist nicht vorstellbar als ein Ort der Unruhe oder der Konflikte, sondern als einer, wo man Frieden findet. Nicht nur Behaglichkeit, sondern auch Erlösung. So betrachtet, ist die sexuelle Befriedigung in einem reifen Sinne einer Oase vergleichbar, nach der man sich auf dem langen Marsch durch die Wüste sehnt. Aber eine solche Oase ist selten, und die Bilder der erregten Phantasie des Mannes erweisen sich oft nicht als Wunder, sondern als Luftspiegelungen.

Wenn eine Frau bei vollem Verstand wäre, sollte sie ab und zu imstande sein, eine Affäre zu haben, ohne sich emotional zu beteiligen. Aber wann ist eine Frau bei vollem Verstand? Und könnte eine Frau bei einer Affäre emotional unbeteiligt bleiben und trotzdem in mehr als nur dem anatomischen Sinne eine Frau bleiben?

Männer ahnen nicht, wie selbstgefällig sie werden, wenn sie lange mit einer Frau zusammengelebt haben. Sie wissen nicht, daß keine Frau als etwas Selbstverständliches betrachtet werden möchte und daß jede immer wieder von neuem umworben werden will. Sie möchte lieber verfolgt und gefangen und von neuem festgehalten als still und zufrieden in ihrem Käfig gelassen werden, wo ihr Partner sie finden kann, wann immer er Lust danach verspürt.

Die Vorstellung, daß Mädchen – verglichen mit Jungen – aus Zucker und die reinsten Engel sind, kann verheerende emotionale Folgen haben, wenn die Jungen erwachsen werden. Sie kann ebenso zu Schüchternheit und Impotenz führen wie zu der unbewußten Neigung, Frauen zu erniedrigen und zu degradieren, sie in die Gosse zu ziehen. Das erstaunliche Ergebnis dieser unreifen Anschauung ist, daß ihre unbewußte Fortsetzung ebendiese beiden gegensätzlichen Einstellungen zu Frauen zur Folge haben kann.

Psychiater und Psychologen wissen, daß der Fetischismus als sexuelle Perversion oder Einstellung – verglichen mit seiner Häufigkeit bei Männern – bei Frauen nur sehr selten vorkommt. Das ist um so verwunderlicher, als Frauen dazu neigen, leblose Gegenstände zu personalisieren, und im Grunde ein animistisches Weltbild haben. Dennoch verehren sie nicht Teile der Kleidung des Mannes, weder seine Schuhe noch seine Strümpfe noch andere Gegenstände, die ihm gehören, aber von seinem Körper getrennt sind. Gegenstände des Mannes als solche spielen keine sehr wichtige Rolle in den sexuellen Phantasien von Frauen. Frauen schätzen jedoch Geschenke von Männern sehr hoch und schreiben ihnen einen hohen Gefühlswert zu. Das am höchsten bewertete ist natürlich der Ring am Finger. Die hohe Wertschätzung dieses symbolischen Gegenstandes geht jedoch nicht über seinen eigenen Bereich hinaus und weckt ganz gewiß kein sexuelles Verlangen nach dem Mann. Die Tatsache, daß der Fetischismus bei Frauen viel seltener ist als bei Männern, ist eine indirekte Bestätigung der These Freuds, daß ein Fetisch die Ersatzfunktion eines sexualisierten Teils des Körpers der Frau erfüllt.

Ein Mann, der sich hinsetzt, kann in bezug auf seine Hose sorgfältig oder sorglos sein; dasselbe gilt für eine Frau in bezug auf ihre Röcke. Im Fall der Frau gibt es aber noch eine dritte Möglichkeit – sie kann absichtlich sorglos sein.

Eine Amerikanerin, die wußte, daß ihr Mann in den Jahren, in denen er während des Zweiten Weltkriegs in Übersee war, eine Geliebte hatte, nahm diese Affäre als etwas Selbstverständliches hin. Als sie aber erfuhr, daß er mit der Frau in England ein Kind hatte, war sie tief verstört. Sie träumte jede Nacht, daß die andere Frau mit dem Kind an ihrer Brust durch das Meer nach Amerika schwamm, und erwachte jedesmal mit Angstgefühlen. Eine andere Frau erfuhr, daß ihr Mann öfter mit einer jüngeren Frau zusammen war. Eine Freundin fragte sie, ob sie glaube, daß ihr Mann ein Verhältnis mit dieser Frau habe oder nur eine freundschaftliche Beziehung. Sie antwortete mit einer Gegenfrage: »Er ist ein Mann, nicht wahr?« Die Eifersucht der Frauen beschränkt sich nicht auf das Sexuelle. Es würde einer Frau sehr viel ausmachen, wenn sich eine andere erbötig machte, ihrem Mann die Socken zu stopfen oder ihm einen Knopf am Hemd anzunähen – auch wenn sie davon überzeugt wäre, daß keine sexuelle Beziehung zwischen ihrem Mann und der anderen Frau besteht.

Ein Patient verfolgt seine Gedankenassoziationen: Ich habe gestern im Klub Squash gespielt. Es ging nicht darum, ob ich gewinnen oder verlieren würde. Entscheidend ist, daß ich ohne Überzeugung spielte. Es war mir wirklich völlig egal... Da fällt mir eine Querverbindung ein... nämlich, so habe ich auch Geschlechtsverkehr mit meiner Frau. Ich fühle mich in meinem Eheleben eingeengt, eingezäunt wie in einem Konzentrationslager. Ich gehe vom Büro nach Hause, und dann ist da einfach nichts, Tabula rasa... Wissen Sie, man hat alte assyrische Schrifttafeln mit vielen Flüchen darauf ausgegraben, und der letzte der Flüche lautet: »Es soll dir nichts Neues widerfahren.« In der Stimmung bin ich, wenn ich nach Hause gehe und an den Geschlechtsverkehr denke.

Ich behauptete vor fünfzehn Jahren in meinem Buch *Psychology of Sex-Relations**, daß es beim Geschlechtsverkehr keine einseitige Befriedigung gibt. Ich habe seither viele Beweise dafür gefunden, daß ich mich irrte, und ich benutze diese Gelegenheit, um meinen Irrtum zu korrigieren. Zuerst muß ich darauf hinweisen, daß sich die Gültigkeit dieser Behauptung in den meisten Fällen auf die Genitalregion des Paares beim Geschlechtsverkehr beschränkt. Aber auch da gibt es Ausnahmen, zum Beispiel im Falle des Sadisten oder Vergewaltigers, der sexuelle Befriedigung empfindet. Auch auf dem Gebiet anderer sexueller Perversionen kommt eine einseitige Befriedigung recht häufig vor. Außerdem findet man beim Geschlechtsverkehr nicht nur sexuelle Befriedigung. Er kann Ichbedürfnisse befriedigen

* Farrar & Rinehart, New York 1945.

und nichtsexuelle Befriedigung gewähren, er kann, zum Beispiel, den Wunsch einer Frau befriedigen, von einem Mann begehrt zu werden, oder ihr Bedürfnis, ihm emotionale und sexuelle Entspannung zu geben. Es kommt natürlich viel häufiger vor, daß eine einseitige sexuelle Lust, besonders sadistischer Art, vom Mann genossen wird. Aber es gibt Ausnahmefälle, in denen die Frau Befriedigung findet, während der Mann unbefriedigt bleibt. Es ist psychologisch interessant, die emotionalen Reaktionen der Frau zu sehen. In einem Fall hatte der Mann eine sexuelle Störung, die nur die Ejakulation betraf, während die Erektion unbeeinträchtigt war. (Höchstwahrscheinlich hielt er unbewußt den Samenerguß zurück.) Seine Frau hatte einmal während eines Geschlechtsverkehrs unter diesen Umständen mehrere Orgasmen hintereinander. Bezeichnend war, daß sie sich nachher ihm gegenüber schuldig fühlte, so als hätte sie einen unfairen Vorteil genossen. Sie nannte ihr Verhalten – typischerweise – »unweiblich«. Sie hatte das unbestimmte Gefühl, daß die Frau dem Mann Befriedigung geben muß, während für sie selbst die sexuelle Befriedigung weniger wichtig ist. Ein andermal sagte sie, sie fühle sich wegen ihres einseitigen Genusses wie eine »Hure«.

Die körperliche Liebe ist für die meisten Frauen eine heilige Handlung, die ihrem eigenen Rhythmus gehorcht und nicht ohne ernsthaften Schaden unterbrochen werden kann. Kommt es zu einer Pause, so muß der heilige Dienst von neuem begonnen werden, genau wie die Riten alter Religionen. Jede Unterbrechung wird als unangenehm empfunden. Frauen sagen: »Hör nicht auf, mich zu küssen.«

Wenn Frauen in den Beziehungen zu Männern die Initiative ergreifen und »verfolgen«, anstatt zu warten, bis sie verfolgt werden, so ist daran nicht immer mangelnde Energie seitens des Mannes schuld. Frauen haben manchmal das Gefühl, daß sie nicht attraktiv oder begehrenswert genug sind und daher die sexuelle Initiative ergreifen müssen. Mit anderen Worten, sie haben nicht genug Selbstvertrauen und Selbstsicherheit entwickelt, um warten zu können. Sie trauen ihren eigenen Reizen nicht genug und können es sich nicht leisten, die weibliche Rolle zu spielen. Angst treibt sie daher von der Passivität in eine Art von provokanter Aktivität.

Die gegensätzliche weibliche und männliche Einstellung zu den männlichen Genitalien spiegelt sich in den Träumen zweier Patienten, einer Frau und eines Mannes, deren psychoanalytische Behandlung sich dem Ende näherte. Die Frau, die heftige Gefühle der Feindseligkeit gegenüber Männern zu überwinden hatte und manchmal den Impuls verspürte, ihrem Mann den Penis abzureißen, träumte: »Ich habe ein Baby und empfinde sehr mütterlich, und ich streichle und liebkose es. Es ist ein winziges Baby, aber es wächst rasch und wird sehr groß.« Bei der Deutung des Traumes bilden das Kind und der Penis eine unbewußte Einheit. Das mütterliche Gefühl und die Zuneigung der kinderlosen Frau für die Genitalien ihres Mannes kennzeichnen den Übergang: sie akzeptiert nun ihre Weiblichkeit. Ein Mann, der impotent gewesen war und große Zweifel an seiner Männlichkeit hegte, träumte: »Ich bin zu einem Organisations-Mann befördert worden.« Die Gedankenassoziationen des Patienten kreisten um das unlängst erschienene Buch *The Organization Man*. In der Vorstellung des Patienten bedeutete dieser Ausdruck einen höheren Rang oder eine hohe Stellung. Der latente Trauminhalt zeigt sich aber in einem Wortspiel, nämlich in dem Wortbestandteil »Organ«, womit natürlich das männliche Geschlechtsorgan gemeint ist. Das mütterliche Gefühl der Frau für den Penis und der Stolz des Mannes auf sein Organ sind symptomatisch für den Fortschritt beider Patienten und ihre Bereitschaft, die entsprechende Geschlechtsrolle zu übernehmen.

Die Gemeinschaft von Bett und Tisch eignet sich auch für den Vergleich des Sexuallebens eines Paares. Viele Männer benehmen sich auch in ihrem Sexualleben unmanierlich. Während die Frau noch den Tisch deckt, beginnen sie schon zu essen. Wenn die Frau eben erst von den Speisen kostet, hat der Mann schon die halbe Mahlzeit hinter sich. Er hat seinen Hunger gestillt und ist bereit, vom Tisch aufzustehen, wenn sie gerade erst beginnt, die Speisen zu genießen. *»L'appétit vient en mangeant.«* Ihr Appetit widert ihn vielleicht schon ein wenig an, weil er bereits satt ist.

Ein Patient versuchte sich am Abend vor seiner analytischen Sitzung an alle Frauen zu erinnern, mit denen er bis zum Alter von fünfundvierzig Jahren geschlafen hatte. Er sagte mir, er habe dreiundfünfzig gezählt, und er war sehr stolz auf diese Zahl. Die Zahl ist nicht wichtig, sondern vielmehr die Tatsache, daß er zu keiner dieser Frauen eine gefühlsmäßige Beziehung gehabt, daß ihm keine viel bedeutet hatte. Wenn man es so sehen will: Don Juan besaß eine unglaubliche Zahl von Geliebten, aber was bedeuteten sie für sein Gefühlsleben? Man denke an die Arie Leporellos: »Aber in Spanien eintausend und drei...« Von einer höheren Warte gesehen, hat diese Liste nichts mit dem Liebesleben eines Mannes zu tun. Sie ist eine rein statistische Angelegenheit.

Schuldgefühle wegen Ehebruchs lassen sich immer auf inzestuöse Wünsche zurückführen, weil sich die sexuellen Begierden zuerst auf ein verbotenes Objekt und eine verbotene Beziehung richteten. Diese Begierden haben daher eine verhaltensformende Bedeutung. Der besondere Stimulus des Schuldgefühls, das sich mit illegitimen Beziehungen verbindet, hat seine Wurzeln in diesen anfänglichen inzestuösen Wünschen. Man sollte erwarten, daß die meisten Männer weniger Schuldgefühle wegen verbotener Sexualität haben als Frauen, aber dem ist nicht so. Frauen empfinden solche Beziehungen als ungehörig, und sie haben Angst vor einem schlechten Ruf. Aber Männer fühlen sich im Zusammenhang mit der Sexualität stärker schuldig, weil ihr Geschlechtstrieb mit ihrer viel heftigeren Aggressivität verbunden ist. Männer müssen mit dem Problem eines unsichtbaren Feindes fertig werden, der ihre gesetzlosen sexuellen Wünsche verurteilt und verbietet. Der Prototyp dieser sich einmischenden Person ist natürlich der Vater, den sie beseitigen (unbewußt töten) müssen, um das begehrte Objekt zu erreichen. Die sexuellen Schuldgefühle der Frau sind schwächer, die moralischen Forderungen der Frau sind weniger intensiv und drängend.

Wenn eine Frau einen Mann, den sie liebt, zu verlieren fürchtet, gibt sie sich ihm oft sexuell hin in der Hoffnung, ihn so halten zu können. Wie man weiß, ist diese Hoffnung häufig vergeblich. Der Mann, dessen sexueller Appetit befriedigt ist, fühlt sich aus ebendiesem Grunde nicht mehr an die Frau gebunden. Andererseits fühlt sich aber die Frau wegen der gemeinsamen sexuellen Erlebnisse tiefer und dauerhafter an den Mann gebunden. Die Lage erinnert einen an eine ähnliche, die sich im Krieg ergeben kann: ein Mann kämpft gegen einen Feind, und es gelingt ihm, ihn gefangenzunehmen – aber dabei gerät er selbst in Gefangenschaft. Männer versuchen manchmal den Widerstand einer Frau zu überwinden, indem sie vorgeben, sie zu lieben. Frauen verwenden manchmal die Sexualität als Lockmittel, in der Hoffnung, daß der Mann beginnen wird, sie zu lieben.

Ein Mann schenkte einer Frau einen Ring mit der Inschrift: *Plus qu'hier, moins que demain.* (Mehr als gestern, weniger als morgen.) Damit wollte er offenbar seine Liebe zu ihr beschreiben. Die Inschrift wäre allerdings im allgemeinen besser geeignet, die Art von Liebe zu charakterisieren, die eine Frau für einen Mann empfindet. An der Liebe einer Frau ist mehr, als man denken würde, wenn man einen solchen Ring betrachtet. Eine Frau sagte einmal zu einem Mann: »Je mehr ich für dich tue, je mehr ich koche, wasche und bügle, desto mehr gehörst du mir.« Das ist nicht nur eine besitzergreifende, sondern auch eine mütterliche Einstellung. Männer kennen solche Gefühle nicht.

Freud dachte, daß die Sexualtriebe zuerst in Verbindung mit den Selbsterhaltungstrieben auftreten und daß ihr erstes Objekt die Mutter ist, die das Kind stillt und umsorgt. Es ist sehr wahrscheinlich, daß auch der

Ursprung des erhabenen Erlebnisses, das wir Liebe nennen, in demselben Bereich zu suchen ist und sich in der ursprünglichen Form der erwarteten Befriedigung von Hunger und Durst manifestiert. Vor mehr als sechzig Jahren schrieb eine Wiener Zeitung einen Wettbewerb für ihre Leserinnen aus. Sie hatten die Frage zu beantworten: »Welche ist die beste Methode, sich die Liebe eines Mannes zu erhalten?« Den Preis erhielt die lapidare Antwort: »Füttere die Bestie gut!«

Die sexuellen Erinnerungen des Mannes kreisen ganz um das sexuelle Verhalten seiner Partnerinnen, um ihre Hingabe und die Intensität ihrer Reaktion. In den sexuellen Erinnerungen von Frauen werden Bilder lebendig, wie heftig der Mann um sie warb und wie sehr er sie begehrte. Freud wies darauf hin, daß die Dinge, die wir am höchsten schätzen, unbewußt mit den Objekten verbunden sind, die wir verabscheuen und die uns abstoßen. Im Gegensatz zur Idealisierung der Frau durch den Mann haben die Frauen ihrerseits niemals eine ähnliche Art von Anbetung für den Mann entwickelt. Sie kennen aber auch nicht die insgeheim bei vielen Männern vorhandene Neigung, das Sexualobjekt zu erniedrigen. Sie stellen den Mann auf kein Piedestal, haben aber auch nicht das emotionale Bedürfnis, ihn in den Schmutz zu zerren.

In Diskussionen über sexuelle Fragen rührt ein großer Teil der Verwirrung daher, daß wir nicht klar genug zwischen Liebesbedürfnis und sexueller Begierde unterscheiden. Die Franzosen kennen ein *besoin de tendresse* (Zärtlichkeitsbedürfnis) und ein *besoin de volupté* (Bedürfnis nach Wollust). Das erste ist stärker bei Frauen und geht bei ihnen im allgemeinen dem zweiten voraus. Das *besoin de volupté* ist stärker bei Männern und übertrifft an Bedeutung das Zärtlichkeitsbedürfnis.

Nach dem Geschlechtsverkehr empfinden Frauen oft den Wunsch, daß ihr Partner seine Liebe oder Zärtlichkeit für sie ausdrückt. Manchmal spricht eine Frau diesen Wunsch auch direkt aus: »Sag was Liebes zu mir.« Ein solches Bedürfnis ist beim Mann nach dem Geschlechtsverkehr selten. Es ist, als wäre für ihn durch den Akt selbst alles gesagt und getan worden.

Die Tatsache, daß Frauen nie aufhören, Schönheitssalons zu besuchen, beweist, daß sie mit einem wunderbaren Optimismus gesegnet sind. Auch ihre Bemühungen, sich durch Make-up begehrenswerter zu machen, gehorchen, je älter sie werden, dem Gesetz vom abnehmenden Ertragszuwachs.

Die zahlreichen Männer, die frustrierte sexuelle Wünsche durch eine orale Befriedigung ersetzen, indem sie zu viel essen, bestätigen Freuds Theorie, daß der sexuelle Appetit ursprünglich einen oralen Charakter hatte. Die Regression auf diese ursprüngliche Phase bewirkt auch, daß das sexuelle Verlangen nachzulassen scheint, so als machte es seinem Vorläufer Platz. »Ein guter Hahn wird nicht fett«, heißt es im Volksmund.

Manchmal glauben Männer, aus hygienischen Gründen Geschlechtsverkehr haben zu müssen – so wie sie täglich drei Mahlzeiten zu sich nehmen müssen, weil es aus gesundheitlichen Gründen nötig ist. Sie haben dann Geschlechtsverkehr ohne großes Verlangen, sozusagen ohne Appetit. Frauen ist es im allgemeinen fremd, das Geschlechtliche vom gesundheitlichen Standpunkt aus zu betrachten. Dennoch hörte ich eine Frau nach einem nicht sehr befriedigenden Geschlechtsverkehr sagen: »Na ja, vielleicht war es gut für meinen Teint.«

Ein junger Mann betrachtete seine zwanghafte Masturbation als einen Kompromiß zwischen sexueller Befriedigung und Strafe für diese verbotene Tätigkeit. Er stellte die Theorie auf, der Vulgärausdruck »sich einen abreißen« beweise, daß die Masturbation auch den Charakter der Selbstkastration habe. Derselbe Patient bedauerte manchmal den verschwenderischen Überfluß an unproduktiven Spermatozoen junger Männer und stellte sich vor, daß auf diese Weise der Menschheit Millionen Leben verlorengingen. Die Masturbation war für ihn das »Ödland der Sexualität«.

Eine Frau, die während des Geschlechtsverkehrs die Speisekarte für den nächsten Tag zusammenstellt und überlegt, ob sie Karotten oder Bohnen kochen soll, kann immer noch als Sexualobjekt dienen. Ein Mann, der in derselben Situation das Für und Wider einer geschäftlichen Transaktion zu erwägen beginnt, ist im nächsten Augenblick impotent.

Sexuelles Begehren und Feindseligkeit schließen einander aus. Das eine muß weichen, bevor sich das andere behaupten kann. Das gilt nicht für die Grausamkeit, denn die Verschmelzung von Sexualtrieb und Grausamkeit ist möglich und unter dem Namen Sadismus bekannt. Sadistische Neigungen im allgemeinen sind nicht identisch mit Feindseligkeit. Das Opfer des Sadismus übt sogar eine seltsame Art von Anziehungskraft aus.

Es fällt einer Frau nicht schwer, einen Mann zu verlassen, den sie nicht mehr liebt. Es ist viel schwerer für sie, ihn zu verlassen, solange sie fühlt, daß er sie noch liebt.

Eine oft übersehene Bedingung, die für die Überwindung der emotionalen Widerstände gegen den freien Ausdruck der sexuellen Begierde und für die sexuelle Befriedigung der Frau nötig ist, besteht darin, daß der Mann in seiner Erregung und bei der Ausübung des Geschlechtsverkehrs unbefangen und ungehemmt ist. Auch nur die Spur einer

Hemmung auf seiten des Mannes macht die Frau befangen und behindert den sexuellen Ausdruck, während die Ungehemmtheit des Mannes die Frau von ihren Hemmungen befreit. Eine Frau, die mit einem Mann mit einer typischen New-England-Mentalität verheiratet war, das heißt mit einem Mann, für den sexuelle Dinge irgendwie beschämend oder sündhaft waren, schlief mit ihm, sooft er es verlangte, blieb aber bei ihm frigid, weil sein linkisches und gehemmtes Sexualverhalten die Entwicklung ihrer Sexualität verhinderte. Die wohlerzogene und kultivierte Frau hatte immer wieder sexuelle Abenteuer mit Männern einer viel niedrigeren sozialen und kulturellen Schicht. Sie ließ sich von diesen Männern mitnehmen, die sie verachtete, mit denen sie aber den sexuellen Orgasmus erreichte. In ihren psychoanalytischen Sitzungen erklärte sie, daß die Haltung ihres Mannes sie befangen machte und dazu führte, daß sie sich ihrer Sexualität schämte.

Alle jungen Frauen haben manchmal Angst, sie könnten einem Mann reizlos erscheinen, wenn sie seine Liebe suchen.

Männer werden durch die Befriedigung des sexuellen Verlangens befreit, Frauen fühlen sich dadurch gebunden. Dieselbe Handlung bedeutet oft Befreiung für das eine Geschlecht und Knechtschaft für das andere.

Ein Patient erinnerte sich an ein attraktives junges Mädchen, das er auf einer Party kennenlernte und mit dem er ein langes, interessantes Gespräch hatte. Sie saßen zusammen in der Ecke eines Raumes. Der Hausherr, der sich um seine Gäste kümmerte, trat zu ihnen und fragte sie, ob er ihnen etwas zu trinken bringen könne. Der Mann erinnerte sich nach Jahren noch mit Freude an die Antwort des Mädchens: »Nein, danke. Wir brauchen nichts zu trinken. Wir haben uns.« Der Mann hatte das Gefühl, als hätte sie mit diesen Worten einen magischen Kreis um sie beide gezogen.

Pascals Ausspruch, daß das Ich hassenswert sei (*Le moi est haïssable*), wird von einer Frau nicht anerkannt, es sei denn, sie sieht schlecht aus. Er hat keine moralische Bedeutung.

Die melancholische Einsicht der alternden Frau, daß sie nicht mehr begehrt wird, hat kaum eine Analogie im Gefühlsleben des alten Mannes. Alternde Männer kommen diesem Erlebnis noch am nächsten, wenn ihnen allmählich klar wird, daß sie im Berufsleben nicht mehr gebraucht werden.

Im Gegensatz zu Männern horten Frauen Komplimente und zärtliche Worte, die man zu ihnen sagte, wie Eichhörnchen ihre Nüsse, um sie später zu verzehren. Wenn sie allein sind, holen Frauen manchmal liebe Dinge, die man ihnen sagte, aus den Verstecken ihres Gedächtnisses hervor und erfreuen sich an ihnen. Sie kennen nicht nur augenblickliche, sondern auch verzögerte angenehme Reaktionen.

Ein Mann kann sich, besonders wenn er jung und schüchtern ist, ausmalen, wie er einer jungen Frau seine Liebe erklären wird. Er stellt sich vielleicht vor, wie überrascht sie sein wird, wenn er ihr seinen Antrag macht. Was für ein Irrtum! Sie wird niemals überrascht sein. Sie hat die Szene vorausgesehen und sie sich oft vorgestellt, bevor er noch daran dachte, daß es je so weit kommen könnte. Er mag sich einbilden zu improvisieren, während sie weiß, daß sie hinter den Kulissen die Regie führt. Sie hat das Stück in ihrer Phantasie schon oft geprobt, ja sie hat sogar schon volle Kostümproben gemacht.

Eine Frau sagte ganz erstaunt zu ihrer Freundin: »Weißt du, Männer haben auch Probleme.« Sie meinte natürlich nicht Probleme, die mit beruflichen Schwierigkeiten und finanziellen Sorgen zu tun haben, sondern emotionale Probleme in den Beziehungen zum anderen Geschlecht. Die Tatsache, daß Frauen viel stärker emotional von Männern abhängen und daß sich der größte Teil ihrer emotionalen Interessen auf die Einstellung eines Mannes konzentriert, verleitet sie oft zu der Annahme, Männer hätten es in dieser Hinsicht leicht und emotionale Schwierigkeiten dieser Art seien ihnen unbekannt. Durch solche Vorstellungen kommt es zu falschen Anschauungen vom Mann.

Der Reifungsprozeß der Frau ist dramatischer als der des Mannes, und die einschneidenden Veränderungen sind durch traumatische Erlebnisse gekennzeichnet, deren Schauplatz ihr Körper ist: Menstruation, Defloration und Kindbett – alle sind durch Schmerzen und Blut charakterisiert. Die Geburt eines Kindes wird durch Katastrophen in ihrem Körper eingeleitet, die sich mit denen der Erde mit ihren Vibrationen, Beben und Überschwemmungen vergleichen lassen.

Der Präsident in Beer-Hofmanns *Der Graf von Charolais* sagt einige Zeilen, die das Schicksal der Frau beschreiben:

> »...Noch nicht entlassen aus
> Geheimnisvollen alten Urverträgen,
> Dem selben Nachtgestirne unterworfen,
> Das auch dem Meer befiehlt, wird sie von jedem
> Erfüllten Mondlauf mit Blut und Schmerzen,
> – Wie eine säumge Priesterin – gemahnt,
> Was hier ihr Amt!« *

---

* Richard Beer-Hofmann, Gesammelte Werke, S. Fischer 1963, S. 382.

Im Geschlechtsleben ist es die Frau, die Takt und Rhythmus vorschreibt. Der Mann spielt seinen Part in den meisten Fällen zu rasch, und die Frau würde, wenn sie es nur wagte, gern sagen: »Andante, bitte!« Gelegentlich ist der Mann zu langsam, und dann ist es noch schwieriger für sie, das Tempo zu beschleunigen, denn sie fürchtet, »unweiblich« zu erscheinen.

Wie der Dirigent muß sie sich mit Gesten, mit einer Zeichensprache begnügen, während der Mann wie ein unaufmerksamer Musiker im Orchester nicht genug auf den Dirigenten achtet. Den größten Genuß bietet der Geschlechtsverkehr selbstverständlich, wenn der Musiker gut auf den Dirigenten – in diesem Falle die Frau – eingestellt ist, der das Orchester leitet, zugleich aber auch seine Individualität beachtet.

Freud lehrte uns, daß das passive Ziel eines Triebes mit der größten Energie verfolgt werden kann. Es ist nicht nötig, daß dieses Ziel bewußt wahrgenommen wird. Die Zielstrebigkeit, das heißt das Streben nach dem unbewußten Ziel, zeigt sich beispielsweise deutlich im Verhalten mancher Kinder, die ihre Mutter ärgern und ihre Geduld so lange auf die Probe stellen, bis sie schließlich die Beherrschung verliert und die Kinder ausschimpft oder bestraft. Es gibt masochistische Männer, die ihre Partnerin so lange provozieren, bis diese ihnen die ersehnte Strafe oder die unbewußt gewünschte Erniedrigung und Degradierung zuteil werden läßt. Bei der Erreichung dieses passiven Ziels entwickeln Menschen mit sexuellen Perversionen oft eine erstaunlich große Energie. Unermüdliche und unerschöpfliche Energie wird manchmal aber auch passiven Zielen im Bereich des normalen Sexuallebens gewidmet, in dem keine perverse oder pathologische Befriedigung gesucht wird. Frauen verwenden manchmal unermüdliche und geradezu heroische Anstrengungen darauf, von einem bestimmten Mann verführt zu werden.

In den homosexuellen Beziehungen von Männern führen Eifersucht und andere heftige Emotionen manchmal zu gewalttätigen Szenen, ja sogar zum Mord. Es gibt keinen vergleichbaren Grad von Gewalttätigkeit in lesbischen Beziehungen. Auch unter dem Einfluß heftiger Emotionen überschreitet der Konflikt selten, wenn überhaupt, die Grenzen einer Rauferei, bei denen man Faustschläge austeilt oder sich gegenseitig an den Haaren zerrt. Mord ist in den Konflikten homosexueller Frauen eine Seltenheit.

Der erste Eindruck, den man von einer jungen Frau gewinnt, die einen Raum voller Menschen betritt, ist der einer versteckten oder gut überspielten Unsicherheit. Nur wenige, schüchterne junge Männer lassen diese Haltung erkennen. Es scheint, daß das Bewußtsein, Besitzer eines

Penis zu sein, den Mann vor einer solchen übertriebenen Befangenheit bewahrt.

Der Stolz der Frau hat oft eine ähnliche Funktion wie das von den Franzosen *cache-misère* genannte Kleidungsstück. Er verbirgt, bedeckt und beschützt das arme oder klägliche Innere.

3. Die Allgegenwärtigkeit der sexuellen Symbolik

Nur wenige psychoanalytische Feststellungen haben soviel Widerstand und Befremden ausgelöst wie Freuds Theorie, daß unsere Träume von einer sexuellen Symbolik durchdrungen sind, in der die männlichen und weiblichen Genitalien als verschiedene Objekte nichtsexueller Natur dargestellt werden. Die folgenden Abschnitte enthalten Beispiele aus Sprache, Literatur und Folklore, in denen dieselben Symbole erscheinen. Alle Beispiele sind so beschaffen, daß sie nicht von den Entdeckungen der Psychoanalyse beeinflußt werden konnten.

In seiner *Neuen Folge der Vorlesungen zur Einführung in die Psychoanalyse* erinnert Freud den Leser daran, daß ein Mantel im Traum einer Frau oft als Symbol für den Mann steht. Er fährt fort: »Ich hoffe nun, es macht Ihnen einen Eindruck, wenn Sie hören, daß Th. Reik 1920 uns berichtet: ›In dem höchst altertümlichen Brautzeremoniell der Beduinen bedeckt der Bräutigam die Braut mit einem besonderen, Aba genannten Mantel, und spricht dazu die rituellen Worte: ›Es soll Dich fortan niemand bedecken als nur ich.‹« * In den vierzig Jahren, seitdem ich diese Bestätigung eines Traumsymbols in Ritual und Folklore fand, haben viele Psychoanalytiker dasselbe Symbol in der Dichtung, in religiösen Zeremonien und so weiter wiedererkannt, aber es war eine große Überraschung für mich, als ich es in ganz unverhüllter Form in einem biographischen Film wiederfand. Letztes Jahr in Wien sah ich einen österreichischen Film, der die Lebensgeschichte des populären Operettenkomponisten Emmerich Kálmán (*Gräfin Mariza*, *Die Zirkusprinzessin*, *Sari* u. a.) darstellte. Ich erinnerte mich, daß ich dem Komponisten als junger Mann begegnet war, einige seiner Operetten gesehen und ihre schwungvollen Melodien genossen hatte. Der Film zeigt den jungen, noch unbekannten Komponisten, der arm ist und eine Band in einem Nachtklub dirigiert. Wir sehen, wie er den Vorraum des Klubs betritt und seinen Mantel bei der hübschen jungen Garderobière abgibt. Während er drinnen einen seiner Walzer dirigiert, lauscht

---

* G. W., Bd. XV, S. 24 f.

das Mädchen entzückt. Sie nimmt den Mantel vom Bügel und tanzt mit ihm, als wäre er der junge Mann selbst.

Der Flug der Vögel muß den Menschen der Frühzeit in mehr als einer Hinsicht fasziniert haben, aber sein Hauptinteresse scheint ein sexuelles gewesen zu sein. Die Tatsache, daß sich ein Vogel aus eigener Kraft erheben und fliegen kann, muß den primitiven Menschen und den Menschen des Altertums zu einem Vergleich dieser Fähigkeit mit der Erektion des Penis verleitet haben. Die steinernen Phallus-Symbole Mesopotamiens tragen Flügel, und auf den Wandgemälden der in Pompeji ausgegrabenen Bordelle sieht man den geflügelten Penis. Einer der deutschen Vulgärausdrücke für den Geschlechtsverkehr ist »vögeln«. Die Anspielung auf die Erektion des Penis ist offensichtlich. Diese mysteriöse Kraft, die von den Vögeln auf Menschen übertragen wird, taucht nicht nur in sexuellen Metaphern und Symbolen auf. Jahweh sagt, er habe die Israeliter »auf Adlerschwingen« aus Ägypten fortgetragen. Unlängst drückte ein Musikkritiker die Macht der Musik Mozarts in einem schönen Bild aus: Man hat das Gefühl, von Engelsschwingen berührt zu werden.

Einen ähnlichen symbolischen Ursprung wie der Mantel muß der Hut der Frau haben, denn er taucht in ihren Träumen oft als Ersatz für die männlichen Genitalien auf. Auch die Sprache bestätigt diese unbewußte sexuelle Bedeutung. Der deutsche Ausdruck »unter die Haube kommen« bedeutet heiraten, einen Mann bekommen, denn früher trugen nur die verheirateten Frauen die Haube. Interessant ist, daß dieselbe sexuelle Bedeutung dem Hut auch in den unbewußten Bildungen von Männern zugeschrieben werden muß. Der demokratische Geist Amerikas zeigt sich auch daran, daß kein Mann seinen Hut vor einem anderen Mann zieht.

Der deutsche Schriftsteller Abraham Gotthelf Kastner (1719–1800), der Mathematikprofessor in Göttingen war und Gedichte und politische Essays schrieb, verfaßte 1763 die Klage einer Frau über die Zerstörung der französischen Befestigungen in Göttingen, in der es heißt, daß dort, wo man einst, Myriaden langer, dicker Palisaden tief in enge Löcher eingerammt sah, nur noch leere, weite Löcher übrig seien. Das Epigramm, das rund hundertfünfzig Jahre vor der Psychoanalyse geschrieben wurde, identifiziert Mutter Erde bewußt mit einer symbolischen Vertreterin des weiblichen Körpers.

Die Personifikation des männlichen Genitales ist allgegenwärtig und durchdringt alle Kommunikationsschichten. Eine Patientin nannte ihren Mann »Mister« und seinen Penis »Master« und fragte ihn bei gewissen Gelegenheiten: »Ist der Master zu Hause?« Sie meinte damit, ob er eine Erektion habe und zur Liebe bereit sei. Goethe gab dem Penis in einem seiner Gedichte den Namen Ipse (er selbst). In einem Brief an ihren Geliebten schrieb ein Mädchen: »Ich habe Sehnsucht nach Dir und ihm.«

Es folgt ein Beispiel, bei dessen psychoanalytischer Deutung das unbewußte Wechselspiel der sexuellen Symbolik von Mann und Frau transparent wird. Eine junge Frau ging mit einem Freund ihres Mannes auf der Straße. Er machte ihr schon seit einer Weile den Hof. Während sie stumm seine leidenschaftlichen Worte anhörte, rauchte sie eine Zigarette. In einem gewissen Augenblick stolperte der Mann und stürzte beinahe. Die junge Frau versuchte ihm zu helfen und nahm dabei die Zigarette aus dem Mund. Als sie sie wieder zwischen die Lippen nahm, hielt sie das glühende Ende nach hinten, so daß sie sich die Zunge verbrannte. Hier liegt eine Kombination von Fehlleistungen vor, die zeigt, daß das Unbewußte des einen das des anderen verstand. In dieser »unterirdischen« Kommunikation sind die Fehler beider Kompromißhandlungen, in denen ihre Wünsche und die Selbstbestrafungen dafür gleichzeitig zum Ausdruck kommen. Der junge Mann hatte unbewußt Skrupel bezüglich eines sexuellen Verhältnisses mit der Frau eines Mannes, den er mochte und bewunderte. Die junge Frau drückte durch ihr Versehen ihre unbewußte Abneigung gegen sexuelle Beziehungen zu diesem Mann aus. Die Zigarette hat hier die Funktion eines sexuellen Symbols. Das Stolpern des Mannes stellt unbewußt eine Warnung dar, die er sich selbst erteilt.

Gelegentlich zeigt eine witzige Bemerkung, daß die in unseren Träumen auftauchende sexuelle Symbolik auch auf scherzhafte Weise verwendet wird. Eine Frau sagte in ihrer psychoanalytischen Sitzung: »Mit der sexuellen Erregung der Männer ist es so wie mit diesen neuen automatischen Lifts. Es geht alles viel zu schnell. Kaum kommt man ihnen in die Nähe, gehen sie auch schon in die Höhe, und kaum ist man in einem bestimmten Stockwerk angekommen, da sausen sie auch schon wieder hinunter.«

Ein anderes sexuelles Symbol findet man in Stendhals *Rot und Schwarz*. M. de Renal sagt mit einem derben Lachen: »So sind die Frauen. In ihrer Maschinerie ist immer etwas nicht in Ordnung.« Dieselbe Ansicht drückte ein serbischer Bauer aus, der im Ersten Weltkrieg zu mir sagte: »Mit einer Frau geht es einem wie mit einer Uhr, es gibt immer was zu reparieren.« (Was Männer nicht dazusagen, ist, daß diese heikle, zerbrechliche Maschinerie dem männlichen Organismus im biologischen Sinne überlegen zu sein scheint. Die Biologen sind übereinstimmend der Ansicht, daß Männer weniger Widerstandskraft als

Frauen gegen jede tödliche Krankheit mit Ausnahme von Diabetes haben. Es ist bekannt, daß Frauen im allgemeinen länger leben als Männer. Dr. Edward Bortz kam zu dem Schluß: »Die Natur legt offensichtlich mehr Wert auf das Weibchen, die Erhalterin der Spezies, als auf das Männchen.« Die Frau kann mehr Mißhandlungen ertragen, möglicherweise weil ihre Zellstruktur eine größere Reservekapazität besitzt. Ob sie grausamer ist als der Mann, ist zweifelhaft, aber feststeht, daß sie besser als er ausgerüstet ist, um dem Todestrieb zu widerstehen.)

Männer haben nicht die Neigung, Gegenstände, die sie nicht unmittelbar brauchen werden, in Behälter wie Beutel, Schachteln, Schubladen und Körbe zu legen. Frauen scheinen das Gefühl zu haben, daß solche Dinge nicht offen herumliegen sollten. Als Grund für diesen Eifer, mit dem die Gegenstände weggeräumt und in Behälter getan werden, wird oft Ordnungssinn angegeben. Der Redakteur des New Yorker Magazine, Ross, schimpfte oft: »Dies ist das einzige Büro auf der Welt, in dem Kleister und Scheren in Tischschubladen aufbewahrt werden. Die Frauen tun das. Und wenn sie nicht zur Arbeit erscheinen, darf man nicht einmal fragen, warum.«* Es ist nicht schwer, einige der unbewußten Motive zu erraten, die sich in der hier beschriebenen Gewohnheit der Frauen ausdrücken. Im vulgären amerikanischen Slang wird die Vagina *box* genannt (was man als »Schachtel« oder »Büchse« übersetzen kann; Anm. des Übers.).

Freud wies darauf hin, daß sogar die Selbstmordarten, die von Männern und Frauen bevorzugt werden, eine versteckte sexuelle Symbolik zeigen. Männer erhängen oder erschießen sich meistens, während Frauen Gift oder Ertrinken vorziehen. Im Selbstmord der Männer ist noch der Hinweis auf die männlichen Genitalien erkennbar (der Revolver als Penisersatz – die Erektion beim Erhängen). Das Ertrinken beim Selbstmord der Frau spielt auf die Schwangerschaft an (das intrauterine Leben des von Wasser umgebenen Embryos), und die Einnahme von Gift ist eine Anspielung auf die Schwängerung.

Das Symbol des Hauses für die Frau kann man in einem unlängst erschienenen guten Film, *Marty*, wiederfinden. Eine Frau, deren Sohn sie verlassen hat, um zu heiraten, warnt ihre Freundin, deren Sohn noch ledig ist und bei ihr wohnt, davor, daß auch er sie wegen eines Mädchens verlassen wird. Sie sagt ihrer Freundin, das erste Anzeichen für solche unbewußten Absichten seitens des Sohnes werde Unzufriedenheit mit der Wohnung sein, die er mit seiner Mutter teilt. Kurz nach diesem Gespräch kommt der Sohn, der noch ledig ist, sich aber sehr zu

---

* James Thurber, *The Years with Ross*, Boston 1957.

einem gewissen Mädchen hingezogen fühlt, nach Hause und findet an der alten, schäbigen Wohnung, in der er mit seiner Mutter lebt, allerlei auszusetzen. Es ist sehr zweifelhaft, ob der Drehbuchautor wußte, daß das alte Haus eine symbolische Darstellung der Mutter war.

Dieses letzte Beispiel bietet die Gelegenheit, auf das biologische Schema hinzuweisen, das die sexuelle Symbolik des Hauses oder der Wohnung bestimmt. Ein Heim oder eine Wohnung behaglich einzurichten, ist für eine Frau so natürlich wie für einen Vogel der Bau eines Nests. Der Nestbau ist sozusagen das instinktive Muster, nach dem Hausbau und Inneneinrichtung geformt sind. Indem sie ein Heim für ihren Gefährten macht, setzt die Frau die Vorbereitung ihres Körpers für das ungeborene Kind fort, dessen Vorgänger sein Vater ist.

Die unbewußte Gleichsetzung von Raum und Körper der Frau geht weiter, als sie ahnt. Neulich erklärte mir eine Frau, warum sie für ein bestimmtes Zimmer lieber kleine Tische und Stühle aussuchte als große: die kleineren Möbel lassen den Raum größer erscheinen. Nach demselben Prinzip wählt eine Frau einen Hut oder ein Kleid (wenn sie klug ist) oder sogar das Muster einer Tapete. Mit Ausnahme von Innenarchitekten denken Männer selten in solchen Begriffen an Räume und Möbel. Räume als Ersatz für ihren Körper zu sehen, scheint den meisten Männern fern zu liegen.

Für Frauen ist die Wohnung nicht nur der Ort, an dem sie leben, sondern der Ort, mit dem sie leben. Jeder Winkel ist voll von Erinnerungen an Ereignisse in ihrem Leben und im Leben derer, die ihnen lieb sind und nahestehen. Diese Erinnerungen sind in ihren Gedanken so eng mit bestimmten Stellen innerhalb der Wohnung verbunden, daß sie mit ihnen zusammen ins Gedächtnis zurückgerufen werden. Männer denken im allgemeinen nicht in solchen örtlichen Begriffen, wenn sie sich an etwas erinnern. Die unbewußte Gleichsetzung von Zimmer und Körper wird oft von Frauen selbst bestätigt. Eine Frau, die von Gardinen für das Speisezimmer sprach, verglich die Situation einer Person, die draußen vorbeigeht und in das gardinenlose Zimmer blickt, mit der eines Voyeurs, der eine nackte Frau betrachtet. Das ist eine indirekte Bestätigung meiner Behauptung, daß Gardinen oder Vorhänge für Frauen die unbewußte symbolische Bedeutung von Unterwäsche haben, die die Fenster (als unbewußte Symbole für die Genitalien) bedeckt.

Eine präpsychotische Patientin beklagte sich über ihren Kühlschrank, dessen Zustand ihr Sorgen machte. In ihren Klagen sprach sie aber von einem *Eis*schrank. Ihr Mann hatte sich ihr seit mehreren Jahren nicht mehr sexuell genähert.

Die unbewußte Symbolik wird auf Möbelstücke und andere Teile des Raumes ausgedehnt. Diese weibliche Einstellung kann manchmal helfen, ein scheinbar irrationales Verhalten zu erklären, das Männer verwirrt. Eine Frau weigerte sich, die Bettwäsche ihrer Vorgängerin zu benutzen. Ihr Mann war ein Witwer, dessen erste Frau vor mehreren Jahren gestorben war, aber sie lehnte seinen Vorschlag, die Wäsche mit dem Monogramm der ersten Frau zu benutzen, energisch ab und sagte: »Das wäre so, als würdest du noch mit ihr schlafen.« Für den Mann war diese Behauptung eine reine Laune.

Meine Kenntnis der neuesten psychoanalytischen Literatur ist begrenzt. Ich kann daher nicht die Behauptung wagen, daß dieselbe sexuelle Symbolik, die in Träumen erscheint, in allen Märchen nachgewiesen wurde. Ich bin aber ziemlich sicher, daß der Schuh, der nur Aschenputtel paßt, analytisch als die Vagina gedeutet wurde, die am besten für den Penis (Fuß) des Prinzen paßt. Ich weiß nicht, ob die Dornenhecke, die Dornröschen umgibt, als Hymen und ihre Durchdringung als Defloration verstanden wurde. Einen überraschenden Fund auf dem Gebiet der sexuellen Symbolik in einem Märchen ergab der Vergleich eines Traumelements mit einem Teil der Geschichte von Schneewittchen. Die Träumerin träumte von einem allmächtigen Zwerg, der sich in andere Gestalten verwandeln konnte. In ihren Gedankenassoziationen tauchte der Name Wistik auf. So heißt ein Zwerg und Zauberer, der eine wichtige Rolle in Frederick van Eedens Roman *Der kleine Johannes* spielt. Die Träumerin, eine Holländerin, hatte dieses Buch vor kurzem gelesen. Der allmächtige Zwerg, der verschiedene Gestalten annehmen konnte, ließ sie an das männliche Genitale denken. Die folgenden Gedanken führten sie zu Erinnerungen an Walt Disneys Film *Schneewittchen und die sieben Zwerge*. Sie hatte diese Verfilmung des Märchens ebenfalls vor kurzem gesehen. Plötzlich begann sie zu lachen, weil sie sich an eine Szene des Films erinnerte, in der Schneewittchen mit jedem der Zwerge tanzte. Die Zahl sieben ließ sie an die Zahl der Wochentage denken. Auf diesem Umweg gelangte sie zu dem Gedanken, daß Schneewittchen bei den sieben Zwergen eigentlich Glück hatte: sie konnte täglich Geschlechtsverkehr haben.

Ein Patient, den ich vergeblich davon zu überzeugen versuchte, daß sein immer wieder auftretender Schreibkrampf auf ständige sexuelle Schwierigkeiten hindeutete, fand eine überraschende Bestätigung dieser seltsamen Ansicht. Er sprach einmal mit einer alten Tante (die sicherlich nie etwas von sexueller Symbolik gehört hatte) über ein junges Mädchen. Die Tante lobte dieses Mädchen sehr, während der junge

Mann einige geringschätzige Bemerkungen machte. Die Tante sah ihn an und sagte lächelnd: »Ich bin sicher, daß du schon auf schlechterem Papier geschrieben hast.«

Zwischenspiel

»Recht warm für Mai, nicht wahr?« sagte ich. George und ich waren von der 72nd zur 92nd Street den Riverside Drive entlang gegangen. »Setzen wir uns dort unten auf eine Bank am Fluß. Beim Wasser ist es viel kühler.«

»Gut«, sagte er. »Ich hatte allerdings den Eindruck, daß du beinahe vor Kälte gezittert hast, als ich dir meine Experimente beschrieb.« George, der beinahe zehn Jahre jünger ist als ich, ist Leiter der psychologischen Abteilung an einer Universität im Mittelwesten. Während der letzten halben Stunde hatte er versucht, mich für Experimente zu interessieren, die er durchgeführt hatte und die gewisse psychologische Unterschiede in der Farb- und Tonwahrnehmung seiner Studenten und Studentinnen demonstrieren sollten. »Ich weiß natürlich, daß du vom experimentellen Zweig der Psychologie nicht viel hältst«, meinte er, »aber ich denke, du studierst doch selbst diese grundlegenden Unterschiede.«

»Wenn es dir Spaß macht, diese Experimente zu entwerfen und durchzuführen, soll es mich freuen, aber ich bezweifle, daß sie ein Licht auf die grundlegenden Geschlechtsunterschiede werfen werden. Ich könnte mir aber Experimente vorstellen, die dem Kern des Problems näherkommen.«

»Zum Beispiel?« fragte George. »Ich würde es dir erklären«, sagte ich, »wenn es nicht so phantastisch wäre, daß es deinen Sarkasmus herausfordern würde.«

»Ich habe schon eine Menge phantastischer Dinge von dir gehört, mein lieber Theodor, zum Beispiel einige deiner psychoanalytischen Theorien. Wenn du versprichst, nicht den Geist des entschlafenen Sigmund Freud zu beschwören, will ich dir aufmerksam zuhören.«

»Das Experiment, an das ich dachte, hat bestimmt nichts mit Psychoanalyse zu tun. Es begann als eine Art von wissenschaftlichem Tagtraum. In Wirklichkeit läßt es sich nie ausführen. Ich will mit der ersten Voraussetzung für jedes Experiment beginnen. Es sollte so isoliert wie möglich und unter den günstigsten Umständen vorgenommen werden. Ist das richtig?«

»Richtig. Komm bitte zur Sache.«

Wir setzten uns, und ich fühlte mich gleich viel besser.

»Also, zurück zu meinem imaginären Experiment! Die Situation ist folgende: Der Psychologe, der die beiden Geschlechter miteinander vergleichen will, sieht seine Versuchspersonen nur ›in gemischter Gesellschaft‹.«

»Ich tappe völlig im Dunkeln.«

»Es ist ganz einfach: du als Mann beobachtest Frauen, wie sie sich verhalten und benehmen, wenn sie in Gesellschaft eines Mannes sind. Stell dir nun folgenden Fall vor: einem Mann, einem geschulten Psychologen und guten Beobachter, gelingt es, sagen wir viele Monate lang, unerkannt als Mann nur unter Frauen zu leben. Er ist wie eine Frau gekleidet, benimmt sich wie eine Frau – sofern ein Mann dazu imstande ist –, und niemand zweifelt daran, daß er eine Frau ist.«

»Keine beneidenswerte Lage… Wenn ich mich nicht irre, mußte Herkules drei Jahre lang als Frau unter Frauen leben. Ich weiß im Augenblick nicht, ob das nicht eine seiner ›zwölf Arbeiten‹ war. Jedenfalls war es eine herkulische Aufgabe.«

»Aber gewiß nicht zum Zweck psychologischer Beobachtungen«, sagte ich.

»Lassen wir die sonderbare Voraussetzung deines vorgeschlagenen Experiments gelten. Wozu dient es? Was willst du beweisen?« fragte George.

»Es sollte einige wichtige grundsätzliche Fragen beantworten. Es wäre so etwas wie eine Expedition in unerforschtes Territorium. Eines der ersten Probleme wäre, zum Beispiel, das, von dem wir ausgingen: Wie sehr ändert sich das Benehmen von Frauen in der Gesellschaft von Männern? Wie benehmen sie sich, wenn sie unter sich sind?«

»Denkst du, daß es da nur Geheimnisse gibt, die ihre Toilette und Hygiene betreffen, oder meinst du, daß sie anders miteinander reden und so weiter?«

»Ich dachte in erster Linie an die anderen Anschauungen, zu denen ein männlicher Beobachter unter diesen Umständen gelangen würde. Er würde seine Auffassung von der Weiblichkeit ganz entschieden ändern, wenn er Frauen unter sich sehen könnte. Er würde viele konventionelle und auch einige wissenschaftliche Vorurteile loswerden. Er würde, zum Beispiel, entdecken, daß Frauen im Grunde viel ähnlicher sind, als er zuvor dachte, und dazu noch einige Dinge, von denen sich deine Schulweisheit oder Psychologie nichts träumen läßt.«

George gab es zu. »Zweifellos«, sagte er. »Einige seiner Erlebnisse würden ihn davon überzeugen, daß Frauen nicht die reinen Engel sind. Einige neue Einsichten, die er gewinnt, würden ihn vielleicht ernüchtern und gegen romantische Liebe immun machen. Zuletzt könnte er sich der Meinung des boshaften Bernard Shaw anschließen, der sagte, sich in eine Frau zu verlieben, bedeute, den Unterschied zwischen einer Frau und der anderen zu überschätzen.«

Ich dachte darüber nach und sagte: »Er würde auf alle Fälle viele Überraschungen erleben. Auch einige angenehme. Er würde, zum Beispiel, feststellen, daß Frauen ein besonderes Zartgefühl haben und daß sie oft eine Art von schwesterlicher und hilfsbereiter Haltung im Umgang miteinander entwickeln.«

»Ich kann mir das gut vorstellen«, bemerkte George. »Dein Beobachter wird, nachdem er einige Monate nur unter Frauen gelebt hat, das dringende Bedürfnis nach der Gesellschaft von Männern haben, und sei es nur, um seine Aufzeichnungen über die Psychologie der Frauen mit den ihren zu vergleichen.«

»Möglich. Aber bedenke, daß mein imaginäres Experiment nicht mit dem Bericht endet, in dem der Psychologe nach der Rückkehr von seiner Erkundungsreise seine Erkenntnisse zusammenfaßt. Nun wird eine zweite Expedition vorbereitet. Diesmal wird eine ebenso gut geschulte Beobachterin als Mann verkleidet viele Monate lang nur unter Männern leben. Meinst du nicht, daß sich auch die Ansichten dieser Frau über die Männer, ihre Gebräuche und Gewohnheiten, beträchtlich ändern werden?«

»Gewiß, aber du vergißt, daß diese Art von Experiment schon oft in Wirklichkeit vorgenommen wurde. Zugegeben, nicht als Experiment, sondern aus Gründen der Zweckmäßigkeit, im Krieg und wenn es an Arbeitskräften mangelte. Denk nur an die Krankenschwestern in den Lazaretten und an das Frauenhilfskorps... Übrigens fällt mir gerade ein, daß du nicht in Betracht gezogen hast, wie weit die Gültigkeit deines Experiments durch den Einfluß des sexuellen Faktors gefährdet werden kann. Deine Beobachter, der Mann und die Frau, können nicht völlig gleichgültig mit dem anderen Geschlecht zusammenleben. Sie sind auch nur Menschen. Wie steht es mit den Versuchungen des Fleisches?«

»Wir nehmen den Idealfall an, daß sexuelle Wünsche die Objektivität ihrer Beobachtungen nicht beeinträchtigen würden.«

»Du bist bewundernswert naiv, Theodor. Aber was Frauen, die unter Männern leben, anbetrifft – da gibt es nichts Neues unter der Sonne. Lebte nicht Jeanne d'Arc als Mann gekleidet im Krieg mit den Soldaten zusammen? Mir fällt gerade etwas ein, was ich unlängst las. Bei ihrem Prozeß in Rouen sagten mehrere Obristen, die während des ganzen Feldzugs ihr Zelt mit ihr geteilt hatten, aus, daß sie nie die Versuchung verspürt hatten, sich ihr sexuell zu nähern. Keiner dieser Haudegen empfand das allzu menschliche Verlangen, die Jungfer zu vergewaltigen, und alle betrachteten diesen ungewöhnlichen Mangel an sexueller Versuchung als echten Beweis für ihre Heiligkeit. Ich hoffe um deines Seelenheils willen, daß du ihre Überzeugung teilst.«

»Wir wollen uns nicht durch Anekdoten ablenken lassen, George! Ich behaupte, daß das ausschließliche Zusammensein mit Männern auch die Meinungen der Frau über die Männer bis zu einem gewissen Grad ändern würde. Sie würde, zum Beispiel, schockiert sein über die Grobheit und Brutalität der Männer, sie würde vielleicht ihre Zielstrebigkeit und andere Qualitäten bewundern. Jedenfalls haben wir hier das zweite meiner grundsätzlichen Probleme. Ich nehme an, daß die Frau ihre Meinung über die Männer weit weniger ändern würde als der Mann seine Meinung über die Frauen.«

»Warum glaubst du das?«

»Siehst du, die Sphinx hatte ein Rätsel für Ödipus oder vielmehr sie war ein Rätsel für ihn, aber er war kein Rätsel für sie. Frauen mögen sich manchmal über Männer wundern, aber unser Geschlecht ist gewiß kein Geheimnis für sie.« George stand von der Bank auf. »Hast du dich genug abgekühlt? Gehen wir weiter.«

Wir gingen den Riverside Drive zurück. Plötzlich blieb George stehen, als wäre ihm etwas Neues eingefallen. »Sag einmal, warum könnte das Experiment nicht von einem Psychologen durchgeführt werden, der Hermaphrodit ist? Es muß in unserem Beruf einige geben. Du hast einmal erwähnt, daß einer der Abgeordneten im alten österreichischen Reichsrat angeblich dieser Gruppe angehörte. Du sagtest, daß einmal einer der Abgeordneten, zweifellos das Enfant terrible unter ihnen, die Versammlung mit den Worten anredete: ›Meine Damen und Herren und Sié, mein lieber Stepanovics!‹«

Siebenter Teil
Die Neugierigen und die noch Neugierigeren

1. Was Frauen fühlen

Eine Frau sagt: »Wenn ich nachts nach Hause gehe, habe ich immer Angst, wenn ich einem Mann oder einer Gruppe von Männern begegne. Man weiß nie, was sie tun werden. Sie greifen einen vielleicht an oder schlagen einen nieder. Vor Frauen habe ich nie Angst – nicht einmal vor den niedrigsten Prostituierten im Bordellviertel. Sie beschimpfen einen vielleicht; das Schlimmste, was sie tun können, ist, daß sie einem die Handtasche wegnehmen. Aber ich denke nie daran, daß sie mich angreifen oder töten werden. Frauen sind dazu da, Leben zu geben, nicht, es zu zerstören.«

Eine Frau sagt: »Wenn ich Anne, meine Putzfrau in Woodstock, frage: ›Wie haben Sie Ihren Winter verbracht?‹, sagt sie: ›John war krank.‹ Mehr braucht sie nicht zu sagen. Ich weiß, was das bedeutet, und kann mir vorstellen, was für Sorgen sie hatte, als der Ernährer der Familie krank war und nicht arbeiten konnte. Ich weiß, wie besorgt sie wegen der Kinder war, und daß sie herumlaufen und Arbeit suchen mußte, damit sie ihnen etwas zu essen geben konnte. Ein Mann, zu dem sie sagte ›John war krank‹, würde nicht fühlen, was das bedeutet, und er würde sagen: ›Es freut mich, daß es ihm wieder gut geht.‹«

2. Das Alter

Die Verarmung des Gefühlslebens alter Männer ist gekennzeichnet durch die Leere, die sie empfinden, wenn die Laster der Jugend sie verlassen haben, und durch das Bedauern über versäumte Gelegenheiten und Befriedigungen, die diese Laster geboten hätten. Oft gibt es eine Reue wegen der Sünden, die man unterlassen hat – genau das Gegenteil von dem, was unsere Moralisten predigen.

Ältere Männer, die auf ihr Leben und auf all die Kämpfe und Fehden, die es mit sich brachte, zurückblicken, fragen sich manchmal, wozu das alles gut war. Sie erinnern sich gelegentlich daran, daß sie sich stolz geschworen haben, lieber kämpfend zu sterben, als sich zu ergeben. Und dann erkennen sie manchmal die ganze Nichtigkeit ihres Kampfes: es gab nichts, worum es sich zu kämpfen lohnte. Es muß ein trauriges Erlebnis gewesen sein, als der alte Don Quijote, ernüchtert und seiner Illusionen beraubt, endlich begriff, daß er nicht gegen Riesen, sondern gegen Windmühlen angeritten war.

3. Lügen

Männer lügen vielleicht genau so oft wie Frauen, aber sie sind, verglichen mit dem anderen Geschlecht, rührende Dilettanten. Manche Frauen schöpfen eine Art von künstlerischem Genuß daraus, in Gedanken gewisse Lügen zu proben und zu formulieren, die sie ihren Ehemännern oder Liebhabern erzählen wollen. Sie genießen den Text wie Dichter ihre Verse vor dem Vortrag. Solche Frauen sagen nur in Notfällen die Wahrheit. Männer, die ihre Freude daran haben, auf solche Weise Lügen zu erfinden, und die sich frohlockend die Leichtgläubigkeit ihrer Zuhörer ausmalen, gehören größtenteils der Kategorie der Dichter oder der psychopathischen Persönlichkeiten an. Psychologisch interessant ist hier nicht der Vergleich der Fähigkeit zur Täuschung bei beiden Geschlechtern – die dümmste Frau ist in dieser Hinsicht, verglichen mit einem Mann, ein Genie –, sondern der Genuß der Situation, in der die Lüge ausgesprochen wird.
Unter den Lügen, die Frauen ihren Ehemännern oder Liebhabern erzählen, gibt es viele, die versteckte Wahrheiten sind. Das heißt, sie sind Möglichkeiten, die die Frauen in sich selbst dunkel wahrnehmen und die später Wirklichkeit werden. So werden ihre Lügen mit der Zeit alle wahr.

4. Sich selbst fremd

Die Beziehung der Frau zu ihrem Partner ist um soviel intensiver als die des Mannes zur Frau, daß die Frau oft sich selbst fremd wird, wenn der Mann plötzlich seine Einstellung zu ihr ändert. Sie versteht sich selbst nicht mehr, weil sie nicht sieht, daß es derselbe Mann ist, dessen Liebesobjekt sie gewesen war.

5. Weibliche Ängste

Die meisten Frauen haben insgeheim Angst davor, von den Männern »durchschaut« zu werden, das heißt, sie fürchten, die Männer könnten entdecken, daß sie große Bildungslücken oder keine besondere Intelligenz, eine beschränkte Fähigkeit, gewisse Dinge zu verstehen, oder einen engen Horizont haben. Viele Manöver der Frauen sind Schutzmaßnahmen gegen eine mögliche Bloßstellung ihrer Vortäuschungen. Sie fürchten, daß die Männer entdecken, was der äußere Schein verbirgt, und ihre Oberflächlichkeit sehen. Sie sind sich oft dessen bewußt, daß ihre zur Schau gestellte Intellektualität einen falschen Reichtum verdeckt. In diesem Sinne überschätzen sie die Bedeutung der Intelligenz, so als wäre sie die einzige oder wichtigste Funktion des menschlichen Geistes, und zugleich unterschätzen sie ihre eigenen Qualitäten wie Wahrnehmungsvermögen, intuitives Verstehen, Zartgefühl und Tiefe der Empfindung.

6. Frauenherrschaft

Wenn Frauen die Regierung übernähmen, wenn es (nur noch) Staatsfrauen anstelle von Staatsmännern gäbe, so wären ihre Liebesangelegenheiten immer noch wichtiger als die des Staates. Es ist sehr wahrscheinlich, daß ihr Regime verschiedene Formen annehmen würde, vielleicht sogar eine autoritäre, aber es wäre nie ein Terror-Regime. Und selbst wenn sie eine demokratische Regierungsform wählten, würde Seine Majestät das Kind anerkannt werden.

7. Kleidung

Es ist nicht wahr, daß nur der französische Witz im Hinblick auf die Beziehungen zu Frauen zynisch ist. Auf einem Cartoon wird ein Mann im Gespräch mit einem Freund gezeigt. Er sagt: »Es ist nicht so, daß nur die äußere Erscheinung einer Frau eine Rolle spielt; auch die Unterwäsche ist wichtig.«
Frauen gehorchen auch in ihrer Kleidung mehr als Männer den Gesetzen der Biologie. Ein alter Mann könnte sich gleich anziehen wie sein siebzehnjähriger Enkel. Eine Frau, die ein ebensolches Kleid trüge wie ihre Enkelin, würde sich lächerlich machen.

8. Vernunft

Frauen betrachten manchmal den Verlauf und die Ergebnisse der Gedankengänge eines Mannes mit einer Mischung aus Toleranz, Belustigung und ernsthaftem Zweifel. So muß Sancho Panza die Pläne und abstrakten Gedanken Don Quijotes angehört und die Versponnenheit und Unwirklichkeit der Argumente des Ritters mit Skepsis betrachtet haben. Von einem gewissen psychologischen Standpunkt aus gesehen, erscheinen einem die Meinungen vieler Männer als Dummheit und Engstirnigkeit oder geradezu reiner Wahnsinn, wenn man sie mit der Flexibilität vergleicht, die Frauen in ihren Anschauungen zeigen. Der Berliner Psychiater Karl Bonhoeffer sagte einmal: »Nur die Meinungen von Idioten und Polizisten sind unerschütterlich.«

Wie unfair wir Männer in unserer Einstellung zur Frau sind! Wir wollen, daß sie ihre Unbestimmtheit, ihre Launen und ihre instinktiven Verhaltensweisen aufgibt und nach dem lebt, was wir als »Vernunft« betrachten. Gleichzeitig wollen wir, daß sie weiblich bleibt, und sind enttäuscht, wenn sie männliche Verhaltensmuster annimmt. Es ist, als verlangte man von einem Kind, daß es wie ein Erwachsener handeln und fühlen soll, zugleich aber den Charme und die Natürlichkeit des Kindes behält. Die paradoxe Forderung, vor die sich die Frau gestellt sieht, lautet: »Ändere dich, aber bleib, wie du bist.«

9. Sich ins Unvermeidliche fügen

Es gibt gewisse schwierige oder kritische Situationen im Leben, mit denen man nur fertigwerden kann, wenn man sie vorläufig akzeptiert und hofft, daß die eigene Kraft oder das Schicksal das Problem in der Zukunft lösen wird. Die holländische Sprache hat für diese resignierte Hinnahme den anschaulichen Ausdruck *neerlegen*, was wörtlich niederlegen bedeutet, das heißt: sich nicht zu vergeblicher Aktivität antreiben lassen. Um einen Vergleich aus Hollands jüngster Geschichte zu gebrauchen: Ein Holländer, der während der Besetzung durch die Nazis durch die Straßen von Amsterdam gelaufen wäre und »Nieder mit Hitler!« gerufen hätte, wäre kein Märtyrer gewesen, sondern ein Narr. Er wäre in kürzester Zeit festgenommen und gefoltert oder getötet worden, und seine Demonstration wäre ebenso vergeblich wie sinnlos gewesen. Es war damals vorteilhafter, für den Augenblick die überwältigende Überlegenheit der Nazis zu akzeptieren und im Untergrund auf ihre Vertreibung und Niederlage hinzuarbeiten. In demselben Sinne müssen gewisse unerträgliche Ehen oder berufliche Situationen akzeptiert werden, bis die Zeit für radikale Änderungen reif ist – entweder durch neue Einsichten und erneute Anstrengungen des einzelnen oder durch das Eintreten günstiger Umstände. Man muß die Dinge nehmen, wie sie sind, und das beste hoffen. Auch ein starker Wunsch, den man lange hegt, ist eine emotionale Kraft, die auf Veränderung hinarbeitet.

10. Angst des Mannes

Nichts ist gefährlicher für eine befriedigende emotionale und sexuelle Beziehung zwischen einem Mann und einer Frau als die Angst des Mannes vor der Frau. Angst vor ihr kann zu verzweifelten und heftigen Reaktionen führen, die destruktiver sind als Haß. Vor einer Frau Angst zu haben, wird von einem Mann als demütigender und schädlicher für seine Selbstachtung erlebt, als ihr Sklave zu sein.

11. Tag und Nacht

Die Charakterisierung des Ehelebens ist unvollständig, wenn das tägliche Zusammenleben nicht in den Begriffen von Tag und Nacht beschrieben wird. Ich möchte die Worte, die eine Mutter in Goethes *Hermann und Dorothea* zu ihrem Sohn sagt, mit einer Definition der Ehe vergleichen, die Maupassant mehr als ein Jahrhundert später gab. In Goethes Versen ermutigt die Mutter ihren Sohn, das Mädchen zu heiraten, in das er sich verliebt hat:

> »Daß dir werde die Nacht zur schöneren
> Hälfte des Lebens
> Und die Arbeit des Tag's dir freier
> Und eigner werde.«

Für Maupassant ist die Ehe ein Austausch schlechter Laune bei Tag und schlechter Gerüche in der Nacht! (*»Des mauvaises humeurs pendant le jour et des mauvaises odeurs pendant la nuit.«*)

12. Ein Augenblick der Wahrheit

Eine Patientin, die wegen einer langanhaltenden Depression zur psychoanalytischen Behandlung kam, machte eine Phase durch, in der die intensive Feindseligkeit gegenüber ihrem Mann auf das schärfste ausgedrückt wurde. Ihre kritische Einstellung zu ihrem Mann, die ihr bis dahin nicht bewußt gewesen war, zeigte sich nun in boshaftem Spott. Ihr Wunsch, sich an ihm für viele Kränkungen ihres Stolzes zu rächen, machte sich Luft in lang ausgesponnenen Plänen, ihm Unrecht zuzufügen, ihn zu beschimpfen und zu verfluchen. Einmal, mitten in einer dieser mit vielen Einzelheiten ausgeschmückten aggressiven und beleidigenden Tiraden, sagte sie plötzlich, so als wäre sie über ihre eigene Bosheit und Grausamkeit erstaunt: »Ich bin doch wirklich ein Biest!« Der Psychoanalytiker schwieg. Er befolgte damit nicht nur einen Grundsatz der psychoanalytischen Technik, sondern auch den Rat, einer Dame niemals zu widersprechen.

13. Weibliche Logik

Eine der Aufgaben der zukünftigen Psychologen wird es sein, ein Lehrbuch der weiblichen Logik zu verfassen. Eine solche Einführung in das weibliche Denken würde jeden Mann davon überzeugen, daß die weibliche Logik unfehlbar logisch *ist*, wenngleich sie unlogisch zu sein scheint. Man braucht, um die korrekten Argumentationen des weiblichen Verstandes anzuerkennen, nur einige ungewöhnliche Prämissen zu akzeptieren. Zum Beispiel das Prinzip, daß Gegensätze einander nicht ausschließen, oder die Tatsache, daß $2 + 2 = 4$ nicht bedeutet, daß bei dieser Addition nicht auch einmal 5 oder 6 herauskommt, und so fort. Oder da gibt es, zum Beispiel, das Prinzip der Gleichzeitigkeit, das Männer offenbar nicht begreifen. »Wo ist die Nagelschere? Sie liegt nicht auf dem Toilettentisch«, sagt der Mann. »Natürlich nicht«, antwortet seine Frau. »Sie ist in meinem Badeanzug. Wo sonst sollte sie sein?« – »In deinem Badeanzug?« – »Habe ich dir nicht gesagt, daß ich heute nachmittag an den Strand gehe? Da nehme ich natürlich die Nagelschere mit.«

14. Das Bedürfnis, bewundert zu werden

In ihrem Bedürfnis, bewundert zu werden, sind Frauen nicht immer sehr anspruchsvoll. Eine Frau fühlte sich ein wenig enttäuscht, als ihr einmal der Straßenkehrer, an dem sie jeden Tag auf dem Weg ins Büro vorbeiging, nicht nachsah. Ihr Mann versicherte, sie sei gekränkt, wenn ein Hund, ein Rüde, bei ihrem Kommen nicht mit dem Schwanz wedelt.

Manchmal kommt es zu einem geheimen Konflikt zwischen diesem Wunsch, bewundert zu werden, und den Forderungen des weiblichen Schamgefühls, aber der Wunsch, daß die eigene Schönheit den Betrachter entzückt, behält oft die Oberhand. Würde die Venus von Milo in Verlegenheit geraten, wenn sie wüßte, daß ihre nackte Gestalt von Millionen Männern betrachtet wird? Ich bezweifle es ernsthaft, besonders wenn sie die Gewißheit hätte, daß ihre vollkommenen Formen bewundert werden. Sie würde vielleicht bedauern, daß ihre Statue keine Arme hat und daß diese Millionen Männer sie nicht in ihrer ganzen Schönheit sehen können. Eine vollkommene Figur ist eine ausgezeichnete Garantie gegen ein starkes Schamgefühl.

15. Überschätzung

Die moralische Relativität und Bedeutungslosigkeit mörderischer Wünsche, die wir hegen, läßt sich am besten erkennen, wenn man sie mit den Selbstbestrafungen und übertriebenen Bußen vergleicht, die sich Neurotiker auferlegen. Kein Gericht der Welt würde einen Mörder zu den strengen und barbarischen Strafen verurteilen, die Neurotiker mit Zwangsvorstellungen über sich selbst verhängen. Einer meiner Patienten hatte einmal einen Augenblick der Wahrheit, in dem er diese emotionale Situation klar erkannte. Viele seiner neurotischen Symptome hatten den Charakter einer Selbstbestrafung für verdrängte aggressive Regungen. Im Banne seiner Zwangsvorstellungen hatte er sich zu einer vollständigen gesellschaftlichen Isolation verurteilt, zu einer Art Einzelhaft, die viele Jahre dauerte und durch viele zwanghafte Rituale verschärft wurde, die seine Tage ausfüllten und ihm keine Ruhe ließen. Sie kamen einer Art Zwangsarbeit gleich. Einmal sagte er in einer analytischen Sitzung: »Wie ich mich quäle! All diese Strafen für ein paar Menschen, die ich in Gedanken getötet habe! Wenn man an die Millionen Menschen denkt, die im Krieg umkamen, spielt ihre Zahl überhaupt keine Rolle.«

16. Don Quijote

Ein weibliches Gegenstück zu Don Quijote ist unmöglich, weil Frauen Realisten sind. Das Pferd, das ein Don Quijote unserer Tage reitet, heißt nicht Rosinante, sondern Prinzip. Selbst Damen, die leidenschaftliche Reiterinnen sind, würden ein solches Pferd nie besteigen.

17. Die Schwiegermutter

Für viele junge Frauen ist die Schwiegermutter ein Gegenstand der Angst, für viele junge Ehemänner stellt sie eine Warnung dar, ein Zeichen, das sie daran erinnert, daß ihre Frau einmal so werden könnte wie ihre Mutter. Manche Ehemänner, deren verwitwete Schwiegermütter bei dem jungen Paar wohnen, denken oft, daß die Witwenverbrennung im alten Indien eine sehr vernünftige Einrichtung war.

18. Fingerübungen

Ich beobachtete einmal eine junge Frau, die mit großem, aber gut verborgenem Interesse das kokette Benehmen eines Mädchens verfolgte, das sich lebhaft mit einem Mann unterhielt. Die Beobachterin kannte offenbar die Worte, Gesten und Blicke des Mädchens sehr genau. Ihre große Aufmerksamkeit schien nicht spontan zu sein und hatte beinahe etwas Automatisches. Die Situation erinnerte mich an eine andere: Während der Aufführung einiger Haydn-Quartette saß ich zufällig neben einem bekannten Musiker, der einmal Konzertmeister in einem Orchester gewesen war. Während er den Instrumentalisten zuhörte, bewegte er automatisch seine Finger, als hätte er eine Violine in der Hand, auf der er selbst spielte.

19. Ein Lesefehler

Eine Patientin las Shaws *Mensch und Übermensch* und darin den Satz, daß die Ehe »das Maximum an Versuchung mit dem Maximum an Gelegenheit« kombiniert. Die Patientin, die seit mehr als zwanzig Jahren verheiratet war, las statt dessen jedoch »das Minimum an Versuchung mit dem Maximum an Gelegenheit« und erkannte erst später, daß dies nur auf ihren persönlichen Fall zutraf.

20. Semantische Probleme

Während einer freundschaftlichen Diskussion über die Bedeutung von Wörtern nannte mich ein Mitglied einer semantischen Gesellschaft einen »Anti-Semantiker«. Ich hatte nämlich behauptet, daß die Wissenschaft der Semantik viele wichtige Probleme nicht beachtet. Hier sind zwei davon: Warum verwenden Männer Wörter, die Frauen vermeiden, und warum gebrauchen Frauen Ausdrücke, die im Gespräch von Männern nicht vorkommen? Jede Untersuchung dieses Problems wird zu psychologischen Vergleichen führen. Ein weiteres von der Semantik nicht erforschtes Problem: Warum unterscheiden die meisten hochentwickelten Sprachen zwischen Frau und Mädchen, woman und girl, femme und jeune fille? Und warum gibt es, im Gegensatz zu dieser Unterscheidung, nur selten verschiedene Namen für verheiratete Männer und Junggesellen? Sollte man aus diesem Unterschied nicht den Schluß ziehen, daß die Ehe etwas außerordentlich Wichtiges für die Frau ist, während sie im Leben des Mannes eine geringere Rolle spielt?

21. Amerikanerinnen und Französinnen

Die Unterschiede zwischen amerikanischen und französischen Frauen scheinen darin zu bestehen, daß die Amerikanerinnen viel unabhängiger und selbständiger sind als ihre Schwestern in Frankreich und daß sie Männern gegenüber weniger fügsam sind als die Französinnen allgemein gesprochen. Ich wage nicht zu entscheiden, ob zwischen diesen beiden Tatsachen eine kausale Verbindung besteht, und zitiere lieber einen unserer Hollywood-Stars, der einige Zeit in Paris lebte und über diese Unterschiede befragt wurde. Die Dame sagte: »Amerikanerinnen sind reizend zueinander, aber ekelhaft zu Männern, und Französinnen sind reizend zu Männern, aber ekelhaft zueinander.«

22. Winde

Eine Sozialarbeiterin in den Dreißigern, Jungfrau und eher unhübsch, die in einer Klinik arbeitete, kam zur analytischen Behandlung, weil sie in Gegenwart von Menschen, die für sie in beruflicher Hinsicht wichtig waren, oder manchmal auch bei gewöhnlichen gesellschaftlichen Anlässen von plötzlichen Ängsten heimgesucht wurde. Bei Besprechungen der Mitarbeiter ihrer Klinik nahmen diese Ängste oft einen panikartigen Charakter an, und sie mußte den Raum verlassen. Sie konnte mir keine Auskunft über den Inhalt ihrer Angst geben, die sie selbst verwirrte. Sie konnte mir weder sagen, wovor sie sich fürchtete, noch was diese plötzlichen Angstanfälle auslöste. Den ersten Einblick gewann ich durch die Entzifferung eines Traums. Sie träumte: *Ich bin mit den Psychiatern und Psychologen zusammen, um einen Fall zu diskutieren. Plötzlich weiß ich nicht mehr, ob ich das Gas abgedreht habe oder nicht. Alle Anwesenden sind wachsbleich. Ich öffne die Fenster. Ich bin entsetzt und gehe. Zu Hause hatte ich Angst bei dem Gedanken, was ihnen hätte passieren können.* Die folgende Deutung dieses Traums ließ keinen Zweifel an seiner Bedeutung übrig. Die Patientin litt oft unter Blähungen und war manchmal besorgt, daß sie sich nicht beherrschen könnte. Die heftige Scham und Verlegenheit bei dem Gedanken, daß die im Raum Anwesenden den schlechten Geruch wahrnehmen und erraten würden, daß er von ihr kam, war unbewußt und wurde von ihr nicht als die Ursache der Angst erkannt, die sie erlebte. Der Traum stellt diese Möglichkeit als verwirklicht dar und zeigt in grotesker Übertreibung die Wirkung ihrer Blähungen. Es ist leicht zu erraten, daß die Patientin starke, aber unbewußte aggressive Neigungen gegen die Psychiater und Psychologen in ihrer Klinik hegte. Ohne sich dessen bewußt zu sein, drückt sie ihre scharfe Kritik durch die Regungen aus, ihre Winde fahren zu lassen. Wir wissen aus einer großen Anzahl von klinischen Erfahrungen, daß solche Impulse ein unbewußter Ausdruck von Spott und Verachtung sind. Die emotionale Reaktion auf die Versuchung war die intensive Angst, die meine Patientin auf plötzliche und unerklärliche Weise in Situationen überkam, in denen sie unbewußte Neigungen der beschriebenen Art verspürte.

23. Die beiden Versuchungen

Im Lichte der psychoanalytischen Erkenntnisse sollte es möglich sein, die beiden hauptsächlichen Versuchungen zu definieren, mit denen Männer und Frauen in unserer Kultur zu kämpfen haben. Damit sie ihnen nicht erliegen, hat die Gesellschaft sehr strenge Repressionen entwickelt, aber sie war gezwungen, gewisse Auswege oder Türen offen zu lassen. Diese heftigsten Triebe sind für Männer der Mord und für Frauen die Hingabe an die Prostitution. Klinische Erfahrungen auf psychoanalytischem Gebiet beweisen, daß diese Versuchungen in den verdrängten Phantasien der Männer und Frauen unserer Zivilisation allgegenwärtig sind.

Wir kennen auch die verschiedenen legalisierten Möglichkeiten, die gegen diese Versuchungen errichtete Mauer zu durchbrechen. Die Triebe, die den Menschen zu Mord und Gewalttat verleiten, finden ein Ventil im Vollzug der Todesstrafe innerhalb einer organisierten Gesellschaft und in Kriegen gegen andere Gruppen. Der Versuchung der Prostitution erliegen nicht nur die Frauen, die den Geschlechtsverkehr gegen Bezahlung ausüben, sondern auch jene, die des Geldes wegen heiraten.

Achter Teil
Komplexe und Kompliziertheiten

1. Literarische Assoziationen

Ich wundere mich darüber, daß in den Büchern und Artikeln über die psychoanalytische Deutung literarische Gedankenassoziationen des Analytikers eine so unbedeutende Rolle spielen. Außer in den Werken Freuds findet man nur sehr selten die Erwähnung, daß Erinnerungen an Szenen aus Romanen oder Theaterstücken oder an Verse die Deutung von Träumen oder neurotischen Symptomen ermöglicht oder erleichtert hätten. Meiner Erfahrung nach dienen literarische Assoziationen als wertvolle Hinweise und manchmal als direkte Wege zum Verständnis unbewußter Prozesse. Allein können sie selten das Problem lösen, das Träume oder neurotische Bildungen darstellen, aber ihr Auftreten ist eine bedeutungsvolle Hilfe bei der Aufspürung unbewußter Gedanken. Sie sind wie Bluthunde, die unsere Gedanken auf die Spur der verborgenen Bedeutung unbewußter Prozesse lenken. Einige Beispiele: Ein Mann in mittleren Jahren hatte mehrere sexuelle Affären mit den Frauen älterer Männer, die seine bewunderten und hoch geschätzten Lehrer waren. Er klagte über ein seltsames Symptom. Wenn er sich auszog, um zu Bett zu gehen, hatte er manchmal das Gefühl, er werde gleich entdecken, daß er keinen Penis mehr habe. Als er seine Gedanken in dieser Richtung fortspann, sprach er von einer Angst, die er oft als kleiner Junge erlebt hatte, nämlich, daß ihm ein Hund das Genitale abbeißen würde. Die literarische Gedankenassoziation, die mir in diesem Augenblick kam, war die Erinnerung an zwei Zeilen aus einer spanischen Ballade, die Heinrich Heine einmal zitierte. Ein Ritter liegt in Ketten in einem Kerker, in dem es von Ratten wimmelt, und er klagt: »Ach, sie fressen, ach, sie fressen, womit meistens ich gesündigt.«
Ein anderes Beispiel: Ein Patient, der auf die Fünfzig zuging und mehrere Jahre lang ein in sexueller Hinsicht asketisches Leben geführt hatte, war auf eine besondere Methode verfallen, sinnliche Versuchungen zu überwinden. Jedesmal wenn er sich heftig erregt fühlte, zog er sich rasch aus und nahm eine eiskalte Dusche. Während er diese Prozedur in einer analytischen Sitzung beschrieb, fiel mir der Name des heili-

gen Franz von Assisi ein und damit auch eine Anekdote, die Anatole France einmal über den Pater Seraphicus erzählte.[*] Mitten in einem sehr kalten Winter überkam den Heiligen eine sehr heftige sexuelle Versuchung. Er zerriß sein Gewand und wälzte sich nackt in den schneebedeckten Rosen und Dornen des Klostergartens. Die mit dem Blut des Heiligen besprengten Rosen erblühten auf wunderbare Weise. Seit damals haben die Rosen dieses Gartens dunkle Flecke auf ihren Blütenblättern: Zeichen des Sieges des heiligen Franziskus über den Bösen. Die Nonnen verkaufen diese stigmatisierten Rosen noch, und Anatole France kaufte einige und trug sie als Talisman nahe seinem Herzen, wie er seinem jungen Sekretär berichtete. Er fügte hinzu, daß sie ihn leider nicht so gut gegen die Versuchungen des Fleisches schützten wie den heiligen Franziskus.

Hier nun ein Traum, bei dessen Deutung sich eine literarische Erinnerung als sehr hilfreich erwies. Eine Frau mittleren Alters berichtet den folgenden Traum: »Ich küsse einen Vogel, und ich denke, er ist ganz naß.« Keine Gedankenassoziation der Patientin trug dazu bei, den latenten Trauminhalt zu erhellen. Während dann die Patientin von anderen Dingen sprach, fiel mir auf geheimnisvolle Weise die Balkon-Szene aus *Romeo und Julia* ein. Vergleicht dort Julia ihren Geliebten nicht mit einem Vogel? Hier sind die Verse (II,2):

> *Julia:* Es tagt beinah, ich wollte nun, du gingst;
> Doch weiter nicht, als wie ein tändelnd Mädchen
> Ihr Vögelchen der Hand entschlüpfen läßt,
> Gleich einem Armen in der Banden Druck,
> Und dann zurück ihn zieht am seidnen Faden;
> So liebevoll mißgönnt sie ihm die Freiheit.
> *Romeo:* Wär ich dein Vögelchen!
> *Julia:* Ach wärst du's, Lieber!

Später fiel mir ein, daß der Vogel ja in vielen Träumen als sexuelles Symbol für das männliche Genitale erscheint und manchmal auch, durch Gleichsetzung des Teils mit dem Ganzen, für den Mann. (Man vergleiche den Abschnitt über sexuelle Symbolik in diesem Buch.) Julias Vergleich des Geliebten mit einem Vogel wird daher unbewußt durch diese allgegenwärtige Symbolik bestimmt.

Der Gedankengang, der auf die Schilderung des Traums folgte, lieferte nicht nur eine Bestätigung dieser Deutung, sondern auch das Material für das Verständnis des anderen Teils des Traums. Die Patientin be-

---

[*] Jean Jacques Brousson, *Anatole France en pantoufles*, Paris 1924.

richtete, daß sie und ihr Geliebter am Abend zuvor eine Party besucht hatten. Im Gespräch drückte ihr Geliebter unter dem Einfluß von Alkohol einige politische Ansichten aus, die sie, die Patientin, im höchsten Grade falsch oder dumm fand. Sie schämte sich für ihn, als sie ihn zum Abschied küßte. Als sie mir den Gedankenaustausch (um einen übertriebenen Ausdruck zu gebrauchen) zwischen den Männern schilderte, sagte die Patientin immer: »Der eine Vogel meinte…« und »Der andere Vogel sagte…« Das heißt, sie gebrauchte den amerikanischen Slangausdruck Vogel (*bird*) für Mann. Es ist leicht zu erraten, daß sie im Traum auch einen Slangausdruck für ihre Ansicht gebrauchte, daß die politischen Anschauungen ihres Geliebten dumm waren. (*Wet* = naß hat im Amerikanischen auch die Bedeutung »blöde«. Anm. des Übers.)

Es kommt selten vor, daß ein Psychoanalytiker durch die Beobachtungen und Erfahrungen seiner täglichen Praxis zu literarischen Werken und vor allem zur Belletristik hingeführt wird. Mehrere Bücher und Schriften Freuds und der Psychologen nach Freud bezeugen jedoch, daß gewisse klinische Erfahrungen zu literarischen Forschungen anregen.

Ich möchte hier eine Idee darlegen, auf die ich durch die psychoanalytische Arbeit gekommen bin, ein Beispiel für ein Forschungsprojekt, das in den Bereich der Literaturgeschichte gehört. Die Anregung dazu verdanke ich Einblicken, die ich durch die Beobachtung eines paranoischen Patienten gewann. Im Laufe der Behandlung erzählte mir der junge Mann, daß er Tänzer von Beruf war. Er war im letzten Krieg verwundet und aus der Marine entlassen worden und bekam nun eine kleine Monatsrente vom Staat. Er versicherte mir, daß in Washington, D. C., zwei große Parteien seinetwegen in einen langen und ernsthaften Streit verwickelt waren. Die eine Partei innerhalb der Regierung war davon überzeugt, daß er einer der begabtesten Tänzer war, und wollte seine Rente erhöhen, um ihm den Abschluß seiner Ausbildung zu ermöglichen, damit er eine glänzende Karriere beginnen konnte. Die andere Partei war ihm feindlich gesinnt und wollte ihn durch eine Kürzung seiner Rente und durch Einmischungen in seine persönlichen Angelegenheiten (einschließlich seiner Beziehungen zu Frauen) vernichten und seine Karriere unmöglich machen. Es ist hier nicht nötig, näher auf das Syndrom des Patienten einzugehen und seine Fallgeschichte darzustellen. Nachdem er gegangen war, mußte ich an eine gewisse Romanform mit einer typischen Handlung und an eine bestimmte Periode in der Literaturgeschichte denken. Ich meine den sogenannten Bildungsroman. Die Handlung dieser Art von Roman ist im wesentlichen die folgende: In ihrem Mittelpunkt steht ein junger

Mann, dessen Entwicklung vom Knaben bis zum reifen, tätigen Mann geschildert wird. Seine beruflichen Irrungen und Wirrungen, seine Fehler und Zweifel, seine Liebesangelegenheiten vom Jünglings- bis zum Mannesalter werden verfolgt, bis er endlich seine wahre Berufung erkennt und eine kongeniale Gefährtin findet. Der charakteristische Zug dieser Romanform, den man in zahlreichen Variationen findet, ist, daß eine geheime Gesellschaft wohlwollender und weiser Männer die Entwicklung des jungen Helden verfolgt, den Ahnungslosen leitet, ihn in Gefahren behütet und schließlich zu schöpferischem Wirken und Erlösung führt. Die geheime Gesellschaft hat verschiedene Formen, manchmal ähnelt sie den Freimaurern, manchmal ist sie so etwas wie eine philanthropische oder philosophische Vereinigung. Sie beschäftigt sich vor allem damit, wie der junge Mann unter ihrer Leitung seine Ziele erreicht. In einigen Formen dieses Bildungsromans hat die geheime Gesellschaft gegen eine feindliche Gesellschaft zu kämpfen, die den Helden des Romans zu Fall bringen möchte. Die Unternehmungen und Irrtümer des jungen Mannes, dessen sich die geheime Gesellschaft annimmt, werden oft als Prüfungen dargestellt, die er zu bestehen hat, um seinen Wert und seinen Mut zu beweisen. Die Entwicklung dieser Romanform läßt sich leicht von der Mitte des achtzehnten Jahrhunderts bis zur Gegenwart verfolgen. Der Held ist meistens ein armer oder dem Mittelstand entstammender junger Mann voll Leidenschaft und Ehrgeiz. Die geheime Gesellschaft ist offensichtlich moralistisch oder humanitär eingestellt. Goethes *Wilhelm Meister* und Schillers *Geisterseher* sind die berühmtesten und einflußreichsten Romane dieser Art, Charles Dickens' *Große Erwartungen* ist vielleicht das bekannteste Beispiel in der englischen Literatur. Mozarts *Zauberflöte* folgt in der Handlung demselben typischen Trend.

Der interessante Aspekt des literarischen Problems, das sich hier stellt, ist natürlich die psychologische Frage, warum und wie diese Art von Roman erscheint und welche unbewußte Bedeutung er hat. Seine Verbindungen mit paranoiden Phantasien in Form von Größenwahn und Verfolgungswahn ebenso wie die unbewußten homosexuellen Tendenzen in bezug auf die Vaterfiguren (die geheime Gesellschaft) sind offensichtlich. Wie in den Phantasien meines Patienten über die beiden streitenden Parteien in Washington ist die Vaterfigur, zu der der Sohn ursprünglich eine ambivalente Einstellung hatte, in zwei Teile gespalten: einen gütigen und wohlwollenden in Gestalt der geheimen Gesellschaft und einen bösartigen und gefährlichen in Gestalt ihrer Widersacher. Die psychologische Bedeutung dieser Art von Spaltung, die in ähnlicher Form in den Symptomen paranoischer Patienten zu finden ist, wird eines der Schlüsselprobleme der psychologischen Forschung sein, die am besten von einem mit der Literaturgeschichte vertrauten und an ihr interessierten Psychoanalytiker durchgeführt wird. Da ich selbst zu alt und zu sehr mit anderen Forschungsprojekten beschäftigt bin, kann ich dieses hochinteressante Thema nur der Aufmerksamkeint junger Analytiker anempfehlen. Hier wartet ein schönes ungelöstes Problem darauf, von einem Gelehrten der jungen Generation untersucht zu werden.

2. Märtyrer-Eitelkeit

Wie weit voraus in bezug auf psychologische Einsichten sind viele kreative Schriftsteller uns Psychoanalytikern! Wir brauchten jahrelange Arbeit und klinische Erfahrungen, um zu den definitiven analytischen Konzepten des sozialen Masochismus zu gelangen, die Gustave Flaubert 1875 bereits in seiner *Tentation de saint Antoine* vorwegnahm. In Flauberts Rekonstruktion betrachtet der Heilige alles, was er während seines Lebens in der Wüste durchgemacht hat, und er denkt in seinem Selbstgespräch an alle seine Leiden: »Seit mehr als dreißig Jahren lebe ich nun, immerfort stöhnend, in der Wüste. Ich habe achtzig Pfund Bronze auf dem Rücken getragen wie Eusebius, ich habe meinen Leib den Insektenstichen ausgesetzt wie Makarios, ich habe dreiundfünfzig Nächte kein Auge zugetan wie Pachomius; und jene, die man enthauptet, die man mit Zangen zwickt und die man verbrennt, besitzen vielleicht weniger Tugend als ich, denn mein Leben ist ein unaufhörliches Martyrium.«*

Hier wird nicht nur die Eitelkeit und Prahlerei des Märtyrertums demonstriert, sondern auch der ständige Wettstreit des Anachoreten mit anderen Märtyrern und sein Ehrgeiz, sie im Leiden zu übertreffen. Die Psychoanalyse brauchte beinahe hundert Jahre, um durch ihre Forschungen die unbewußten Trends im Märtyrertum wiederzuentdekken, die Flaubert schon in seiner Charakterisierung des heiligen Antonius erkannte. (Vgl. mein Buch Masochism in Modern Man.**)

---

* Gustave Flaubert, *La Tentation de saint Antoine*, Œuvres complètes, t. 4, p. 46, Club de l'Honnête Homme, Paris 1972.
** Dt.: *Aus Leiden Freuden, Masochismus und Gesellschaft*, Fischer Taschenbuch Bd. 6768.

Ein wesentlicher Ansporn der männlichen Sexualität ist der Drang, die Frau zu entblößen und ihr Geheimnis, die verborgenen Genitalien, zu entdecken. Man fragt sich, was geschehen würde, wenn alle Frauen wieder nackt umhergingen. Würde sich die Hälfte der Menschheit plötzlich in ein Nudistenlager verwandeln? Man könnte voraussagen, daß die Heftigkeit der männlichen Sexualität binnen kurzer Zeit in beträchtlichem Maße reduziert werden würde. Man braucht keine allzu große Vorstellungskraft, um sich eine solche Situation auszudenken, die ein interessantes Gegenstück zu den von Anatole France in *L'Ile des Pinguins* beschriebenen Szenen bilden würde. In diesem bemerkenswerten Bericht über frühe Zeiten sitzt der heilige Mael am Meeresufer und sieht, wie ein Mönch namens Magis Kleider für die Eingeborenen der Insel Alka bringt, die bis dahin nur ihr Geburtstagskostüm gekannt hatten. Magis, dessen Züge sich der Teufel angeeignet hat, warnt den alten Heiligen vor den ernsten Folgen der Verteilung von Kleidern an die Pinguine. »Wenn heute«, sagt er, »ein Pinguin eine Pinguinfrau begehrt, weiß er, was er sich wünscht, und seine Begierde wird gezügelt durch die genaue Kenntnis des ersehnten Gegenstandes.« Er sieht voraus, daß der Mann, wenn die Pinguinfrau bekleidet ist, nicht mehr genau wissen wird, was ihn an ihr anzieht, und daß sich seine Begierde in Tagträumen und Phantastereien ausdrücken wird. Die Pinguinfrauen werden die Augen niederschlagen und so tun, als trügen sie einen Schatz unter ihren Kleidern verborgen. In der folgenden Szene nimmt der Mönch eine Pinguinfrau, die häßlicher als die anderen ist, kleidet sie und verwandelt sie so in den Augen der Eingeborenen – aber auch in seinen eigenen Augen – in ein geheimnisvolles Objekt der Begierden. Später folgen ihr auch alle Männer, die sie sehen. Die Frau tänzelt dahin und schwingt die Hüften, sie ist sich ihres neues Reizes wohl bewußt. Magis weist den Heiligen darauf hin, daß alle Pinguine wie fasziniert auf die Leibesmitte der jungen Frau starren. Der Reiz der weiblichen Gestalt wird erhöht, da die Pinguine, anstatt sie klar zu sehen, gezwungen sind, sie sich im Geiste vorzustellen. Sie glauben, sie würden, wenn sie ihre Schenkel in den Händen halten könnten, den Gipfel der Lust umarmen. Als der alte heilige Mael in seine Einsiedelei zurückkehrt, sieht er schon sechs- oder siebenjährige Pinguinmädchen, die sich Gürtel aus Seetang gemacht haben, den Strand entlang laufen und sich umdrehen, um zu sehen, ob ihnen Männer folgen.

Es ist nicht schwer, sich Szenen vorzustellen, die das hier beschriebene Wunder wieder rückgängig machen würden, Szenen, die die moderne

Welt in ein nicht allzu Rousseau-ähnliches »*Retour à la nature*« verwandeln könnten. Ein heutiger Nachfolger des heiligen Mael, der davon überzeugt ist, daß die Begierde des Mannes durch das Geheimnis des in Kleidern verborgenen Körpers der Frau gesteigert wird, würde die Frauen zwingen, wieder nackt zu gehen. Die sexuelle Begierde würde natürlich bleiben und ihren Lauf nehmen, aber nach einiger Zeit würde sie ihre übertriebene Intensität verlieren und in die Grenzen zurückkehren, die von der Zivilisation überschritten wurden. Der Reiz des Geheimnisvollen und die Anziehung des Verborgenen – starke Komponenten des männlichen Sexualtriebes – würden in diesem Falle ausgeschaltet. Die Sittsamkeit der Frau würde auf das Maß reduziert werden, das man bei den Frauen der australischen Eingeborenen findet. Mit diesen Änderungen würde einer der Faktoren verschwinden, die die Männer dazu veranlassen, sie zu Fall zu bringen und den Widerstand der Frau zu überwinden. Aber würde die Welt der Sexualität durch die Abwesenheit des Geheimnisvollen nicht verarmen? Die Faszination des Unbekannten würde zumindest abgeschwächt werden.

4. Gesten und Blicke

Es gibt Blicke, Bewegungen, Gebärden und Haltungen, die für ein Geschlecht charakteristisch sind und beim anderen selten beobachtet werden. Wir würden von einem Mann kaum sagen, er habe einer Frau »schöne Augen gemacht«. Ein Mann wirft einer Frau selten heimliche Blicke zu; er sieht sie direkt an. Beobachten wir ein Paar, das plaudernd die Straße entlang geht. Man wird gewöhnlich feststellen, daß der Mann geradeaus blickt und nur selten die Frau ansieht, während sie spricht. Sie dagegen betrachtet ihn oft aus den Augenwinkeln. Dieser rasche Blick durch die halb geschlossenen Lider ist selten bei Männern, aber oft bei Frauen zu beobachten. Oder wer hat jemals einen Mann mit untergeschlagenen Beinen in einem Sessel sitzen sehen? Frauen nehmen jedoch diese Haltung oft ein, die für sie offenbar bequem ist und schön wirkt. Ich habe auch noch nie einen Mann gesehen, der sich umdreht und seine Rückseite betrachtet. Frauen sind jedoch ständig mit dieser Seite beschäftigt und müssen feststellen, ob nicht etwa ihr Rock zerknittert ist oder die Strümpfe schief sitzen. Vielleicht hat sogar eine Masche zu laufen begonnen, und all das wäre ohne diese dekorative Körperdrehung unbemerkt geblieben. Wir sehen oft einen Mann, während er nachdenkt, im Zimmer auf und ab gehen, die Hände hinter dem Rücken verschränkt. Oder er steht mit verschränkten Armen regungslos da. Ein einziges Mal, glaube ich, habe ich eine Frau in einer dieser Haltungen gesehen, und bei dieser Gelegenheit ahmte sie einen Mann nach.

Physiologische ebenso wie psychologische und ästhetische Faktoren begünstigen eine bestimmte Haltung bei einem Geschlecht und verhindern sie beim anderen. Ich hatte die Gelegenheit, Jungen auf dem Schulweg zu beobachten, die Bücherstapel trugen. Die meisten trugen sie an der Seite, unter dem rechten Arm. Die Mädchen, die neben ihnen hergingen, trugen jedoch ihre Bücher ganz anders – vor dem Körper oder in der Nähe der Brüste, und sie legten beide Arme um sie. Ich dachte darüber nach und leitete einige psychologische Schlüsse ab, denen ich jedoch mißtraute, bis ich zufällig auf einen Kriminalroman stieß, der die Gedanken, die mir durch den Kopf gegangen waren, eher zu bestätigen als zu widerlegen schien. Die weibliche Heldin, Molly Morrison, ist eine College-Studentin. Einmal geht sie neben einem Dozenten her und trägt viele Bücher bei sich. Während sie neben ihm geht, hat sie das Gefühl, daß sie nicht einmal halb so groß ist wie er. Sie drückt die Bücher gegen ihre Brust, als hielte sie ein neugeborenes Baby. Ich bezweifle, daß die Autorin* dieses Kriminalromans den tieferen Sinn der Deutung, die sie dieser charakteristischen Haltung gab, bewußt erkannte.

Auf diesem Gebiet der vergleichenden Psychologie sind noch Experimente durchzuführen – Experimente, die auch den Skeptiker von der Bedeutung der Unterschiede zwischen den Geschlechtern überzeugen würden. Nehmen wir an, wir bitten eine Frau, uns das Kleid zu beschreiben, das eine gewisse Dame gestern auf der Party trug. Dann ersuchen wir einen Mann, uns den Anzug seines Nachbarn auf der Party zu beschreiben. Von der Frau werden wir einen detaillierten und vollständigen Bericht erhalten, und sie wird mit vielen Gebärden Material, Schnitt und Form des Kleides andeuten. Vom Mann werden wir bestenfalls eine sehr kurze Beschreibung ohne Gebärden bekommen. Unlängst fragte jemand, ob es vorstellbar sei, daß eine Frau ein Kleid ohne Begleitgebärden, sozusagen mit gebundenen Händen, beschreiben könnte. Eine Frau antwortete darauf rasch: »Selbstverständlich! Frauen können einander ein Kleid in allen Einzelheiten am Telefon beschreiben.« Aber in diesem Fall ersetzt ihre Stimme die Gebärden und schildert lebhaft jede Einzelheit des Kleides.

---

* Helen Eusis, *The Horizontal Man*. Zu meinem Bedauern konnte ich das amerikanische Original nicht bekommen. Ich las den Roman in der französischen Fassung (Paris 1957, S. 9), aus der ich diesen Satz zitiere: »*Et elle, à côté de lui, avec le sentiment qu'elle n'atteignait pas la moitié de sa taille, pressant ses livres sur sa poitrine comme un bébé tout neuf.*«

Es würde sich für einen Psychologen lohnen, Gesten, Haltungen und Blicke zu beobachten und aufzuzeichnen, die ein Mann oder eine Frau imitiert, wenn er oder sie das Verhalten eines Angehörigen des anderen Geschlechts parodiert. Bemerkenswert ist, daß man solche spöttischen Darstellungen häufiger bei Männern als bei Frauen findet. Homosexuelle Männer, zum Beispiel, ahmen oft typisch weibliche Gesten und Gesichtsausdrücke nach, um sie zu karikieren.

Die größere Bewußtheit hinsichtlich der eigenen Person, die die Frau durch ihre doppelte Erziehung erwirbt, beschränkt sich nicht nur auf einige Situationen. Sie reicht von der Wahrnehmung, daß die Farbe der Couch, auf der sie sitzt, ihr Kleid zur Geltung kommen läßt, bis zu der Vorsicht, mit der sie kurz darauf so lächeln wird, daß ihr Mund am hübschesten wirkt. Eine Frau ist ohne weiteres imstande, eine Gebärde der Verzweiflung anzudeuten und zugleich ihre Frisur in Ordnung zu bringen.

Verglichen mit dem durchschnittlichen Mann, sind sich Frauen ihrer selbst gewiß stärker bewußt, vor allem im Hinblick auf die Wirkung, die sie erzielen. Das zeigt sich in ihrem Verhalten während eines Gefühlsausbruchs. Ein Student der Psychoanalyse beschrieb mir lebhaft die Szene, die ihm eine neurotische Patientin während ihrer psychotherapeutischen Behandlung machte. Sie geriet im höchsten Grade außer sich. Heftige Gesten und Worte verrieten ihre Feindseligkeit gegen den Therapeuten, den sie mit Beschuldigungen und Kränkungen überhäufte. Der Therapeut ließ den Sturm geduldig toben, er reagierte nicht, sondern hörte nur stoisch zu. Plötzlich sagte die Patientin mit ruhiger Stimme: »Es funktioniert nicht.« Dann sprach sie wieder auf ihre übliche, gleichgültige Art. Sie muß erwartet haben, daß der Psychiater auf ihren Ausbruch entweder seinerseits mit beleidigenden Worten oder mit Ausdrücken des Bedauerns oder des Mitgefühls reagierte. Als sie erkannte, daß ihr Manöver fehlgeschlagen war, konnte sie zu ihrem vorausgegangenen emotional unbeteiligten Verhalten zurückkehren.

In solchen Fällen ist nicht nur die manipulierende Funktion des emotionalen Ausdrucks bemerkenswert, sondern auch die Selbstbeherrschung während der Manifestation scheinbar völlig spontaner und heftiger Gefühle. Ein objektiver Beobachter wird verstehen, daß diese Beherrschung auch während des Gefühlsausbruchs vorhanden ist und verhindert, daß er das Maß überschreitet und damit seine Wirkung verliert. Die Situation erinnert mich an eine kleine Anekdote, die man mir in Wien erzählte. Ein kleiner Junge stand vor einem Springbrunnen in einem Wiener Park, taub für die Bitten seiner Mutter, sich zu beeilen und mit ihr nach Hause zu gehen. Er sah fasziniert zu, wie das Wasser in einem großen Sprühregen in das Becken fiel. »Mein Gott, warum gehst du denn nicht weiter?« fragte seine Mutter ratlos. Seine unerwartete Antwort lautete: »Ich möchte warten, bis das Becken voll ist und überfließt.« Es scheint, daß die Frau zwar »sprüht«, aber sorgfältig darauf bedacht ist, niemals überzufließen. Sie läßt den Mann genannten großen Jungen verzaubert und verwirrt dastehen, während sie eine große Szene macht und gleichzeitig seine Reaktion beobachtet.

5. Beine

Ungläubige leugnen, daß es heutzutage noch Wunder gibt. Aber wer hat noch nicht gesehen, wie die Erhöhung der Schuhabsätze um einige Zentimeter eine Frau in den Augen eines Mannes verwandeln kann? Hohe Absätze vollbringen ein Wunder, das aus dem weiblichen Bein etwas macht, was weit über das Wesen eines Körpergliedes hinausgeht. Frauenstrümpfe sind gewöhnlich von hellerer Farbe als das Kleid, um die Schönheit eines wohlgeformten Beins am besten zur Geltung zu bringen. Dazu kommt, daß der Blick des Mannes das Bein hinaufgleitet bis zum Saum des Kleides, unter dem für ihn das Geheimnis des Unbekannten beginnt.

Es wird allgemein anerkannt, daß Schuhe mit hohen Absätzen für den Mann attraktiver sind als flache Schuhe. Wir wissen aus Freuds Analyse des Fetischismus, welches die unbewußten Gründe für diese Bevorzugung sind. Die sexuelle Anziehung, die von Strümpfen und hohen Absätzen ausgeht, läßt klar erkennen, daß in den meisten Männern eine Art von Beinfetischismus am Werk ist. Frauen scheinen das unbewußt zu wissen.

Der Ausdruck Blaustrumpf als Bezeichnung für eine Frau, die an Literatur und Wissenschaft interessiert und zugleich pedantisch ist, wurde zu Dr. Johnsons Zeit zum erstenmal gebraucht. Wenn wir in Gedanken ein Experiment anstellen und uns vorstellen könnten, daß damals (vor mehr als dreihundert Jahren) die Mode dieselbe gewesen wäre wie heute, dürften wir eines als sehr wahrscheinlich annehmen: selbst in dem fanatischsten Blaustrumpf wäre ein geheimer oder verleugneter Wunsch lebendig gewesen, die feinsten nahtlosen Nylonstrümpfe zu tragen.

6. Gleichheit

Plutarch berichtet, daß König Philipp von Makedonien (383–336 v. Chr.), der Vater Alexanders des Großen, einmal eine Frau zu erobern versuchte, indem er sie gegen ihren Willen zu sich bringen ließ. »Laß mich gehen«, sagte sie, »denn wenn die Kerze aus ist, sind alle Frauen gleich.« Eine solche Offenheit in bezug auf ihr Geschlecht findet man bei Frauen selten. Sie wird in diesem besonderen Fall durch die mangelnde Bereitschaft der Frau, dem Begehren des Mannes nachzugeben, erklärt. Sie hätte alles getan, um ihn zu entmutigen. Aber tief im Innersten sind Frauen davon überzeugt, daß es keine allzu großen Unterschiede zwischen ihnen gibt. Um den Betrachter über ihre Ähnlichkeit hinwegzutäuschen, versuchen sie, bekleidet oder unbekleidet, so unterschiedlich wie möglich auszusehen.

Frauen fühlen sich selten gekränkt, wenn ein Mann eine verallgemeinernde Bemerkung über Frauen macht – selbst wenn es eine abträgliche Feststellung ist. Welche Frau fühlt sich beleidigt durch Worte wie: »Schwachheit, dein Nam' ist Weib« oder »La donna è mobile«? Jede Frau weiß, daß der erste Satz nur in einem sehr beschränkten Umfang wahr ist, und jede einzelne von ihnen weiß auch, wie stark eine Frau wirklich sein kann, wenn es sein muß. Frauen haben nicht sehr viel dagegen, wenn Männer sie allgemein wankelmütig oder unvernünftig nennen. Sie grausam und unergründlich zu nennen, würde ihnen sogar schmeicheln. Bösartige Schmähungen und Anschuldigungen der Frauen im allgemeinen werden – solange sie maßvoll formuliert sind – keine starken Einwände hervorrufen. Eine Behauptung gibt es jedoch, die beinahe alle Frauen als beleidigend und als tiefe Kränkung empfinden, nämlich die, daß eine Frau wie die andere ist. Eine solche Anschauung nimmt der Frau das Privileg, sich ganz anders zu fühlen als alle anderen Angehörigen ihres Geschlechts. Es steckt eine Gefahr für sie in dem Gedanken, daß sie ihrem Mann nicht unvergleichlich erscheinen könnte. Er soll das Gefühl haben, daß er sie auserwählt hat, weil sie nichts mit anderen Frauen gemein hat. Soll der Mann sie schlechter oder besser nennen als alle anderen Frauen, aber – o Gott! – nicht gleich wie alle anderen! Diese Möglichkeit einer »Gleichheit« aller Frauen wird von ihnen als die größte Drohung empfunden. Tausendmal lieber eine Teufelin sein als ein Engel in einer Armee von einander gleichenden Engeln! In den New Yorker Zeitungen wird zur Zeit die Premiere eines Stückes annonciert. Es hat den Titel: »Alle Frauen sind eins.« Der Autor hat Glück, wenn er die Premiere heil übersteht. Der weibliche Teil der Zuschauer könnte sich versucht fühlen, ihn zu steinigen. Was für ein Titel für ein Theaterstück! »Eine Frau kann alle Frauen sein« (nämlich für einen Mann) wäre besser angebracht.

7. Zur Psychologie des Masochismus

Gewisse Formen masochistischer Handlungen und Phantasien lassen sich nicht erklären, solange es nicht gelingt, die – vollzogenen oder vorgestellten – perversen Praktiken auf sehr frühe kindliche Verhaltensmuster zurückzuführen. Einer meiner Patienten fand große sexuelle Befriedigung in einem Ritual, dessen Höhepunkt darin bestand, daß sich die nackte Frau so auf sein Gesicht setzte, daß er beinahe erstickte. Das infantile Vorbild für dieses Ritual war eine Art Balgerei mit dem jüngeren Bruder, bei der sich der Sieger auf den Besiegten setzte und damit von ihm Besitz ergriff. Die Sexualisierung und Rollenumkehr führte viel später zu der beschriebenen perversen Praktik. Es gibt viele Masochisten, die besonders erregt werden, wenn Frauen, die auf ihnen sitzen, auf sie urinieren oder defäkieren. Diese Praktik ist besonders unbegreiflich, wenn man sie nicht als Fortsetzung einer infantilen Phase oder als Regression versteht. Wenn die Rollenumkehr aufgelöst wird, was bei der psychoanalytischen Deutung masochistischer Praktiken nötig ist, wird das infantile Muster sichtbar, nämlich der Wunsch, die *Frau* zu beschmutzen. Die genital-sexuelle Befriedigung wird in der Perversion durch eine frühere Form ersetzt, bei der die Entleerung als lustvoll empfunden wurde. Die Rückkehr von der genitalen Sexualität zu dem frühen Entleerungsmuster wird natürlich von unbewußten Tendenzen begleitet, das Objekt zu erniedrigen und zu entwürdigen. Die Rolle der aggressiven und sadistischen Komponenten ist in diesem Stadium der reifen Sexualität sehr klar. Es wäre jedoch irreführend anzunehmen, daß diese Komponente innerhalb der sexuellen Befriedigung der wichtigste Zug der perversen Handlung sei. Die ursprüngliche Natur der Neigung, auf die Frau zu urinieren oder defäkieren, ist nicht feindselig oder erniedrigend – beinahe im Gegenteil. Der Säugling beschmutzt nur Menschen, die er liebt. Wie jede Säuglingsschwester bestätigen wird, ist das Beschmutzen eines Menschen mit Kot oder Urin ein infantiles Zeichen von Zuneigung.

Hier kann man sich nur fragen, warum eine analoge Phantasie oder Praktik bei Frauen selten zu finden ist. Masochistische Praktiken sind im allgemeinen bei Frauen nicht sehr häufig, und wenn sie vorhanden sind, nehmen sie nicht dieselbe Form an. Es fallen einem unmittelbar zwei Gründe dafür ein, daß die »Entleerungsform« masochistischer Phantasien und Praktiken bei Frauen nicht so leicht vorkommt wie bei Männern. Der erste ist natürlich der, daß die sadistischen und aggressiven Neigungen, die beim Masochismus in der Umkehrung auftreten, bei Frauen im allgemeinen nicht so stark entwickelt sind wie bei Männern, so daß ihre Verarbeitung nicht so dringend nötig ist wie beim Mann. Außerdem ist die Regression auf das frühe Muster der Entleerung für Frauen erschwert, da der Ausscheidungsprozeß bei Mädchen in einer früheren Phase von starken Schamgefühlen begleitet ist als bei Jungen. Die Rückkehr zu dem Stadium vor der Scham stößt daher auf mehr und größere Hindernisse als bei Männern.

Um diesen Abschnitt über die Psychologie des Masochismus abzurunden, soll eine Phantasie zitiert werden, bei der der Patient durch die Beschreibung des Zeremoniells des Ritterschlags am britischen Hof sexuell erregt wird. Die Königin berührt die Schulter des Edelmanns mit einem Schwert und spricht ihn mit seinem neuen Titel an: »Erhebt Euch, Lord...«

Dem Patienten erschien diese Szene als typisch masochistisch. Die Königin als Vertreterin aller Frauen vollzieht (durch die Berührung mit dem Schwert) eine leichte Bestrafung und erregt durch den symbolischen Akt den Mann sexuell, sie bewirkt bei ihm eine Erektion. (»Erhebt Euch, Lord...«)

8. Die Einschätzung des anderen Geschlechts

Die allgemeine Einschätzung des anderen Geschlechts variiert sowohl individuell als auch in den verschiedenen Altersstufen. Man kann jedoch feststellen, daß sie bei Frauen viel stabiler ist als bei Männern und daß die unvermeidlichen Schwankungen in den Anschauungen der Frauen über die Männer nicht so groß und heftig sind wie im umgekehrten Fall. Frauen, die in ihren Einstellungen viel realistischer sind als Männer, lassen sich nicht so leicht durch romantische Liebe blenden, und sie neigen nicht so sehr dazu, den Geliebten zu verehren und dann plötzlich eine tiefe Verachtung des anderen Geschlechts an den Tag zu legen. Sie halten die Männer nicht für Engel, aber sie sehen in ihnen auch nur selten Teufel in Menschengestalt.

Die Schwankungen der Anschauungen der Männer über die Frauen gehen in beiden Richtungen erstaunlich weit. Die Idealisierung und die Erniedrigung der Frau können in demselben Mann auf eine solche

Weise nebeneinander existieren, daß die eine Tendenz die andere nicht zu beeinträchtigen scheint.

Als repräsentatives Beispiel können wir Goethe nehmen, der zweifellos ein *homme à femmes* war – auch in dem Sinne, daß er unermüdlich die veredelnde Kraft der Frau pries. Der Gipfel der Idealisierung der Frau wird in den letzten Versen seines *Faust* erreicht:

> »Das Unbeschreibliche
> Hier ist es getan.
> Das Ewigweibliche
> Zieht uns hinan.«

Gretchen erscheint in der Schlußszene der Tragödie in Gesellschaft der Mater gloriosa, sozusagen als irdische Verkörperung der Heiligen Jungfrau, die die Allmutter ist, das erhabenste Bild des Frauentums. Das Ewigweibliche wird hier nicht nur verehrt, sondern verklärt – nicht nur idealisiert, sondern in ein Idol verwandelt.

Goethes Anschauung von der Frau hat aber noch einen anderen, der Verehrung entgegengesetzten, Aspekt: einen zynischen, ja geradezu satanischen. Im Gegensatz zur Verherrlichung der Frau zeigt sich ein starker Drang zur Verspottung und Erniedrigung in Goethes Alter ego, das auf die Gestalt Mephistos projiziert ist. Man vergleiche die letzte Szene Fausts, seinen Aufstieg in himmlische Regionen und seine Erlösung durch Gretchen mit der klassischen Walpurgisnacht, in der Fausts anderes Ich, Mephisto genannt, den lieblichen, flüchtigen Gestalten der Lamien nachjagt und ruft:

> »Verflucht Geschick! Betrogne Mannsen!
> Von Adam her verführte Hansen!
> Alt wird man wohl, wer aber klug?
> Warst du nicht schon vernarrt genug?
> Man weiß: das Volk taugt aus dem Grunde nichts,
> Geschnürten Leibs, geschminkten Angesichts.
> Nichts haben sie Gesundes zu erwidern,
> Wo man sie anfaßt, morsch in allen Gliedern.
> Man weiß, man sieht's, man kann es greifen,
> Und dennoch tanzt man, wenn die Luder pfeifen!«

Hier finden wir wilde Rebellion gegen die sexuelle Macht der Frau, eine Revolte gegen eine Anziehung, deren Mangel an Substanz und Wert klar erkannt wird. Man kann Mephistos Aufschrei mit ebenso gutem Recht als den endgültigen Ausdruck der Anschauung Goethes vom Ewigweiblichen auffassen wie die Verse, die die Frau verklären. Der analytische Ausdruck Ambivalenz reicht sicherlich nicht aus, um die emotionale Dualität zu beschreiben, wie sie hier – und in den meisten Männern zu gewissen Zeiten – erscheint.

Die Notwendigkeit, den Mann zu vergöttern und zu verehren, ist der Frau ebenso fremd wie der Drang, ihn zu erniedrigen und so weit abzuwerten, daß er geringer ist als Staub.

Neunter Teil
Offene Geheimnisse

1. Andere Freuden, andere Leiden

Es gibt für Frauen Freuden und Befriedigungen, die Männern verschlossen bleiben, zum Beispiel die Genugtuung, die man aus dem Neid anderer Frauen schöpft, wenn sie einen – das heißt: eine Frau – in einem neuen, eleganten Kleid sehen. Der von einem jungen Mädchen vorausgesehene Neid der Freundinnen, weil es beliebter ist oder mehr Verabredungen hat als andere, findet später eine Fortsetzung in der bei anderen Frauen vorausgesetzten Eifersucht wegen eines einflußreichen oder wohlhabenderen Ehemanns, einer eleganteren Wohnung oder hübscherer Kinder. Der Gedanke oder die Vorstellung, daß andere Frauen – vor allem Freundinnen – vor Neid zerspringen werden, wenn sie einen in einem todschicken neuen Kleid sehen, ist nicht nur ein immanenter Teil der Befriedigung, die eine Frau vor dem Spiegel empfindet, bevor sie ausgeht, sondern auch ein zusätzliches Stimulans, so etwas wie ein Gewürz, das einer guten Speise zugesetzt wird. Keine Frau ist unempfänglich für den Ausdruck in den Gesichtern anderer Frauen, wenn sie in einem schönen Kleid einen Raum betritt.

Andererseits kennen Frauen kummervolle Erlebnisse oder Sorgen, die Männer nicht leicht verstehen. Ein Mann muß seine Phantasie anstrengen, um sich in den Kummer einer Frau einzufühlen, die eine Wohnung verläßt, in der sie einige Jahre gelebt hat, und ihre Trauer zu teilen, besonders wenn sie in eine bessere Wohnung umzieht. Ebenso schwierig ist es für einen Mann zu verstehen, warum seine Frau weint, wenn sie ihr Kind zum erstenmal in die Schule gehen sieht.

2. Selbstbetrachtung

Eine Frau kommt von einem Mann, der ihr eine Liebeserklärung gemacht hat: sie blickt in den Spiegel und findet darin einen neuen Menschen. Sie betrachtet sich mit größerer Befriedigung und einer Selbstachtung, die durch das Wissen gesteigert wird, daß sie geliebt wird.

Wenn ein Mann nach der ersten Erkenntnis, daß er von einer Frau geliebt wird, überhaupt in den Spiegel blickte, würde er keine Veränderung an sich feststellen. Er könnte sich allenfalls über den Geschmack der Frau wundern. Frauen denken viel häufiger und leichter über den Eindruck nach, den sie auf andere – Männer oder Frauen – machen. Diese Möglichkeit, sich selbst mit den Augen anderer zu sehen, ist eine besondere Gabe der Frauen. Sie betrifft ihre äußere Erscheinung ebenso wie ihr sittliches Verhalten und sieht die Meinung, die Männer von ihnen haben, und den Klatsch ihrer besten Freundinnen voraus.

Eine Patientin, die von ihrem Geliebten kritisiert worden war, begann sich zu hassen, als er gegangen war, und entdeckte viele Fehler an sich. Es war, als hätte sie ihn introjiziert und dann gegen sich selbst gewandt. Eine solche masochistische Selbstquälerei, die durch die Kritik einer Frau ausgelöst wird, findet man selten bei Männern.

Es gibt, mitten am Tag und während ihre Weiblichkeit voll akzeptiert wird, einige sehr nüchterne Gedanken, die Frauen in bezug auf sich selbst haben. Man bekommt sie nicht oft zu hören, vor allem, wenn man ein Mann ist. Hier sind einige, die aus dem Material psychoanalytischer Sitzungen stammen: Eine Frau, die lange vor dem Spiegel sitzt und mit ihrem Make-up beschäftigt ist, denkt: »Wie lästig das doch alles ist!« Eine andere Frau, die den größten Teil des Nachmittags damit verbringt, das Abendessen für ihren Mann zu kochen: »Die ganze Arbeit für *einen* Mann!« Ein Mädchen, das ans Heiraten denkt: »Und warum sollte ein Mann so hart arbeiten, um mich und meine Kinder zu ernähren? Was habe ich zu bieten?«

3. Gespräche über den Ehepartner

Männer, die sich mit anderen Männern unterhalten, sprechen selten über ihre Frauen, während Frauen mit ihren Freundinnen oft über ihre Männer sprechen. Das scheint etwas mit der größeren Rolle zu tun zu haben, die der Mann im Leben der Frau spielt. Die Rolle der Frau scheint im Leben des durchschnittlichen Mannes weniger wichtig zu sein. Vielleicht ist hier auch die Tatsache von Bedeutung, daß sich Frauen leichter miteinander verständigen. Dazu kommt noch ein anderer Faktor, eine gesellschaftliche Tradition in Form eines stillschweigenden Übereinkommens, daß ein Gentleman mit anderen Männern nicht über seine Frau oder seine Geliebte spricht.

Einer der ersten amerikanischen Patienten, die ich nach dem Ersten Weltkrieg in Wien behandelte, war ein typischer Neu-Engländer, ein

Mann von etwa fünfunddreißig Jahren, der einer gesellschaftlich einflußreichen Bostoner Familie angehörte. In den ersten Wochen der Psychoanalyse sprach er offen von seinen Kindheits- und Jugenderinnerungen, von Schule und Sport, vom Leben mit seinen Brüdern, seinem Vater und seinen Freunden. Ich drückte schließlich mein Erstaunen darüber aus, daß er seine Mutter nicht erwähnt hatte. Der Patient antwortete: »Ein Gentleman spricht nicht über seine Mutter oder seine Religion.« Nur langsam gelang es mir, diese Hemmung zu überwinden, und ich mußte mich ebenso anstrengen, als sich zeigte, daß der Patient nur sehr unwillig Klagen über seine Frau äußerte. Kurz darauf wurde ich von mehreren amerikanischen Frauen aus einem ähnlichen Milieu konsultiert. Sie kannten diese Hemmungen nicht, wenn sie von ihren Vätern und Ehemännern sprachen. In den letzten Jahrzehnten hat sich die Situation geändert, aber Frauen äußern ihre Klagen über ihre Ehemänner und Liebhaber immer noch viel leichter und freier als Männer, die von ihren Frauen sprechen. Männer beklagen sich über ihre Frauen im allgemeinen nicht ihren Freunden gegenüber. Eher sprechen sie mit Barmixern über ihre Frauen, das heißt unter dem Einfluß von Alkohol. Frauen brauchen die Stimulierung durch den Alkohol, der Hemmungen beseitigt, nicht, um sich im Gespräch mit Freundinnen über ihre Ehemänner zu beklagen.

Wenn die »Jungs« beisammen sind, kann man gelegentlich einen Satz wie diesen hören: »Mein Hausdrachen hätte mich heute abend beinahe nicht fortgehen lassen.« Gemeint ist die Frau. Auch bei Kaffeekränzchen wird die eine oder andere Frau einmal sagen: »Mein Herr und Gebieter wollte wissen, wo ich hingehe.« Der Unterschied der – beide Male ironisch gemeinten – Ausdrucksweise springt ins Auge.

4. Sublimierung

Wie Freud in seinen posthumen Schriften betonte, ist die Sexualität ihrer Natur nach männlich – auch wenn sie bei Frauen auftritt. Unter den vielen Fragen, die die Psychoanalyse auf diesem Gebiet stellt, muß das Problem der Sublimierung neu in Angriff genommen werden. Die Sublimierung ist ein von Freud postulierter Vorgang, der darin besteht, daß der Geschlechtstrieb auf ein anderes Ziel als die sexuelle Befriedigung gerichtet wird. Die Betonung liegt bei diesem Prozeß auf der Ablenkung vom sexuellen Ziel. Mir scheint, daß die Sublimierung des reinen Sexualtriebs selbst unmöglich ist. Nur der Teil der Ichtriebe, der mit dem Sexualtrieb verschmolzen ist, kann sublimiert werden. Der

Sexualtrieb in seiner organischen Natur kann ebensowenig sublimiert werden, wie die anderen Grundtriebe des Körpers – zu essen, zu trinken, zu defäkieren oder zu urinieren. Sie können nicht von ihrem ursprünglichen Ziel abgelenkt werden. Ihre Energie kann nicht auf andere Weise verbraucht werden. Romeo, der zu Julias Balkon hinaufsteigt, ist sicherlich von dem Wunsch beherrscht, sich sexuell mit ihr zu vereinigen, aber die Energie, die er auf das Klettern verwendet, ist ihrer Natur nach durch Eigenschaften der Ichtriebe bestimmt und ebensowenig sexueller Art wie die Ersteigung eines Gipfels durch einen Bergsteiger. In seinen reinsten Manifestationen hat der Sexualtrieb mit der Sicherheit und dem Überleben des Individuums nichts zu tun. Der Auerhahn achtet zur Balzzeit nicht auf den Jäger und kann leicht erlegt werden. Der Sexualtrieb ist eine biologische Kraft und ebenso unbezwingbar wie andere elementare Naturkräfte. Karl Kraus verglich einmal die Rolle, die die Moral auf dem Gebiet der Sexualität spielt, mit der Maßnahme, die der Perserkönig Xerxes ergriff, um die stürmischen Wogen des Meeres zu zähmen: er versuchte sie in Ketten zu legen.

5. Die Wiederkehr der Ödipus-Situation

Unter vielen Verkleidungen taucht oft plötzlich eine Erinnerungsspur der infantilen Ödipus-Situation wieder im Leben erwachsener Männer und Frauen auf. Einem Mann, der versucht war, eine sexuelle Beziehung zu einer älteren Frau, der Mutter von zwei Kindern, aufzunehmen, fiel plötzlich ein Satz ein, den er als Kind oft von seiner Mutter gehört hatte: »Anschauen, aber nicht anfassen!«

Eine Patientin, die nun auf die Fünfzig zugeht, berichtet ihrem Psychoanalytiker, daß sie als Teenager eine lange Phase der Promiskuität durchmachte. Sie führte ein Doppelleben. Zu Hause spielte sie das sittsame junge Mädchen, dessen Verabredungen mit jungen Männern harmlose gesellschaftliche Ereignisse waren, Theater- und Konzertbesuche, Parties. In Wirklichkeit schlief sie ziemlich wahllos mit verschiedenen jungen Männern. Bei diesen sexuellen Erlebnissen betrachtete sie es als eine Art Einladung zum Geschlechtsverkehr, wenn sie dem Mann die Zunge in den Mund steckte. Sie war davon überzeugt, daß Männer auf diese Art von Zärtlichkeit beinahe immer auf die richtige Weise reagierten. Wenn das Mädchen nach dem Abendessen fortging, um sich mit einem jungen Mann zu treffen, gab es der Mutter und dem Vater einen Gutenachtkuß. Als sie ihrem Vater einmal bei einer solchen Gelegenheit gute Nacht sagte, fühlte sie plötzlich den heftigen

Drang, ihm die Zunge in den Mund zu stecken. Sie war daraufhin entsetzt und fühlte sich elend. Instinktiv erkannte sie die Bedeutung dieses Impulses, der die Wiederkehr inzestuöser Neigungen aus dem Bereich des Verdrängten kennzeichnete.

Eine junge Frau, die nach New York gekommen war, um Kunst zu studieren, hatte ein möbliertes Zimmer bei einer alten Dame gemietet, die sie gut leiden konnte. Die Studentin verliebte sich in einen jungen Mann, der ihr den Hof machte und sie drängte, eine sexuelle Beziehung mit ihm aufzunehmen. Sie widerstand ihm, obwohl sie sich sehr stark versucht fühlte, ihm nachzugeben. Die Zeit der qualvollen Zweifel endete auf überraschende Weise. Als sie einmal von einem Zusammensein mit dem jungen Mann nach Hause kam, hatte ihre Zimmerwirtin einen Herzanfall. Die Studentin half ihr, sie gab ihr die vom Arzt verschriebene Medizin, bettete sie bequem und rief den Arzt an. Sie blieb bei der alten Frau, bis er kam, und kümmerte sich um sie, bis die Krise vorüber war. Als sie sicher war, daß sich die Patientin erholt hatte, rief sie ihren Verehrer an und sagte ihm, sie werde in einer halben Stunde in seiner Wohnung sein. In ihrer analytischen Sitzung am nächsten Tag berichtete sie, daß ihre Zweifel plötzlich verschwunden waren, nachdem sie sich ihrer alten Zimmerwirtin angenommen hatte, und daß sie später ihre Hingabe an den Mann genoß. Es war offensichtlich, daß die Zimmerwirtin für sie eine Mutterfigur darstellte. Indem sie ihr das Leben rettete, befreite sie sich von unbewußten Schuldgefühlen und konnte ihrem sexuellen Verlangen nachgeben.

6. Geheime Ängste

Bei der Besprechung einer Kontrollanalyse (die von einem angehenden Psychoanalytiker während seiner Ausbildung durchgeführt wird und über die er einem älteren, erfahrenen Analytiker berichtet) stellte ich fest, daß die mir unbekannte Patientin, die von einer meiner Studentinnen behandelt wurde, noch unberührte Bereiche des Widerstandes in ihrer analytischen Behandlung haben mußte. Die Analytikerin, die mir den Fall darstellte, war eine Frau in den späten Dreißigern, und ihre Patientin war ein junges Mädchen. Gewisse Anzeichen schienen darauf hinzuweisen, daß die Patientin einige unerkannte persönliche Abneigungen gegen ihre Psychoanalytikerin hatte. Ich konnte natürlich nicht erraten, welcher Art diese Widerstände waren, aber ich riet der Analytikerin, das Problem im psychologisch richtigen Augenblick mit ihrer Patientin zu besprechen. Das Ergebnis war entmutigend. Die Patientin behauptete, daß sie ihre Analytikerin mochte und absolut nichts an ihr auszusetzen hatte. Wiederholte weitere Versuche, die Natur dieser verborgenen Widerstände zu entdecken, waren vergeblich. Dennoch blieb der Eindruck, daß ein versteckter Widerstand den Weg der analytischen Behandlung blockierte. Die Analytikerin bestand darauf, daß die Patientin irgendeinen Einwand verschwiegen habe; die Patientin versicherte wiederum, ihr sei nichts dergleichen bewußt. In einem anderen Zusammenhäng sagte die Patientin während derselben analytischen Sitzung: »Als ich gestern hier wegging, hatte ich einen seltsamen Gedanken. Ich dachte an Sie. Ich weiß, daß Sie nicht verheiratet sind, und ich weiß, daß Sie ungefähr acht analytische Sitzungen täglich haben. Außerdem habe ich gehört, daß Sie Vorlesungen und Seminare besuchen. Was für ein Leben führt sie nur, dachte ich, und plötzlich hatte ich Angst, ich könnte so werden wie Sie.« Es ist nicht schwer, daraus zu schließen, daß die geheime Kritik, die die Patientin an ihrer Analytikerin übte, darauf hinausging, daß die Analyse zur Folge haben könnte, daß das Leben der Patientin so ähnlich werden würde wie das der Analytikerin, die keinen Mann und keine Kinder hatte und deren ganzes Leben nur Arbeit war.

7. Verdrängte Emotionen

Nicht nur vergessene Erinnerungen, sondern auch vergessene Emotionen werden in analytischen Sitzungen aus der Vergangenheit ausgegraben. Wenn wir diesen Teil der psychoanalytischen Arbeit mit der archäologischen Forschung vergleichen, könnten wir sagen, daß wir nicht nur die Überreste alter Tempel ans Tageslicht bringen, sondern auch die religiöse Inbrunst aus den Kindheitstagen der Menschheit wiederbeleben. Diese begrabenen Emotionen kommen in seltsamer Gestalt aus ihren unterirdischen Verstecken hervor: sie erscheinen ohne jede Verbindung mit einem klaren Inhalt, oder sie sind durch andere Objekte ersetzt oder in eine sekundäre Korrelation gebracht worden. Manche Erinnerungen aus frühen Jahren tauchen ohne jegliche Emotion auf.
Hier sind zwei repräsentative Beispiele anderer Art, bei denen Emotionen verloren und in der Psychoanalyse wiedergefunden wurden. Sie betreffen einen Mann und eine Frau. Die ausgegrabenen Emotionen wurden nicht als solche erkannt, sondern schienen der Gegenwart anzugehören. Um den obigen Vergleich noch einmal zu gebrauchen: es war so, als würde ein in einem Grab gefundener prähistorischer Topf in

einer modernen Küche verwendet. Die Gefühle, die hier an der Oberfläche erschienen, haben das eine gemeinsam, daß sie der prähistorischen Vergangenheit des Individuums angehörten und zunächst nicht als Fragmente von Kindheitserlebnissen und als entfremdete Teile der Vergangenheit erkannt wurden, daß heißt als Teile einer frühen Lebensphase, an die man sich nicht erinnerte und die dennoch nicht vergessen worden war.

Der erste Patient war ein Mann in den Vierzigern, ein Anwalt, der ziemlich ernsthafte Probleme in seinen gesellschaftlichen und beruflichen Beziehungen hatte. Der Vater des Patienten starb, als dieser ein Junge von noch nicht ganz drei Jahren war. Nur wenige bruchstückhafte Erinnerungen aus dieser Zeit waren zugänglich, besonders solche, die das Begräbnis des Vaters betrafen. Der Patient kam auf dieses große Ereignis mehrere Male zurück und beschrieb die Zeremonie in der Kirche und auf dem Friedhof. An einer gewissen Stelle unterbrach er seine Schilderung mit dem kummervollen Ausruf »Jesus, Maria und Josef!« (Er stammte aus einer streng katholischen Familie.) In dem Zusammenhang, in dem dieser leidenschaftliche Ausruf erklang, schien es, als hätte die Erinnerung an das Begräbnis des Vaters tiefe Trauer aus dem Untergrund empor gebracht. Das war aber unwahrscheinlich, da der Vater lange Zeit krank gewesen war und keine bemerkenswerte Rolle im Leben des Jungen spielte. Er hatte kein bewußtes Gefühl eines Verlustes in der Vergangenheit, und es gab keine Anzeichen von Trauer um den Vater in der Gegenwart. Auch die Umstände, unter denen dieser Ausruf bei einer späteren Beschreibung des Begräbnisses wiederholt wurde, widersprachen der Annahme, daß die Worte des Patienten die Gefühle des kleinen Jungen von damals ausdrückten. Die Worte wurden plötzlich hervorgestoßen wie unter dem Druck einer geheimnisvollen Kraft. Sie klangen durchaus echt – dennoch gehörten sie nicht der Sprache an, die der Patient sonst gebrauchte. Ihr emotionaler Ausdruck stand in lebhaftem Gegensatz zu seiner sonst so beherrschten und emotionslosen Stimme. Der Vorfall blieb mir rätselhaft, bis ich auf den Gedanken kam, daß die Worte in Wirklichkeit nicht die des Patienten waren, sondern der Ausruf, den er von seiner Mutter gehört hatte, als die Leiche ihres Mannes begraben wurde. Der Junge muß den tiefen Kummer seiner Mutter gefühlt und sich, ohne die Bedeutung ihres Verlustes ganz zu verstehen, mit ihr identifiziert haben. Ihr Ausruf »Jesus, Maria und Joseph!« war in seinem Gedächtnis bewahrt worden und erschien nun an einer bestimmten Stelle seiner Erinnerungen als spätes Echo aus unbekannten Tiefen, nicht erkannt als Wiederholung der Worte, die die Mutter auf dem Friedhof ausgerufen hatte.

Der andere Fall betrifft eine Frau in den späten Dreißigern, die unverhei-
ratet und als Sozialarbeiterin beschäftigt war. Sie hatte Verbindung zu
einer gemischten Elementar- und Oberschule und kümmerte sich um
mehrere Jungen und Mädchen im Alter von sieben bis siebzehn Jahren.
Trotz ihrer schüchternen und zurückhaltenden Art war sie tüchtig in
dem Beruf, den sie sich ausgesucht hatte. Sie wohnte bei ihrer Mutter,
mit der sie nicht auskam, weil sie ständig von ihr kritisiert wurde. Sie
versicherte, daß ihre Mutter ihr, so weit sie zurückdenken konnte, nie
die geringste Zuneigung gezeigt, sondern ihre ganze Aufmerksamkeit
und Liebe auf John, den um drei Jahre jüngeren Bruder der Patientin,
konzentriert hatte. Eine gewisse Szene aus ihrer Kindheit fiel ihr wieder
ein. Sie und John saßen zu Füßen der Mutter auf dem Boden. Die Mutter
streichelte John, aber nicht das kleine Mädchen. Diese typische Erinnerung war wichtig, denn sie kennzeichnete eine Änderung in der Einstellung des Mädchens zur Mutter, die, wie sie versicherte, niemals Liebe zu
ihr in irgendeiner Form ausgedrückt hatte.
Die Patientin sprach einmal von den verschiedenen Einstellungen, die
Jungen und Mädchen zu ihr und ihrer Sozialarbeit hatten. Die Mädchen kamen im allgemeinen gern zu ihr, um sich Rat zu holen, und
baten um Verabredungen, während die Jungen im allgemeinen nur ungern zu ihren Sprechstunden kamen und trotzig waren. Es gab natürlich Ausnahmen, sagte sie, und sie sprach sehr ausführlich über den Fall
eines Mädchens in der Adoleszenz, um das sie sich beruflich zu kümmern hatte. Dieses Mädchen gab sich ständig rebellisch und trotzig und
schien alle Versuche der Sozialarbeiterin, ihr Vertrauen zu gewinnen,
zurückzuweisen. Sie mochte offenbar niemanden, und es schien ihr
nichts auszumachen, daß Lehrer und Mitschüler sie nicht beachteten.
Die Sozialarbeiterin, meine Patientin, meinte, dieses widerspenstige
Mädchen schien allen sagen zu wollen: »Schert euch zum Teufel!«
Meine Patientin erkannte aber, daß sie hinter dieser starrsinnigen und
abweisenden Haltung etwas Weiches, Sanftes verbarg, und sie tat ihr
sehr leid. Dieses Mitgefühl vertiefte sich noch, als sie erfuhr, daß die
Mutter des Mädchens eine harte, verschlossene Frau war, die ihrer
Tochter in ihrer Kindheit keine Liebe gegeben hatte. Einmal unterdrückte die Patientin nur mit großer Mühe die Regung, den Kopf des
Mädchens zu streicheln und es zu besänftigen und mit liebevollen Worten zu beruhigen. In dieser Szene kam, der Patientin unbewußt, eine
Erinnerung aus ihrer eigenen Kindheit an die Oberfläche, die ausagiert
wurde. Das Mädchen, das sie gefragt hatte: »Glaubst du denn nicht,
daß ich dich mag?«, und das geantwortet hatte: »Ob Sie mich mögen
oder nicht, ist mir völlig egal«, muß sie unbewußt an ihre eigene trot-

zige Haltung gegenüber ihrer Mutter erinnert haben, als sie so alt war wie das Mädchen jetzt. In der Szene, die sie beschrieb, übernahm sie die Rolle der Mutter, und das Mädchen stellte sie selbst dar. Dieses Agieren widerspricht somit ihrem bewußten Gedanken, daß ihre Mutter ihr nie Zuneigung zeigte, und bringt auf einem Umweg die unbewußte Erinnerung zurück, daß sie jede zärtliche Annäherung der Mutter trotzig zurückgewiesen hatte. Die Bedeutung dieser psychoanalytischen Rekonstruktion eines vergessenen Stücks der Vergangenheit konnte in einem späteren Abschnitt ihrer psychoanalytischen Behandlung bewiesen werden.

Die Patienten erzählen uns oft kleine Ereignisse aus frühen Jahren, die, für sich betrachtet, beinahe bedeutungslos zu sein scheinen, wenn es uns nicht gelingt, die Emotionen »auszugraben«, die nicht vorhanden sind. Wenn diese verlorenen Gefühle gefunden werden, werfen die Erinnerungen ein neues Licht auf den Charakter des Patienten als Kind. Hier ein repräsentatives Beispiel dieser Art: Ein sechsjähriger Junge, der mit anderen Jungen Ball spielte, benahm sich einmal seltsam, als einer seiner Spielkameraden stürzte und sich verletzte. Während die anderen Kinder dem Verletzten halfen und ihn trösteten, rannte der Junge vom Spielplatz weg, als wäre jemand hinter ihm her, und ging direkt nach Hause. Dreißig Jahre später, als der Mann psychoanalytisch behandelt wurde, tauchte unter anderem auch die Erinnerung an diese kleine Szene wieder auf und verwirrte den Patienten ebensosehr wie mich, seinen Analytiker. Einige Tage später erinnerte er sich an eine andere Szene, die dem Unfall auf dem Spielplatz vorausging. Als er vier Jahre alt war, hatte er einmal seinen kleineren Bruder die Treppe hinuntergestoßen. Dieser hatte sich am Knie verletzt, und die Eltern hatten den Missetäter streng bestraft und getadelt. Sein seltsames Verhalten auf dem Spielplatz wird erklärlich durch die Erinnerung an diese frühere Szene. Er floh bei einer Gelegenheit, die ihn unbewußt an den früheren Zwischenfall erinnerte. Keine Spur bleibt verborgen, wenn sie psychoanalytisch erforscht wird.

Zehnter Teil
Paradoxa und Schemata

1. Der Weg

Für den Mann ist der Weg des größten Vorteils in den meisten Fällen dem Weg des geringsten Widerstandes vorzuziehen. Für die Frau ist der Weg des größten sexuellen Widerstandes oft identisch mit dem Weg des größten Vorteils.

2. Seine Frau

Heinrich Heines Frau Mathilde, eine französische Midinette, konnte nicht Deutsch sprechen. Sie fing in den Gesprächen des Dichters mit deutschen Freunden einige Ausdrücke auf, unter anderem die Worte »meine Frau«. Und so nannte sie sich selbst. Ich traue den vielen Biographen nicht, die in dieser komischen Ausdrucksweise ein Zeichen für Mathildes Naivität sehen wollen. Ich glaube eher, daß die Frau eine fröhliche Mischung von Stolz und possessiver Ergebenheit ausdrückte, wenn sie »meine Frau« sagte. Viele Frauen, die an sich selbst in bezug auf ihre Ehemänner denken, sind nahe daran, sich in Gedanken »seine Frau« zu nennen.

3. Mitgift in Europa

In Europa bekamen die Mädchen in vielen Kreisen eine Mitgift, wenn sie heirateten. Bewußt oder unbewußt betrachten die Frauen die Schönheit ihres Körpers als einen Teil ihrer Mitgift, den ihnen Gott oder Mutter Natur mitgab. Viele Bräute fragen sich vor der Hochzeitsnacht, ob ihr Mann mit dieser Mitgift zufrieden sein wird.

In einer alten Karikatur im *Simplicissimus* spricht ein besorgter Vater mit seiner Frau über die noch ledige Tochter und sagt: »Ein Jammer, daß das Mädchen keine Mitgift hat. Wenn sie wenigstens einen schönen Busen hätte, könnte sich noch ein Idealist finden.«

4. Sucht den Mann

Das Wort *Cherchez la femme* ist sicherlich weitgehend berechtigt, wenn es sich um die Motivation von Verbrechen und einige, sehr wenige, andere Dinge handelt. Es kommt, zum Beispiel, selten vor, daß sich der Plan zu einem neuen wissenschaftlichen oder künstlerischen Projekt auf eine Frau oder auf die Verliebtheit des Wissenschaftlers oder Künstlers in ein Mädchen zurückverfolgen läßt. Viel wahrscheinlicher ist, daß eine Frau, die sich plötzlich für den Brückenbau interessiert, unlängst einen Ingenieur kennengelernt hat. Begegnet sie einem Mann, der sich für Politik interessiert, kann sie sich plötzlich für eine bestimmte politische Partei oder Idee begeistern. Es ist eine psychologische Tatsache, daß es viel richtiger wäre, *Cherchez l'homme* zu sagen.

5. Mythologische Gestalten

Wer ist auf die Idee gekommen, die Gerechtigkeit durch eine Frau zu personifizieren? Dieses Stück römischer Mythologie ist ein Mißgriff oder reiner Schabernack! Andere römische Personifizierungen wie Pietas, Fecunditas und Pax können gut als weibliche Charaktere gesehen werden. Zumindest widersprechen sie nicht dem Begriff der Weiblichkeit. Aber Justitia? Man denke nur an die symbolischen Attribute dieser Gestalt, wie sie auf zahlreichen Monumenten erscheint. Sie hält eine Waage, die symbolisieren soll, daß sie Recht und Unrecht abwägt. Aber seit wann stellen wir uns vor, daß sich die Frau gerechte Urteile über Menschen bildet und alles Für und Wider sorgfältig bedenkt? Das Schwert, das die Göttin Justitia trägt, ist sicherlich ein männliches Attribut. Die Binde vor den Augen, die anzeigt, daß ohne Ansehen der Person Recht gesprochen wird, ist ein besonders unpassendes Attribut des weiblichen Charakters. Eine Frau in dieser Situation würde ganz gewiß hinter der Binde hervorschielen, um zu sehen, über wen sie ein Urteil fällen soll.

6. Paradoxe Verhaltensmuster

Eine Witwe, die von einem jüngeren Mann umworben wurde, zu dem sie sich sehr hingezogen fühlte, ertappte sich dabei, daß sie manchmal wünschte, er würde mitten in einem Besuch aufstehen und gehen. In den psychoanalytischen Sitzungen wurde klar, daß sie in solchen Augenblicken befürchtete, er könnte entdecken, daß sie nicht sehr gebildet war und seinen abstrakten Gedankengängen oft nicht zu folgen vermochte. Eine andere Patientin, die beim Geschlechtsverkehr mit ihrem Mann den vollen vaginalen Orgasmus erreicht, besteht darauf, daß sie ihn nicht wirklich liebt, sie kritisiert gewisse Manieriertheiten seiner Sprache und so fort. Sie zögert auch, zärtlich zu ihm zu sein oder auf seine Liebesbezeugungen einzugehen. Ihr Verhalten ähnelt dem einer gewissen, von Karl Kraus beschriebenen Dame, die sagte: »Mit ihm schlafen, ja. Aber bitte keine Intimitäten!« Es ergab sich schließlich im Laufe der Psychoanalyse, daß die Patientin immer fürchtete, ein Mann würde sie als minderwertig betrachten und verlassen, wenn sie ihm zeigte, daß sie ihn liebt.

7. Persönlichkeit

Goethe sagte, um etwas zu schaffen, müsse man jemand sein. Er meinte damit, daß die Arbeit des Mannes seine Persönlichkeit widerspiegelt. Wie steht es in dieser Hinsicht mit der Frau und ihrer Aufgabe? Meine Mutter sagte oft: »Jede Kuh kann Mutter *werden*.« Das ist richtig, aber keine Kuh kann eine Mutter *sein*, das heißt ein Kind erziehen. Die Erziehung des Kindes ist die eigentliche Aufgabe der Mutterschaft. Die Persönlichkeit der Frau spiegelt sich im Ergebnis der Kindererziehung so wie die des Mannes in seiner Arbeit.

8. Durchschaut

In der guten alten Zeit schickte ein Handelsreisender, der in Italien unterwegs war, seiner Frau in Wien ein Brieftelegramm:

> »Wenn ich ein Vöglein wär',
> Flög' ich zu Dir.
> Da ich nicht fliegen kann,
> Liebe ich hier.«

Ihre Antwort lautete:

> »Was soll Dein Telegramm?
> Kein Wort glaub' ich Dir.
> Du kannst's so wenig dort
> Wie hier bei mir.«

9. Promiskuität

Es ist beinahe ein Gemeinplatz festzustellen, daß Frauen mit wahllosem Geschlechtsverkehr eine niedrige Meinung von sich selbst haben müssen. Hinzuzufügen ist, daß solche Frauen gewöhnlich den Wettbewerb mit der Mehrheit ihrer Geschlechtsgenossinnen vermeiden. Indem sie sich der Promiskuität ergeben, gestehen sie vorbewußt: wir sind Huren und außerstande, mit Frauen zu konkurrieren, die große Selbstachtung besitzen. Die Analyse muß im Einzelfall ergeben, ob sich eine solche Einstellung auf unbewußte homosexuelle Neigungen gründet oder auf unbewußte Vorstellungen von der eigenen Wertlosigkeit. Wahrscheinlich wirken beide Faktoren zusammen.

10. Frauen und Möbel

Ein mir bekannter Junggeselle hatte einen Teil einer Wohnung gemietet und selbst möbiliert. Seine Vermieterin hatte es übernommen, seine Zimmer sauber zu halten. In kürzester Zeit wurde sie ihm lästig, weil sie ihm täglich Vorhaltungen wegen der Gleichgültigkeit und Nachlässigkeit machte, mit der er seine Möbel behandelte. Eine Zeitlang ließ er es sich gefallen, aber eines Tages riß ihm die Geduld: »Schließlich sind das meine Möbel! Ich kann sie in Stücke schlagen, wenn ich will!« Zu seiner Überraschung machte das nicht den geringsten Eindruck auf sie. Sie nörgelte weiter an ihm herum und betrachtete die Möbel, als gehörten sie ihr oder als hätte sie sie adoptiert. Er schrieb die Sorgfalt, mit der sie sie behandelte, irgendeinem mysteriösen weiblichen Charakterzug zu, einer Neigung, »Schätze zu sammeln auf Erden, da sie die Motten und der Rost fressen« (Matthäus 6,19). Aber er zog die Tatsache nicht in Betracht, daß Frauen Möbel »instinktiv« so behandeln, als wären sie Teile ihres Körpers, und daß sie Beschädigungen wie körperliche Verletzungen auffassen, die man ihnen selbst zufügt.

11. Das Persönliche

Die Trennung des Persönlichen und Subjektiven vom Objektiven und Sachlichen in dieser oder jener Frage fällt dem Mann unter gewissen Umständen schwer. Für die Frau ist das kein Problem, denn es fällt ihr nicht einmal ein, versuchen zu wollen, das Persönliche vom Objektiven zu trennen.

Die Vergangenheit ist Frauen nicht als solche teuer. Jahrestage sind nur Gelegenheiten, alte emotionale Erlebnisse wieder lebendig werden zu lassen. Sie brauchen keine Rekonstruktion der Vergangenheit, denn sie war für sie nie begraben. Sie brauchen auch keine fliegenden Teppiche, um sich an Orte tragen zu lassen, an denen sie einmal waren und die sie liebten. Der Teppich im Wohnzimmer genügt, um sie zu erinnern und ihnen den Ort zurückzubringen, an dem sie einmal glücklich waren. Sie verwandeln die Vergangenheit in Gegenwart und erleben dabei wieder den Anblick, die Laute, den Duft ferner Orte, ohne die Couch zu verlassen, auf der sie sich ihren Tagträumen hingeben. Ja, Frauen leben für das Jetzt und Hier, aber dieser Augenblick und dieser Ort können die fernste Vergangenheit und die fernsten Orte mit einschließen.

12. Selbstliebe

Es scheint für Frauen leichter zu sein als für Männer, vom Zustand enttäuschter Liebe zur Selbstliebe zu regredieren; analytisch gesprochen: von der Objektliebe zum Narzißmus. Eine Frau, die Bitterkeit empfindet, weil sie von einem geliebten Menschen kein Geschenk bekommen hat, kauft sich selbst eines. Der Kauf eines neuen Hutes tröstet sie, wenn sie das Zeichen, von einem anderen Menschen geliebt zu werden, vermißt. Sie kann sich sozusagen stellvertretend selbst lieben, in Abwesenheit, aber auch in Erwartung des Geliebten. Es scheint, daß die Selbstliebe für sie viel mehr als für den Mann eine notwendige Voraussetzung für die Bereitschaft zu lieben und geliebt zu werden ist.

13. Schwiegereltern

Während des Zweiten Weltkriegs setzte die Zeitung *Stars and Stripes* einen Preis für die beste Antwort auf die Frage aus, wie Hitler, dieser Erzfeind der Menschheit, bestraft werden sollte. Die verschiedensten Foltern und Strafen wurden vorgeschlagen. Den Preis gewann ein jüdischer Soldat der amerikanischen Einheiten in Italien, der schrieb: »Er soll bei meinen Schwiegereltern in der Bronx leben.«

Eine junge Frau, die an die Ehe denkt, stellt sich nur selten den Charakter ihres zukünftigen Schwiegervaters vor, aber sie wird kaum jemals vergessen, daß sie eine Schwiegermutter haben wird. Die symbolische Bedeutung ihrer Gestalt wurde sehr gut von jemanden definiert, der sagte: »Die Mutter eines Sohnes ist das Schicksal ihrer zukünftigen Schwiegertochter.«

14. Unterschätze nie die Macht der Frauen

Wie Homer in der *Odyssee* berichtet, konnte die Zauberin Kirke Männer in Schweine verwandeln. Jede schöne Zauberin unserer Tage kann dies und noch viel mehr; sie kann, zum Beispiel, aus einem Mann einen Affen machen.

Wer die Zukunft der Menschheit pessimistisch sieht, wird darauf hinweisen, daß der Mann fanatisch ist und nicht zögert, alle zu vernichten, die andere Anschauungen in sozialen, religiösen oder nationalen Fragen haben. Im Augenblick sind die Männer in zwei Lager geteilt: sie drohen einander mit Vernichtung, weil sie gegensätzliche Ansichten darüber haben, wie man die Menschheit glücklich machen könnte. Die Hoffnung der Welt ruht auf den Frauen. Ihnen ist ein solcher Fanatismus fremd. Sie wissen, daß Haß – worauf immer er sich gründet – den Menschen nicht glücklicher machen kann, nicht einmal den Hassenden selbst. Nur Liebe kann dieses Wunder vollbringen.

15. Dauer

Es besteht das Problem, ob der immanente Wunsch nach Dauer in Liebesbeziehungen, der von Frauen so regelmäßig empfunden wird, nicht einen biologischen Prototyp hat. Ein solches Urmodell würde alle späteren Prozesse bestimmen und könnte eine strukturbildende Bedeutung für sich beanspruchen. Ich meine die Neigung, den Embryo in der Frau zu behalten, ihn so lange wie möglich zurückzuhalten. Die Trennung von der Mutter wird dann erst durch die Katastrophe der Geburt ermöglicht.

Es wäre sogar eine Fortsetzung dieser biologischen Spekulation denkbar: eine Frau, die ihrem Mann ein Heim schaffen will und für ihn kocht, erfüllt vielleicht eine Funktion, die eine andere, viel wichtigere vorwegnimmt, nämlich die, einen behaglichen Platz für ihr Kind in ihrem Schoß zu schaffen und Nahrung für es in ihrem Körper zu speichern. Während sie für den Mann sorgt, nimmt sie, ohne es zu wissen, ihre zukünftige Mutterrolle vorweg. Sie dient den Interessen der Spezies, während sie nur eine gute Ehefrau und Haushälterin zu sein glaubt.

16. Spiel mit dem Feuer

Eine Frau, die flirtet, ist sich oft nicht dessen bewußt, daß sie mit dem Feuer spielt. Sie ist nicht in Gefahr, solange sich ihre Aufmerksamkeit darauf konzentriert zu testen, wie begehrenswert sie für einen bestimmten Mann ist. Aber manchmal springt ein Funke des Feuers, das sie in dem Mann schüren will, auf sie selbst über. Solche Fälle gehören zu den Berufsrisiken.

17. Überredung

Man weiß, daß die Situation während einer psychoanalytischen Sitzung dadurch gekennzeichnet ist, daß der Patient entspannt auf der Couch liegt, während der Analytiker hinter ihm sitzt und von ihm nicht gesehen wird. Einmal stieß ich auf den unerwarteten Widerstand einer Patientin, als ich ihr beim Beginn ihrer analytischen Behandlung die Gründe für diese Anordnung zu erklären versuchte. Sie weigerte sich, meine Erklärungen gelten zu lassen, bis ich sagte: »Sehen Sie, wenn Sie mir auf diesem Stuhl gegenübersitzen, genieße ich einen unfairen Vorteil. Ich betrachte ein junges, schönes Mädchen, und Sie sehen einen kahlköpfigen alten Mann.«

18. Partnerwahl

Trotz der zahlreichen Versuche, die besondere Anziehung zu erklären, die ein Mensch auf einen Menschen des anderen Geschlechts ausübt, ist das Problem der Partnerwahl noch immer ungelöst. Seitdem Goethe in seinen *Wahlverwandtschaften* die Vermutung aussprach, daß zwischen den betroffenen Personen ähnliche Kräfte am Werk sind wie in chemischen Prozessen, versuchten Biologen und Psychologen die Gesetze zu entdecken, die die scheinbar irrationale Wahl eines Partner regieren. Die Psychoanalyse scheint bisher außerstande zu sein, einen Beitrag zur Lösung dieses Problems zu leisten. Klinische Studien würden vielleicht eine bessere Chance haben, wenn man einen anderen Ausgangspunkt wählte. In der Psychoanalyse gewinnt der Analytiker manchmal den Eindruck, daß eine Art von unbewußter Zielgerichtetheit Menschen, die nicht zueinander passen, so zusammenführt, daß sich die neurotischen Symptome und Hemmungen des einen Partners komplementär zu denen des anderen verhalten. Für viele Ehepaare ist der Geschlechtsverkehr ein Austausch von Defekten. Sie sind, wie die Franzosen sagen, *mauvais coucheurs*.

19. Geheime Verhältnisse

Es ist nicht allzu schwierig, eine außereheliche Beziehung zwischen einem Mann und einer Frau zu verbergen, solange die beiden nicht zusammen beobachtet werden. Ein Mann kann eine Affäre mit einer verheirateten Frau geheimhalten, wenn er diskret ist und vor allem wenn er nicht in denselben gesellschaftlichen Kreisen verkehrt. Viel schwieriger läßt sich eine solche Beziehung geheimhalten, wenn der Mann und die Frau demselben Kreis angehören. Vor allem Frauen sind in dieser Hinsicht sehr sensibel und scharfsichtig. Sie erraten eine heimliche sexuelle Affäre viel rascher als Männer, die oft nicht die geringste Ahnung von ihrer Existenz haben. Es scheint, daß Frauen im allgemeinen bessere Antennen für menschliche Beziehungen haben als Männer.

20. Scham wegen der Mutter

Ein Patient erinnert sich, wie er sich in seiner Kindheit zum erstenmal vor seinen Spielkameraden wegen seiner Mutter schämte. Er spielte an der Ecke vor seinem Haus in der Lower East Side von New York mit Murmeln. Seine Mutter rief aus dem Küchenfenster im dritten Stock herunter: »Joe, komm und trink deine Milch!« Er kam sich vor, als würde er vor den anderen Jungen wie ein Baby behandelt. Ein kleines Mädchen im selben Alter würde bei dieser Gelegenheit anders reagiert haben. Auch sie könnte sich wegen ihrer Mutter schämen, aber unter anderen Begleitumständen.

21. Ironie

Paranoide Personen können direkte Kritik viel besser ertragen als Sarkasmus, Ironie oder kritische Anspielungen, weil sie im letzteren Falle vermuten, daß der Sprechende noch stärkere Einwände und Vorwürfe zurückhält. Auf ähnliche Weise können Frauen und Kinder Ironie und Anspielungen nicht ertragen, weil sie den gleichen Verdacht hegen. Was diese Personengruppen gemeinsam haben, ist die innere Unsicherheit.

22. Die verborgene Bedeutung

Ein Mann hatte einen bedauernswerten »Unfall«, der sich zu einer emotionalen Krise mit seiner Frau entwickelte. Der unglückliche Ehemann lobte das Kleid, das eine gewisse Frau auf einer Party trug, ohne daran zu denken, daß er ziemlich kritische Bemerkungen über ein ganz ähnliches Kleid gemacht hatte, das seine eigene Frau vor kurzem gekauft hatte. In der folgenden stürmischen Szene las ihm seine Frau gehörig die Leviten. Ihr psychologischer Fehler war, daß sich ihre Bemerkungen auf das Kleid konzentrierten. In Wirklichkeit war der Mann nicht an dem Kleid interessiert, das die andere Frau trug, sondern an der Frau selbst oder vielmehr an ihrem Körper, an ihren Kurven, Beinen, Schenkeln und so weiter. Seine Bemerkungen waren ein ungeschickter Versuch, sein sexuelles Interesse zu verschieben, und das Kleid erschien nur als Verhüllung – im buchstäblichen und übertragenen Sinne – der sexuellen Anziehung, die diese andere Frau ausübte. Er suchte den Körper unter dem Kleid.

23. Individualität

Die Differenzierung und Individualisierung geht bei Männern weiter als bei Frauen. Frauen passen sich bereitwilliger ihren Liebesobjekten an und identifizieren sich leichter mit ihnen. Sie mögen Individualität bei Männern bewundern, aber sie lehnen das Alleinsein und die Einsamkeit ab, die damit verbunden sind. Sie werden nie Ibsens Ausspruch zustimmen, daß der Starke allein am mächtigsten sei. Sie sind geselliger als Männer. Die Natur hat sie auf ihre zukünftige Rolle als Ehefrau und Mutter besser vorbereitet als die Männer auf ihre Rolle als Ehemann und Vater. Männer müssen diese Rolle eher improvisieren, wenn sie Familienoberhaupt werden.

24. Hurrikane in Amerika

Hurrikane erhalten in Amerika passenderweise weibliche Namen. Der Vergleich mit den emotionalen Ausbrüchen der Frauen stimmt nur insofern nicht, als die Launen von Frauen selten solche Zerstörungen anrichten wie die Ausbrüche der Natur.

25. Frustration

Eine Patientin brachte viele Klagen über ihren Ehemann vor und stellte sich als das arme, hilflose Opfer seiner Launen dar. Während der analytischen Behandlung wurde klar, daß die Frau eine eigensinnige, herrschsüchtige Person war, wogegen ihr Mann schwach und sanft zu sein und ihren Wünschen nachzugeben schien – außer in einigen Entscheidungen, die allerdings die wichtigsten Fragen ihres gemeinsamen Lebens betrafen. In diesen Dingen vertrat er freundlich, aber unnachgiebig seinen Standpunkt. Einmal ließ es ein Ereignis von erstrangiger Bedeutung als nötig erscheinen, daß der Mann mich konsultierte. Er sprach auch über die Beziehung zu seiner Frau. Er sagte: »Mir war bald nach der Hochzeit klar, daß meine Frau einen Pantoffelhelden aus mir machen wollte. Sie war schließlich frustriert, weil ich ihr nachgab.« Der Mann hatte die Situation sehr gut charakterisiert: wenn er ihr Widerstand geleistet und mit ihr gekämpft hätte, würde sie ihn zuletzt vielleicht doch unter ihre Fuchtel gebracht haben. Er vereitelte ihre Bemühungen, indem er in allen unwichtigen Dingen nachgab und in den wichtigen Fragen ihres Ehelebens eisern blieb.

26. Dornröschen

Märchen sagen viel über sexuelle Geheimnisse aus. Die Geschichte von Dornröschen ist ein ins Auge springendes Gleichnis für das sexuelle Erwachen des jungen Mädchens, wenn es von einem Mann geküßt wird. Märchen erzählen natürlich nicht alles. Wir können beispielsweise annehmen, daß Dornröschen nicht ganz fest schlief, als sich der Prinz ihr näherte, sondern sein Kommen durch halb geöffnete Lider beobachtete, während sie zu schlafen vorgab.

27. Die Wahl

Gespräch vor dem Abendessen: »Was hättest du gern als Nachspeise? Pflaumenkompott oder Apfelmus?« Der Mann: »Was du willst.« – »Aber ich habe dich gefragt, was *du* willst.« – »Mir ist das ganz gleich.« Aus solchen Anfängen entwickelt sich oft ein Streit. Psychologisch gesehen, hat der Mann die falsche Antwort gegeben. Mit dem geringen Einfühlungs- und Wahrnehmungsvermögen der Männer hat er nicht so geantwortet, wie sie es erwartet oder erhofft hatte. Sie wollte ein Lob hören oder zumindest eine Anerkennung dafür, daß sie beide Arten von Nachtisch vorbereitet hatte und sich Gedanken darüber machte, was ihm schmeckte oder nicht. Seine Antwort war gleichgültig, das heißt psychologisch falsch.

28. Sexualmoral und Gesetz

Was zwei erwachsene, geistig gesunde Menschen im Vollbesitz ihrer Willensfreiheit in sexueller Hinsicht miteinander tun, ist ihre eigene Angelegenheit und geht niemanden etwas an – ganz gewiß auch nicht den Staat. In diesem Sinne gibt es keine eigene Sexualmoral oder so etwas wie ein eigenes und eindeutiges Sexualverbrechen. Was als solches bezeichnet wird, ist im allgemeinen ein Vergehen gegen Personen, die gesetzlich betrachtet minderjährig oder unfähig sind, einen eigenen Willen zu haben, oder eine Kränkung oder Verletzung die, in Verbindung mit Sexualität, unreifen Personen zugefügt wird. Wenn solche Vergehen gesetzlich verfolgt werden, müßte es unter dem Gesichtspunkt geschehen, der für Diebstahl, Raub und Körperverletzung gilt. Der Staat hat unter keinen Umständen das Recht, irgendeine Art von sexueller Betätigung zu verbieten – außer in den Fällen von Vergewaltigung, Freiheitsberaubung und so fort. In allen anderen Fällen maßen sich die Gesetzgeber eine Autorität an, die ihnen nicht zusteht.

29. Beobachtungsgabe

Ich frage mich, ob Psychologen jemals Experimente anstellen, um die Unterschiede zwischen den Geschlechtern in bezug auf Art und Zweck der Beobachtung zu bestimmen. Solche Experimente auf verschiedenen Gebieten, beispielsweise bei einem gesellschaftlichen Anlaß oder bei einer Vorlesung an der Universität, wobei die Versuchspersonen Männer und Frauen gleichen Alters und von ähnlicher Bildung sein müßten, würden ein überraschendes Licht nicht nur auf die Selektivität der Aufmerksamkeit der beiden Geschlechter werfen, sondern auch auf die Unterschiede in den Gegenständen dieser Aufmerksamkeit und Beobachtung von Männern und Frauen. Man würde beispielsweise zu dem Schluß kommen, daß Frauen im allgemeinen bessere Beobachter und in mancher Hinsicht scharfsichtiger als Männer sind, daß aber ihre Beobachtungen mehr von emotionalen Faktoren beeinflußt werden, während ihre psychologischen Deutungen des Beobachteten im allgemeinen der Wahrheit näher kommen als die der Männer.

30. Masochismus

Die einfachste und elementarste Form des Masochismus ist das genußvolle Leiden einer Frau, die schöne, aber zu kleine Schuhe trägt. Es gibt ein Sprichwort: »Schönheit muß leiden.« Oft wird es auf Frauen angewandt, die sich schmerzhaften Prozeduren in Schönheitssalons unterziehen müssen. Der weibliche Charakter dieser Art von Masochismus wird durchsichtig, wenn man den Satz umdreht. Das Leiden erscheint dann als motiviert oder begleitet von der Befriedigung der Schönheit, das heißt der Eitelkeit.

31. Neugier

Nach einer englischen Redensart ist die Katze durch ihre Neugier umgekommen, aber man vergißt hinzuzufügen, daß Neugier so vielen anderen Katzen das Leben gerettet hat. Klatsch ist die andere Seite der Beschäftigung der Frauen mit menschlichen Angelegenheiten, er ist sozusagen die Kehrseite einer wertvollen Münze.

32. Der Tod

Der Gedanke an den Tod hat für Frauen oft einen anderen Charakter als für Männer, und er ist in ihren Vorstellungen nicht so oft mit der Strafe für Sünden verbunden. Im Schubertlied sagt der Tod zum Mädchen, er komme nicht, es zu strafen, und in der Oper von Richard Strauss naht der Tod Ariadne als der schöne Gott der Liebe.

33. Stolz

Der Stolz ist das größte Laster des Menschen. Hätte er eine weniger hohe Meinung von der menschlichen Natur, so wäre er bescheidener und eher bereit, sich selbst zu akzeptieren. Die unbewußte Vorstellung von der Größe des Menschen macht den einzelnen intolerant gegenüber den Schwächen und Unzulänglichkeiten seiner eigenen Person und anderer. Diese Strenge und Intoleranz treiben ihn letzten Endes zu Grausamkeit und Bösartigkeit. Oft hält sich einer für besonders schlecht – eine Einstellung, die ebenso größenwahnsinnig und eingebildet ist wie die entgegengesetzte. Der Mensch ist nichts besonderes: viel weniger als die Engel und nicht viel mehr als die Tiere. Frauen sind in dieser Hinsicht sich selbst und anderen gegenüber toleranter als Männer. Sie behandeln sich selbst nicht so hart und fühlen nicht solchen Haß gegen die Schwächen und Fehler anderer, daß sie sie wegen abweichender Meinungen auf einem Scheiterhaufen verbrennen oder in Gaskammern stecken müssen.

34. Spaß

Der Ausdruck »Spaß haben« wird in Amerika immer mehr zum Synonym für Geschlechtsverkehr haben. Diese neue Bedeutung ist symptomatisch für die emotionale Degradierung des Sexuellen. Das sexuelle Erlebnis ist in Wirklichkeit sehr ernst und manchmal sogar tragisch. Wenn es nur noch Spaß ist, ist es nicht einmal mehr spaßig.

35. Anpassungsfähigkeit

Frauen, die noch keine festen Angewohnheiten angenommen haben, können durch das Leben geformt werden, und sie sind viel leichter imstande, sich veränderten Umständen und Umgebungen anzupassen. Sie können die Nationalität und Religion ihres Mannes mit derselben Leichtigkeit annehmen wie seinen Namen. Unbestimmtheit erlaubt ihnen, beinahe alles zu werden – im Gegensatz zum Mann, der viel starrer und weniger anpassungsfähig ist.

36. Erziehung

Wir sind stolz darauf, daß Jungen und Mädchen in unseren Schulen gleich erzogen werden, dieselben Dinge lernen und dieselben Fächer studieren. Es ist jedoch psychologisch offensichtlich, daß dasselbe Studienmaterial nicht dieselbe Bedeutung für Studenten und Studentinnen hat. Wenn es möglich wäre, ins Innerste des Geistes vorzudringen, würde man feststellen, daß sogar Zahlen für Männer etwas anderes bedeuten als für Frauen und daß eine Gleichung eine persönliche Erscheinung und Bedeutung für ein Mädchen und eine andere für einen Jungen hat.

37. Metapher und psychosomatische Beschwerden

Eine Patientin klagte über ein »Stechen« im Herzen. Für dieses Symptom wurde keine organische Ursache gefunden. Durch die Psychoanalyse konnte festgestellt werden, daß diese sehr unangenehmen Empfindungen immer dann auftraten, wenn die Patientin etwas tat oder sagte, was ihre vor vielen Jahren verstorbene Mutter mißbilligt hätte. Als die Patientin ein kleines Mädchen von knapp über zehn Jahren war, hörte sie, immer wenn ihr Benehmen Anlaß zu Tadel gab, ihre Mutter sagen: »Es ist, als würdest du mich ins Herz stechen.« Die unbewußte Erinnerung an diesen Satz erklärt die Art der Beschwerden.

Elfter Teil
In jedem Alter

1. Das Kind im Manne

War es Zufall, daß ich am selben Tag auf zwei Aussprüche großer Männer stieß, die beide auf das Kind im Manne anspielten? Friedrich Nietzsche sagt zu den Frauen: »Im echten Manne ist ein Kind versteckt: das will spielen. Auf, ihr Frauen, so entdeckt mir doch das Kind im Manne!«* Und hier die Selbstdarstellung eines der größten Wissenschaftler, Sir Isaac Newtons: »Ich weiß nicht, als was ich der Welt erscheinen mag, aber mir selbst komme ich nur wie ein Knabe vor, der am Meeresstrand spielte, und ich vergnügte mich im Jetzt und Hier und fand einen glatteren Kiesel und eine schönere Muschel als gewöhnlich, während der große Ozean der Wahrheit unentdeckt vor mir lag.«

Das ist nur ein Vergleich, aber ist ein solcher Vergleich nur Zufall, nur reine Phantasie? Die weiblichsten unter den Frauen verstehen seit langem intuitiv, daß in jedem Mann ein Knabe versteckt ist, ein Kind, das spielen will. Eine solche Vorstellung braucht sie nicht davon abzuhalten, das Spiel des Mannes ernst zu nehmen, da sie wissen, daß es für ihn das Wichtigste im Leben ist. Aber auch ein kleiner Junge betrachtet sein Spiel als den Mittelpunkt seines Lebens. Andererseits zeigen mütterliche Frauen Toleranz für diesen Zwang zu spielen. Die Gräfin Tolstoj, deren Mann als der größte Schriftsteller seiner Zeit galt, ließ diese Einstellung erkennen, als sie in einem Brief von seinen Sozialreformplänen sprach, die er als alter Mann entwickelte. Sie schrieb: »Es kommt nicht darauf an, was das Kind versuchen möchte. Die Hauptsache ist, daß er nicht weint.«

2. Die Außenseiter

Durch die Psychoanalyse wissen wir von einer Art Vorherwissen von der Sexualität bei kleinen Jungen und Mädchen lange bevor sie aufgeklärt wurden. Kinder bilden sich in diesen Jahren verschiedene infantile

---

* *Also sprach Zarathustra*, I., »Von alten und jungen Weiblein.«

Theorien – eine Mischung aus grotesken oder mißverstandenen Ideen und einigen ganz korrekten Folgerungen – über die sexuelle Aktivität Erwachsener. Man findet in der psychoanalytischen Literatur selten Beschreibungen des Erstaunens, das Kinder erleben, die zum erstenmal mit dem Phänomen der Sexualität der Erwachsenen konfrontiert werden. Und nur selten wird die Tatsache beschrieben, daß diese Kinder das Gefühl haben, ausgeschlossen zu sein, sich außerhalb des großen Kreises des Lebens zu befinden. Vor allem kleine Jungen scheinen in einer bestimmten Phase ihres Lebens das Gefühl zu haben, daß alle Erwachsenen unaufhörlich mit der Sexualität beschäftigt sind. Diese Ansicht führt manchmal zu dem Eindruck, daß in ihrer Umgebung eine Art von Wahnsinn und unbegreiflicher Leidenschaft herrscht, auf seiten des Jungen, zu dem brennenden Wunsch, in den sexuellen Reigen aufgenommen zu werden.

Das Gegenstück zu dieser Ansicht, zu dieser Verwunderung über das allgemeine sexuelle Interesse, findet man im hohen Alter. Alten Männern liegen die Erlebnisse ihrer eigenen Jugend oft schon so fern, daß sie die sexuellen Aktivitäten junger Menschen mit großem Erstaunen betrachten. In Österreich erzählt man sich eine Geschichte über Kaiser Franz I. *, der 1835 im Alter von 67 Jahren starb. Der Kaiser ging einmal (an einem heißen Sommerabend) mit seinem Adjutanten im Park von Schönbrunn spazieren. Die beiden überraschten ein junges Paar beim Liebesakt. Erstaunt wandte sich der Kaiser an seinen Adjutanten und fragte: »Machen die Leut' das immer noch?«

3. Die Beziehung der Frau zur Mutter

Wenn eine Frau nicht mit ihrer Mutter ausgesöhnt ist, wird sie nie mit Männern auskommen. Innerlich ausgesöhnt sein, bedeutet nicht, daß sie ihre Mutter lieben muß. Nicht einmal die Heilige Schrift schreibt vor, daß man seine Eltern lieben muß; ehren soll man sie. Liebe kann nicht befohlen werden. Innere Aussöhnung bedeutet, daß eine Tochter ihre Mutter mit Gefühlen des Verständnisses oder der Einfühlung betrachtet – oder mit der Anerkennung, daß ihre Mutter in einem schwierigen Leben das beste getan hat, wozu sie imstande war. Diese Einsicht, daß eine Frau mit ihrer Mutter ausgesöhnt sein muß, wurde von den meisten Analytikern unabhängig voneinander anerkannt, wenn sie auch hier vielleicht zum erstenmal klar formuliert wird. Wir können

---

* als Franz II. Joseph Karl bis 1806 Kaiser des Hl. Römischen Reiches. (Anm. des Übers.)

nicht mit Bestimmtheit sagen, warum das so sein muß. Wir können aber darauf hinweisen, daß die Frau ihre frühe Liebe zur Mutter auf ihre Beziehung zu Männern überträgt, und wir ziehen die strukturbildende Bedeutung dieser ersten Kindheitsliebe in Betracht. Diese Aussöhnung mit der Mutter erleichtert der Frau später die Identifikation mit der Mutter. Ein weiterer Faktor wird am besten durch eine Geschichte veranschaulicht, die ich unlängst hörte. Eine Mutter und ihre kleine Tochter, die den Zoo in New York besuchten, kamen zu einem Käfig, in dem eine Löwin ein Junges gebar. Der Wärter versuchte die Leute fortzuschicken, aber er kam zu spät, und das Mädchen beobachtete die ganze Geburt. Es hörte die Löwin vor Schmerzen stöhnen und stand wie versteinert da. Als alles vorüber war, ging es eine Weile schweigend neben der Mutter her. Am Ausgang des Parks nahm das kleine Mädchen plötzlich die Hand seiner Mutter und küßte sie.

4. Zeit, Ort und die Geschlechter

Männer denken, daß Frauen in der Gegenwart leben, für den Augenblick und für den kleinen Ort, an dem sie leben. Manche Psychologen haben die Ansicht ausgesprochen, daß Frauen keinen Sinn für Geschichte haben und daß ihre Existenz an das Jetzt und Hier gebunden und darauf konzentriert ist. Aber wie ist dieser angebliche Mangel mit der bekannten Tatsache in Verbindung zu bringen, daß Frauen niemals Jahrestage, Geburtstage und andere in ihrem Leben und im Leben der Menschen, die ihnen lieb sind und nahestehen, wichtige Daten vergessen? Geben wir zu, daß sie für die Gegenwart leben, aber die Vergangenheit ist für sie nicht tot, sondern kann jeden Augenblick Gegenwart werden. Sie scheinen die nie endende Neugier des Mannes in bezug auf fremde Länder nicht zu kennen, und sie verspüren kaum den Wunsch, die Geheimnisse der Stratosphäre zu entdecken.

Mit ein wenig psychologischer Einsicht läßt sich der Widerspruch auflösen. Wenn sich Frauen an Jahrestage erinnern, so geht es ihnen nicht um das Datum, sondern um die emotionale Situation. Sie fühlen noch einmal, was sie bei ihrer Hochzeit empfanden. Sie erleben noch einmal die Freude, die sie erlebten, als sie ihr Kind zum erstenmal sahen. Es ist für sie nicht wichtig, daß sich ihre Ehemänner an das historische Datum ihres Hochzeitstages oder ihrer ersten Begegnung erinnern. Worauf es ihnen ankommt, ist, daß ihr Mann sie noch ebenso liebt wie damals. Nicht die Geschichte ist für sie von Bedeutung, sondern die Liebe und die Treue, die man ihnen erweist. Nicht die Erinnerung als solche, sondern die Dauer des Gefühls ist es, was diese Daten so wichtig macht. Sie fühlen sich gekränkt, wenn ihre Liebhaber oder Ehemänner so einen bedeutenden Jahrestag übersehen. Sie sind der Ansicht, daß das einen Verlust der diese Ereignisse begleitenden Gefühle bedeutet. Ihr Sinn für Geschichte ist kein wissenschaftliches oder akademisches Interesse.

5. Verwandlung durch Liebe

Liebe hat für Frauen eine andere psychologische Bedeutung als für Männer. Das Wort selbst hat einen anderen Sinn, und unterschiedlich ist auch seine emotionale Bedeutung für die beiden Geschlechter. So wichtig die Liebe im Leben eines Mannes ist: sie kann im allgemeinen nicht den Mittelpunkt seines Lebens ausmachen. Ein Mann kann durch die Liebe für Minuten oder auch für Stunden die Beherrschung verlieren, aber sie verwandelt seine Persönlichkeit nicht in demselben Maße und nicht in derselben Tiefe wie die der Frau. Bei Frauen machen Körper und Seele unter dem Einfluß der Liebe eine Metamorphose durch. Ich habe gesehen, wie dicke Frauen abnahmen, als sie verliebt waren, und wie häßliche schön wurden. Kurz, eine Frau nimmt durch die Liebe oft eine neue Persönlichkeit an. Sie kann eine andere Frau werden – völlig verschieden von der, die sie vorher war. Sie streift oft ihre alte Haut ab und bekommt eine neue wie eine Schlange... Sie ist oft selbst erstaunt über die Tiefe und das Ausmaß der durch das neue Gefühl bewirkten Verwandlung, als wäre sie ein Wunder. Zuvor gehörte sie sich selbst, nun nicht mehr. Bevor sie dem Mann begegnete, wußte sie wenigstens, daß sie sie selbst war. Nun hat sie ihn in sich aufgenommen, und ihr Leben gehört ihm wie ihr. Kein Mann scheint eine so tiefe Veränderung in sich zu spüren. Auch in dieser Hinsicht, in der emotionalen Einverleibung des Liebesobjekts, ist die Liebe der Frau ein Vorspiel zur Schwangerschaft, die, genau betrachtet, eine Verwandlung ihres Organismus durch die Aufnahme eines Fremdkörpers ist.

6. Röcke

Die Hose eines Mannes ist einfach ein Teil seiner Kleidung und weiter nichts. Der Rock einer Frau ist auch nur ein Kleidungsstück, aber er ist beinahe auch ein Teil ihres Körpers, der sich in Form von Stoff ausdrückt. Was man mit einer Hose tun kann, ist sehr einfach: man kann sie an- oder ausziehen. Ein Rock dagegen hat sehr viele und vielfältige

Verwendungsmöglichkeiten. Ein Patient (der kein Voyeur war) schilderte mir, was eine Frau, die er oft beobachtete, mit ihrem Rock machte. Der Patient sah nie das Gesicht oder den ganzen Körper der Frau. Er wohnte ihr gegenüber auf der anderen Straßenseite, und die Wohnung lag so, daß er nur den unteren Teil ihrer Gestalt sehen konnte – und das auch nur bei Tage, denn abends wurden die Rouleaus heruntergezogen. Der Patient beschrieb die Bewegungen des Rocks, als wäre er ein Lebewesen. Tatsächlich beschrieb er ihn als »einen Teil einer Frau, der als Kleidungsstück getarnt ist«. Er beobachtete die unbekannte Frau, wenn sie allein und wenn sie in Gesellschaft war, und er bemerkte, daß es eine Form des Flirts sein konnte, den Rock ein wenig in die Höhe oder auch hinunterzuziehen – die Aufmerksamkeit eines Mannes wurde auf diese Weise angezogen, sein Interesse am Körper erweckt. Die Röcke, die die Frau trug, versicherte mein Patient, spiegelten ihre Stimmungen wieder und wurden nicht nur durch die gesellschaftlichen Anlässe bestimmt. Sie drehten sich und wirbelten, tanzten, fühlten sich fröhlich oder müde oder traurig... Hier ist ein Beispiel für die Personifizierung eines Rocks aus einem Kriminalroman von Agatha Christie: »Ihr Rock war aus Tweed und hing hinten deprimiert herunter.«

Die Phantasie meines Patienten übertrieb die Ausdrucksmöglichkeiten, die er den Röcken der Frau zuschrieb. Es besteht aber kein Zweifel daran, daß die Frau ihre Stimmungen mehr in ihrer Form und Farbe und in ihren Bewegungen ausdrückt als der Mann in seinen Hosen. Ihre Röcke scheinen ihren Körper nicht nur zu bedecken, sondern zu umspielen und ihn ebenso zu enthüllen wie zu verbergen. Wie anschaulich ist zum Beispiel in einem Lied von Brahms das Bild einer Marketenderin, die in einen mit seinem Regiment aufbrechenden Soldaten verliebt ist: »Sie nimmt ihre Röcke zusammen und läuft dem Reiter nach.«

Unlängst fielen mir einige Verse ein:

> »Ich ehr den Unterrock, das muß ich sagen:
> Es ist ein Kleid, erhaben, rätselhaft,
> Gleichviel, ob Wolle, Zwillich oder Taft.«

Von wem ist das? Von Byron.* Ich muß daran erinnert worden sein, als ich sah, wie eine Frau, die in ein Auto einstieg, ihre Röcke ein wenig anhob. Eine Weile später dachte ich: Wie alt man doch wird! Für wen wäre ein Unterrock heute noch ein »erhabenes« Kleidungsstück? Wen

---

* *Don Juan*, 14. Gesang, 26; deutsch von Otto Gildemeister. George Gordon Lord Byron, Sämtliche Werke, Bd. II, Winkler Verlag, München.

erregen kurze Röcke noch sexuell? Ich erinnere mich noch, wie ich als Junge über eine Zeichnung lachte, auf der Charlie seine Tante auf einem Fahrrad sieht und höchst erstaunt ausruft: »Schau! Tantchen hat auch Beine!« Wenn wir, Sie und ich, uns heute diese Zeichnung und ihre Unterschrift ansähen, würden wir uns fragen: »Was ist denn daran komisch?«

7. Weibliche Scham

Als ich auf die Zwanzig zuging, trug sich folgende Geschichte zu. Eine Gruppe von Jungen und Mädchen machte einen Reiterausflug auf einen hohen Berg in der Nähe von Wien. Als die jungen Leute auf dem Gipfel ankamen und das Hotel betraten, erfuhren sie, daß für die Gäste ein Tanzabend veranstaltet werden sollte. Da sie sich an dem Vergnügen beteiligen wollten, beschlossen die Mädchen, sich von den Kellnerinnen Röcke auszuborgen, da es damals nicht schicklich gewesen wäre, in Reithosen zu tanzen. Sie zogen die Röcke einfach über den Stiefeln und Hosen an und tanzten. In den Pausen gingen alle in die Bar und tranken Wein. In ihrer Weinlaune schlugen die jungen Männer vor, daß die Mädchen ihre Röcke heben sollten. Alle Mädchen wiesen dieses Ansinnen als höchst unanständig zurück, obwohl sie mit ihren Breeches und Stiefeln unter den Röcken vollständig bekleidet waren. Diese Tatsache spielte keine Rolle. Die Laszivität lag in der Gebärde.

Eine Frau kann sich sehr leicht vor dem Mann schämen, mit dem sie gerade erst geschlafen hat. Obwohl er sie nackt gesehen hat, kann sie sagen: »Dreh dich um, während ich mich anziehe.« Psychologisch ist das leicht zu verstehen. Der Mann, der von seiner Begierde geblendet war, ist nun nüchtern und aufmerksam. Er könnte sie nicht mehr mit denselben Augen sehen, sondern kritisch.

Es gibt Augenblicke, in denen eine Frau mitten in der sexuellen Hingabe vor plötzlicher Scham erröten kann, von »*soudaine pudeur*« übermannt.

Eine junge Frau in einem der Kriminalromane von Georges Simenon erklärt Inspektor Maigret, warum sie meinte, sie könnte eine Stellung als Verkäuferin in einem Warenhaus bekommen: Frauen, die Unterwäsche und Hüftgürtel kaufen, lassen sich nicht gern von einem Mann bedienen.

Ein anderes Beispiel, was die Bedienung durch Männer und Frauen anbetrifft: In Schönheitssalons waschen und spülen sogenannte »Shampoo-Mädchen« das Haar der Frauen, aber Männer legen es. Warum machen die Mädchen nur die »Schmutzarbeit«, das Waschen und Reinigen, während der künstlerische Teil den Männern vorbehalten ist? Kommt das daher, daß Mr. Carlos oder Mr. Caruso besser beurteilen kann, was für eine Art von Frisur dieser oder jener Kundin steht? Vertrauen Frauen dem Geschmack eines Mannes mehr als dem einer anderen Frau? Es ist auch möglich, daß die Mädchen selbst einen inneren Widerstand gegen diese Aufgabe haben. Als eine darüber befragt wurde, sagte sie: »Warum sollte ich mein bestes tun, um eine andere Frau schöner zu machen?« Und warum werden Frauen in Schuhgeschäften gewöhnlich von Männern bedient? Haben Männer mehr Geduld mit sehr wählerischen Damen? Oder sind die meisten Männer latente Schuhfetischisten? Jemand behauptete, daß Frauen nicht gern vor anderen Frauen knien, die Schuhe anprobieren. Wenn es nicht das Knien ist, so ist es doch eine niedrigere Stellung, die dem Knien nahekommt. All diese Fragen müssen nicht nur vom kommerziellen Standpunkt aus gesehen werden, sondern auch von dem der vergleichenden Psychologie. Ja sogar eine gewisse sexuelle Symbolik kann eine entscheidende Rolle spielen, beispielsweise wenn man einer Frau Schuhe anprobiert. (Man denke an das Märchen von Aschenputtel.)

8. Das Schönheitsempfinden

Nach der psychoanalytischen Theorie entdeckt das kleine Mädchen früh im Leben durch die Beobachtung von Jungen, daß das andere Geschlecht privilegiert ist, weil es äußere Genitalien hat, die ihm, dem Mädchen, fehlen. Diese überraschende Entdeckung hinterläßt unauslöschliche Spuren in der Entwicklung und Charakterbildung des Mädchens. Sie ist auch der Grund für die größere narzißtische Einstellung, die die Psychoanalyse der Frau zuschreibt. Ihre Eitelkeit wurde von Helene Deutsch als eine weitere Wirkung des Penisneids definiert, »denn sie werden dazu getrieben, ihre körperlichen Reize als verspätete Kompensation für ihre ursprüngliche sexuelle Minderwertigkeit höher zu bewerten«.[*]

Mir scheint, daß die psychoanalytische Forschung mit ihrer Betonung des körperlichen Mangels in der Genitalregion, den das kleine Mädchen empfindet, den ästhetischen Wert und seine Bedeutung für die Entwicklung der weiblichen Einstellung vernachlässigt hat. Ich nehme an, daß

---

[*] »The Psychology of Women in Relation to the Function of Reproduction«, in: *International Journal of Psychoanalysis*, 1925, S. 160.

das kleine Mädchen seine Genitalien, verglichen mit denen des Jungen, häßlich findet. Nicht nur die größere Schamhaftigkeit der Frauen, sondern auch ihr unaufhörliches Streben danach, ihren Körper zu verschönern und zu schmücken, ist als Verschiebung und Erweiterung ihrer Bemühung zu verstehen, den ursprünglichen Eindruck, daß ihre Genitalien häßlich sind, zu überkompensieren. So viele charakteristische Merkmale der Frauen müssen als Manifestationen dieses Wunsches, schön zu sein, verstanden werden, der oft vom Körper auf Kleidung, Schmuck und so fort übertragen wird. Wir haben daher das lebendige Schönheitsempfinden und den besseren Geschmack, den Frauen besitzen, einem anfänglichen schockierenden Eindruck zu verdanken, den die Frauen in ihrer Kindheit gewannen, als sie sich, verglichen mit den Jungen, benachteiligt, minderwertig und häßlich fühlten.

Nicht nur die Unterschiede bezüglich der Genitalien, die das kleine Mädchen wahrnimmt, geben ihm das Gefühl, benachteiligt zu sein, und fördern den Penisneid. Einer der selten diskutierten Gründe ist die Erziehung des Mädchens zu peinlicher Sauberkeit in Verbindung mit den Genitalien. Die Erziehung flößt dem Mädchen den Gedanken ein, daß seine Drüsen unangenehme Gerüche absondern. Die meisten Frauen haben eine geradezu panische Angst davor, daß ein Mann einen Vaginageruch bemerken könnte. Tief im Innern fürchtet eine Frau, daß alle Wohlgerüche des Orients die Ausscheidungen ihrer Genitalien nicht verdecken können. Bei der Erziehung des Jungen gibt es nichts Ähnliches. Er achtet wenig auf seine Ausscheidungen. Kein Mann macht sich vor dem Geschlechtsverkehr Gedanken über den Geruch seiner Genitalien, aber jede Frau ist besorgt.

9. Gegensätzliche emotionale Störungen

Obwohl psychotische und präpsychotische Störungen oberflächlich betrachtet bei beiden Geschlechtern dasselbe Erscheinungsbild bieten, kann eine feinere Beobachtung Unterschiede auch in der Symptomatologie entdecken. Man vergleiche die beiden Fälle von Paranoia der erotomanen Art bei einem Mann und einer Frau. Der Mann, der mich konsultierte, klagte darüber, daß alle Männer, denen er begegnet, darauf aus seien, seine Aufmerksamkeit zu erregen und ihn zu verführen. Um mich von der Wahrheit seiner Behauptungen zu überzeugen, führte er mich an das Fenster meines Sprechzimmers (damals im fünften Stock) und zeigte auf die Passanten auf der Straße. »Sehen Sie den Mann da unten? Haben Sie bemerkt, wie er sich die Krawatte glattstrich, als er mich sah? Und der andere dort – haben Sie gesehen, daß er mir zuwinkte, während er so tat, als grüßte er einen Bekannten?« Auf diese Weise deutete er kleine Gesten vorübergehender Männer als Absicht, seine Aufmerksamkeit zu erregen. Eine Frau in mittleren Jahren klagte darüber, daß eine andere Frau, die ihr gegenüber wohnte, sie immerzu beobachtete, ihr zusah, wenn sie sich an- und auszog, und am Abend durch die Jalousien zu ihr herübersah, weil sie in sie verliebt war. Beide paranoischen Patienten weisen unbewußt ihre homosexuellen Neigungen zurück, indem sie sie auf Objekte projizieren, aber bei dem männlichen Patienten läßt sich eine größere Energie der sexuellen Begierde feststellen.

10. Die Überich-Entwicklung der Geschlechter

Das Überich ist sozusagen das Monument des befehlenden und verbietenden Vaters im Individuum, das die tatsächliche Vaterfigur durch eine unsichtbare Instanz innerhalb seines Ichs ersetzt hat. Das Überich der Frau scheint nicht dieselbe Starrheit und Strenge zu entwickeln wie das des Mannes, weil die sexuellen und aggressiven Triebe der Frau nicht so heftig sind, daß sie die starken Gegenkräfte für ihre Beherrschung benötigen. Daher kennt die Frau vielleicht auch nicht eine so strenge Disziplin in der Selbstverleugnung und braucht sich kleiner Vergnügen und Annehmlichkeiten nicht zu enthalten. Ihr sanfteres Ich zwingt sie nicht oft zur Askese in der Religion und im täglichen Leben.

Es gibt auch kein masochistisches System, das sich mit dem des Mannes vergleichen läßt. Ein mir bekannter Wissenschaftler war Anhänger eines solchen alles beherrschenden Systems. In Abwandlung des Titels des Shakespeareschen Dramas nannte er diese Verhaltensregel »Lust für Lust«.* Das heißt, wenn er mit seinen Forschungen beschäftigt war und die Befriedigung der Entdeckung genoß, mußte er sich das Vergnügen des Theaters oder der Musik versagen. Wenn er Sport trieb, durfte er es sich nicht erlauben, das Zusammensein mit einer Frau zu genießen und so fort. Es ist natürlich möglich, daß Frauen ohne Dinge auskommen, die ihnen Freude bereiten, und daß sie bereit sind, auf ein Vergnügen zugunsten einer anderen Befriedigung zu verzichten, aber ihr »Handel« ist nie so streng und bedingungslos oder alles umfassend. Sie sind im allgemeinen zu vernünftig, um sich so strenge Gesetze zu schaf-

---

* *Pleasure for Pleasure* statt *Measure for Measure* = Maß für Maß (Anm. d. Übers.)

fen. Sie halten eine Diät ein, um eine gute Figur zu haben, und leiden in Schönheitssalons, um etwas für ihr Aussehen zu tun. Sie sind bereit und fähig – manchmal in höherem Maße als Männer –, schwere Opfer für geliebte Menschen zu bringen, aber nie oder beinahe nie für eine Sache oder eine unpersönliche Aufgabe. Es gibt keinen Gott, der ihre Selbstverleugnung bezeugt, und sie opfern ihr Vergnügen nicht einer strengen Gottheit. Sie wollen nicht Jahweh gefallen, sondern einem Mann oder vielen Männern. Der Monotheismus ist überhaupt eine Erfindung des Mannes. Keine Frau würde auf die Idee kommen, daß es nur einen Gott gibt.

11. Ältere Frauen, ältere Männer

In einer Bar im unteren Manhattan hängt ein Schild, auf dem folgender Rat zu lesen ist:

> »Nimm Fraun, die über vierzig sind.
> Sie zaudern nicht,
> Sie plaudern nicht
> Und sind dir dankbar wie ein Kind.«

Es ist nicht ratsam, ältere Damen nach ihrem Befinden zu fragen, denn man läuft Gefahr, daß sie einem alle ihre Beschwerden in allen Einzelheiten schildern.

Jemand behauptete, daß im Alter von mehr als vierzig Jahren ein Mann seiner Ehrlichkeit und eine Frau ihrer Keuschheit müde wird. Sind daher Ehrlichkeit und Keuschheit in unserer Gesellschaft in Gefahr? Keineswegs. Es ist nur so, daß in diesem Alter die Versuchungen größer oder die Hemmungen schwächer werden. Bei Menschen über Vierzig ist die Gefahr in beiden Richtungen größer. Die Begriffe Ehrlichkeit und Keuschheit werden aber in diesem Alter nicht bewußt abgewertet – jedenfalls nicht offiziell, denn gerade in diesem Alter sind Männer Väter, die ihre Söhne Rechtschaffenheit lehren, und Frauen Mütter, die ihre Töchter zur Keuschheit erziehen. Obwohl also diese Väter und Mütter gegen die Spielregeln der Gesellschaft verstoßen, wird ihr Wert durch die Weitergabe an die junge Generation und durch deren Erziehung bestätigt und bewahrt.

Der Lebensgenuß ist eng verbunden mit der Fähigkeit, törichte Dinge zu tun. Nur Illusionen verleihen dem Leben Gehalt und Farbe. Goethe sagte: »Wenn dir's in Kopf und Herzen schwirrt, was willst du Beßres haben! Wer nicht mehr liebt und nicht mehr irrt, der lasse sich begraben.« Madame de Staëls berühmter Satz sollte abgeändert werden: *Tout comprendre c'est tout renoncer* – Alles verstehen, heißt auf alles verzichten, und nicht: Alles verstehen, heißt alles verzeihen.

Junge Männer hoffen im allgemeinen, daß sich ihre Lage zum Besseren wenden wird. Ein entscheidender Punkt im Leben ist erreicht, wenn die – nun alten – Männer die Hoffnung ausdrücken, daß alles bleibt, wie es ist, und sich nicht zum Schlechteren wendet. Ein Mann in Paul Claudes Stück *The Hostage* bemerkt, daß er sich nicht vom Licht des Geistes leiten läßt, sondern von dem viel schwächeren Licht des Gewissens. Mit sehr wenigen Ausnahmen, zu denen ich Schweitzer und Churchill rechne, werden die meisten alten Männer von diesem schwächeren Licht geleitet. Die Erosion der Werte im hohen Alter macht sich auch bei genialen Männern in dieser Hinsicht bemerkbar.

Männer, die nicht bereit sind, die mittleren Lebensjahre zu akzeptieren, sind feminin. Frauen, die sie leicht akzeptieren, sind maskulin.

Die boshaften Pagen am Hof Ludwigs XIV. pflegten, wenn sie einer Dame die Tür öffneten, zu sagen: »*Passez, Beauté*!« (»Gehen Sie durch, Schönheit«.) Wenn die Frau durch die Tür gegangen war, fügten sie manchmal hinzu: »*Beauté passée*«. (»Schönheit vergangen.«) Frauen empfinden manchmal Mitleid mit alten Männern, die sie allein in einem Park sitzen sehen. Männern tun alte Frauen selten leid. Alte Männer sind hilfloser und einsamer. Ihr Leben verliert im Alter mehr und mehr den Inhalt, den nur menschliche Beziehungen bieten können. Alte Frauen können das Leben mit ihren Kindern und Enkelkindern und in Gesellschaft anderer Frauen genießen.

12. Im Land des Lächelns

Der auf China angewandte Titel der Operette von Lehár, *Das Land des Lächelns*, ist ein sehr passender Name für das Reich, in dem die Frauen leben. Man bedenke, daß das Lächeln eines Mannes eine sehr begrenzte Anzahl von Emotionen ausdrückt, während das einer Frau die ganze Skala ihrer echten oder vorgetäuschten Gefühle umfaßt. Es gibt ein gefrorenes Lächeln und ein Lächeln, das die eisige Atmosphäre zwischen Menschen tauen läßt. Die Zeit und Gelegenheit für das Lächeln einer Frau ist auch Moden und Konventionen unterworfen.

Etwa um 1880 veröffentlichte der Schweizer Schriftsteller Gottfried Keller eine Sammlung von Erzählungen, *Das Sinngedicht*, die heute so gut wie vergessen ist. Eine der Erzählungen stellt einen jungen Wissenschaftler, Reinhard dar, dessen Aufmerksamkeit von seinen Studien abgelenkt wird, als er ein Epigramm liest, das Friedrich von Logau im 17. Jahrhundert geschrieben hatte:

> »Wie willst du weiße Lilien zu roten Rosen machen?
> Küß eine weiße Galathee, sie wird errötend lachen.«

Der junge Wissenschaftler brennt darauf, das Experiment durchzuführen, aber es mißlingt zunächst. Er küßt ein Mädchen, es lacht, errötet aber nicht; er küßt ein anderes, das errötet, aber nicht lächelt. Erst nach einiger Zeit trifft er eine junge Dame, mit der er das Experiment zu einem befriedigenden Abschluß bringt.

Lassen wir uns zu der kühnen Annahme verleiten, ein junger Wissenschaftler unserer Tage würde durch eine ähnliche Neugier wie die des Dr. Reinhard lange genug von seinen Versuchen abgelenkt werden, eine noch wirkungsvollere Bombe herzustellen. Wie würde es ihm ergehen? Ich fürchte, sein Experiment wäre ein totaler Fehlschlag. Welches Mädchen würde heutzutage überhaupt erröten? Und welches Mädchen würde bei einem Kuß anmutig lächeln? Ein Kuß ist heute entweder nur eine leere Formalität oder ein verdammt ernstes Vorspiel zum Geschlechtsverkehr. Ein holdes Erröten und Lächeln ist heute ebenso veraltet wie die Musketen, die die Soldaten trugen, als Friedrich von Logau vor mehr als dreihundert Jahren dieses Epigramm schrieb.

Ein Patient, der kein Dichter, sondern Physiker ist, erzählte mir von einer hübschen Phantasie, die er einmal als junger Mann hatte. Er hatte sich in ein schönes Mädchen verliebt, war aber lange zu schüchtern, um ihr seine Gefühle mitzuteilen. Einmal nahm er sie in die Arme und küßte sie. Dann fragte er sie, ob sie gewußt habe, daß er sie liebte. Sie antwortete nicht, sondern sah nur zu ihm auf. Am selben Abend schrieb der junge Mann die folgende Geschichte nieder: »Vor dem Thron des Herrn erschien einer Seiner schönsten Engel mit einer Klage. Er sagte dem Herrn, jemand habe ihm sein Lächeln gestohlen, während er schlief und einen nun vergessenen wundervollen Traum träumte. ›Dein Lächeln wurde nicht gestohlen‹, sagte der Herr. ›Es wurde nur ausgeborgt. Sieh dort hinunter.‹ Der Herr zeigte auf eine bestimmte Stelle auf der Erde, auf das Zimmer, in dem ich gerade dieses Mädchen in meinen Armen gehalten hatte. Ein Sonnenstrahl war ins Zimmer gefallen, als ich sie fragte, ob sie wisse, daß ich sie liebe. Sie blieb stumm, aber plötzlich spielte das schönste Lächeln um ihre Lippen, während sie mir ernst in die Augen blickte, und ich dachte: ›Nur ein Engel kann so lächeln.‹«

13. Pünktlichkeit

Pünktlichkeit ist eine Forderung, die ein strenges Überich stellt. Unpünktlich zu sein, wird von unserem Unbewußten als grob und beleidigend aufgefaßt. In diesem Sinne muß der berühmte Ausspruch Ludwigs XVI. verstanden werden. »Pünktlichkeit ist die Höflichkeit der Könige.« Der König, für den die Konventionen nicht gelten, an die seine Untertanen gebunden sind, unterwirft sich freiwillig der Verpflichtung, zur rechten Zeit zu kommen. Ist Pünktlichkeit auch die Höflichkeit der Königinnen? Sicherlich nicht in demselben Maße. Der Geschlechtsunterschied spielt hier eine große Rolle. Wir erwarten von Frauen nicht wie von Männern, daß sie rechtzeitig zu einer Verabredung erscheinen. Es besteht eine stillschweigende Vereinbarung, nach der Frauen Männer warten lassen dürfen, während es für einen Mann ungehörig ist, zu einer Verabredung mit einer Frau nicht pünktlich zu kommen. Kein Mann erwartet von einer Frau, mit der er verabredet ist, daß sie sich früher als er an einem bestimmten Ort einfindet und dann auf ihn wartet. Es scheint ein ungeschriebenes Gesetz der Galanterie zu sein, daß der Mann zu früh am Ort der Verabredung eintrifft. Die strukturbildende Bedeutung der Sexualität – der Mann ist aktiv und ergreift die Initiative – drückt sich auch in diesem Verhalten aus. Zu spät zu kommen – oder jedenfalls später als der Mann –, ist somit das Privileg der Frauen aller Schichten. Unser farbiges Dienstmädchen, Gussie, ging nie beim ersten Läuten zur Tür, wenn sie wußte, daß ein Lieferant draußen stand. »Einen Mann muß man warten lassen«, erklärte sie.

14. Falsches Lob

Ich fuhr mit einem Ehepaar zu einer Party. Der Mann ging auf die Fünfzig zu, die Frau war Mitte Dreißig. Er sprach von einem Film, den sie am Abend zuvor gesehen hatten, und von der französischen Hauptdarstellerin, deren äußere Erscheinung er bewunderte. Besonders begeistert war er von den schönen Beinen der Schauspielerin, und er beschrieb sie eingehend. Ich gab vorsichtig zu, daß sie tatsächlich schöne Beine hatte. Zu unserem Erstaunen widersprach seine Frau energisch unserem Lob. Sie sagte: »Ich verstehe euch Männer nicht. Was ist so wunderbar an einem Bein? Es ist doch einfach nur ein Körperteil wie irgendein anderer.« Sie sprach in diesem Sinne weiter und drückte einige Verachtung für die Vorliebe der Männer für diesen Teil der weiblichen Schönheit aus. Ich hatte nur selten gehört, daß sich eine Frau so sehr gegen beifällige Bemerkungen über ihr eigenes Geschlecht wehrte, und begann nachzudenken. Bald wurde mir bewußt, daß unser Gespräch in mehr als einer Hinsicht taktlos war. Zunächst einmal möchte keine Frau von Männern, mit denen sie zusammen ist, das Lob einer anderen Frau hören. Abgesehen davon und darüber hinaus aber hatte wahrscheinlich gerade die Art des Lobes den Stolz der Frau verletzt. Es beschränkte sich auf einen einzigen Teil des Körpers der Frau, so als wäre er von ihrer Person getrennt. Nichts war über die Qualitäten der Frau als Schauspielerin und Künstlerin gesagt worden und nichts über ihre Persönlichkeit. Die Frau fühlte sich gekränkt, weil die Bemerkungen alle Frauen, sie selbst mit inbegriffen, degradierten, denn sie wurden in der Gestalt eines repräsentativen Individuums gemustert wie Rinder auf einer Ausstellung.

15. Mutterschaft

Es ist wahrscheinlich, daß die Liebe für Frauen oft einen ganz anderen Verlauf nimmt als für Männer. Sie beginnt, wie bei den Männern, mit Phantasien, die auf die früheste Phase der Abhängigkeit zurückgehen – zur Mutter, die dem Kind Wärme, Schutz und Nahrung gab. Die unbewußte Phantasie der Frau geht somit zurück in das Reich der frühen Wünsche: gehalten und umarmt, liebkost und umsorgt zu werden. In diesen Phantasien befindet sich die Frau wieder in ihrer Kindheit. Später nimmt in ihren Phantasien der Mann den Platz ein, den einmal die Mutter, das erste Liebesobjekt, innehatte. Noch später wird dieser wirklich ewige Wunsch, »bemuttert« zu werden, durch den Wunsch ersetzt, diese Rolle zu übernehmen und selbst Mutter zu werden. Durch Identifikation möchte die Frau nun ein Kind haben, es bemuttern und umsorgen und nicht selbst ein Kind sein. Den Übergang von der Anfangsphase bis zur Endphase der Phantasie bildet der Mann. Er ist sozusagen die Brücke zwischen der einen und der anderen Seite. Er wird ihr nicht nur das Kind geben, das sie sich wünscht, sondern selbst auch das Kind sein, an das sie einstweilen ihre Liebe verschwendet.
Es muß eine immanente Mütterlichkeit sein, die Frauen anderen, Männern wie Frauen, gegenüber gütig sein läßt und sie bei dem Gedanken, Leben zu zerstören und zu töten, mit Entsetzen erfüllt. Lady Macbeth hatte keine Kinder.
Eine neurotische Patientin sagte, als sie kurz nach der Entbindung ihr Kind in den Armen hielt: »Jetzt hasse ich die Männer zum erstenmal nicht.«

16. Das Zweitbeste

Der psychologische Gegensatz zwischen den Geschlechtern drückt sich besonders klar in den verschiedenen Werten aus, die sie ihrer Erscheinung und ihren Eigenschaften beimessen. Männer wollen stark sein; ihr Ideal ist Herkules. Frauen wollen schön sein; ihr Ideal ist Venus. Vom Standpunkt ihrer infantilen Einstellung aus betrachtet, streben beide Geschlechter in späteren Jahren danach, eine unbewußte Angst ihrer frühen Kindheit zu überwinden. Der Mann versucht, die Kastrationsangst zu bemeistern, die seine Knabenjahre überschattete. Die Frau versucht des Eindrucks des kleinen Mädchens Herr zu werden, daß es, verglichen mit dem Jungen, benachteiligt war, weil es keinen Penis hatte. Beide Geschlechter kämpfen somit gegen Phantome, die in ihrer frühen Vergangenheit von Bedeutung waren, und versuchen Trost für eingebildete Defekte zu finden.

Im Hinblick auf ihre psychologische Bedeutung können zwei Ereignisse im Leben von Männern und Frauen mit keinem anderen verglichen werden. Das wichtigste Ereignis im Leben eines Mannes ist der Tod seines Vaters (später einer Vaterfigur). Das wichtigste Ereignis im Leben einer Frau ist die Geburt eines Kindes (besonders eines Sohnes). Beide Ereignisse sind Erfüllungen alter, verdrängter Kindheitswünsche.

Liebe ist ursprünglich ein Versuch, den Idealzustand des bedingungslosen Akzeptiertwerdens, das heißt einer vollständigen narzißtischen Befriedigung, wiederzuerlangen. Er ist jedoch ebensowenig wiederzuerlangen, wie es unmöglich ist, in das Paradies zurückzukehren, aus dem wir vertrieben wurden. Diesen paradiesischen Zustand gab es einmal wirklich, nämlich in der frühen Kindheit. Was wir in der Liebe unbewußt wünschen, ist, das erste Entzücken unserer Mutter über uns wiederzuerleben, das heißt das verlorene Paradies wiederzugewinnen.

17. Die Vermeidung der Inzestgefahr

Es läßt sich durch mehrere Methoden vermeiden, auch nur den Grenzen inzestuöser Wünsche nahezukommen. Eine Methode ist die Wahl eines Partners, der im Hinblick auf völkische Abstammung, Glauben oder sozialen Status dem Vater oder der Mutter, dem Bruder oder der Schwester so fern wie möglich steht. Eine Erbin aus einer der ältesten amerikanischen Familien geht mit einem chinesischen Chauffeur durch, und ein junger Mann aus einer orthodoxen jüdischen Familie verliebt sich in eine nichtjüdische blonde Norwegerin. Eine andere Art der Vermeidung, vor allem in sexueller Hinsicht, ist die Suche nach einem Liebesobjekt außerhalb der eigenen Stadt oder Provinz. Als repräsentatives Beispiel möchte ich den Fall eines jungen Holländers anführen, der in seiner Heimatstadt Den Haag impotent war, aber eine völlig normale Potenz in Amsterdam oder Utrecht hatte, das heißt in Städten, die von Den Haag aus in kürzester Zeit mit dem Zug zu erreichen sind. Die rationalistische Erklärung für diesen Unterschied ist natürlich darin zu suchen, daß ihn in Den Haag viele Leute kannten, während er sein Sexualleben anderswo leicht geheimhalten konnte. Offensichtlich war das aber nicht der Hauptgrund für sein sexuelles Tabu. Es war so, als hätte er seine Heimatstadt unbewußt mit seiner Mutter und seiner Schwester identifiziert, das heißt mit verbotenen Sexualobjekten.

18. Moral und Menschlichkeit

Die vergleichende Anthropologie und die Religionsgeschichte in Verbindung mit der psychoanalytischen Forschung führen zu dem Schluß, daß der Ursprung der Moral in der Stammesgesellschaft erwachsener Männer zu finden ist. Diese Männer zwangen der heranwachsenden Generation des Stammes die primären Verhaltensregeln und sie sich daraus ergebenden Prinzipien auf. Die Moral beginnt mit Verboten, die von Drohungen, Flüchen und schweren Strafen für Zuwiderhandelnde begleitet sind.

Die Menschlichkeit, scheint mir, entsprang der Beziehung zwischen Mutter und Kind. Während die Einführung der Moral den lebenswichtigen Erfordernissen der männlichen Stammesgesellschaft und vor allem der Erhaltung der Stammesgruppe Rechnung trug, gründet sich die Menschlichkeit auf das intimere Gefühl der Mutter, für die das Kind ein Teil ihrer selbst ist. Die Ausdehnung dieses Erlebnisses auf die Mitglieder ihrer Familie und schließlich auf die Gruppe und alle Menschen führt zu dem, was wir Menschlichkeit nennen. In der Evolution des Menschen wird die Moral von Männern entwickelt und die Menschlichkeit von Frauen geboren.

19. Mann, Frau und Natur

Jeder Beobachter wird feststellen, daß Frauen im allgemeinen eine größere Fähigkeit besitzen, sich mit unbelebten Objekten zu identifizieren, als Männer. Psychologen und Soziologen haben darauf hingewiesen, daß diese Gabe der leichten Identifikation das Ergebnis verschiedener emotionaler und die Erziehung betreffender Faktoren ist. Mir scheint, daß bei Untersuchungen dieser Art vielleicht ein wichtiges Element vernachlässigt wurde, das uns helfen könnte, das Phänomen zu erklären; nämlich die Tatsache, daß die Weltbetrachtung der Frau unbewußt oder vorbewußt noch animistisch oder genauer animatistisch ist. Der Animatismus gehört einer Evolutionsphase an, in der die Natur als personalisiert und beseelt gesehen wird. Ein Tisch, ein Stuhl, eine Wolke, ein Fels, alles hat nach dieser Vorstellung einen eigenen Willen und eine eigene Seele. Es lebt und ist dem Schicksal von Lebewesen unterworfen. Wir sind nicht überrascht, wenn wir eine Frau in einem Garten sagen hören: »Sieh dir diese armen Tulpen an. Sie sehen schon ganz elend aus und werden sterben.« Frauen betrachten Blumen und Pflanzen allgemein, als wären sie Kinder, und die Sorge für sie ist eine Fortsetzung der Sorge für das Kind. Erstaunlicher ist für uns Männer, daß Frauen auch Möbel oder Kleidungsstücke als Lebewesen betrachten. Das bedeutet, daß Frauen gleichzeitig in unserem Zeitalter der Wissenschaft und des technischen Fortschritts und in einer frühen Periode der Steinzeit leben können. Frauen sind in ihrem Denken und in ihrer Auffassung von der Welt der Natur näher als Männer. Nur die Dichter scheinen diese Intimität mit der Natur zu erreichen, wie sie den Frauen gegeben ist, die sich noch nicht so weit von ihrer Mutter, der Erde, entfernt haben. Die animatistische Anschauung findet man auch im Märchen, in dem auch unbelebte Dinge sprechen.

20. Liebe und Schöpfung

Mir scheint, daß die Analogie zwischen dem emotionalen Prozeß der Liebe und der Kreativität, die in der psychologischen Literatur gelegentlich erwähnt wird, noch nicht gründlich genug verfolgt wurde. Für beide ist die totale Forderung an das Ich charakteristisch. In beiden Fällen findet man das Wunder, daß das Selbst und die Selbstsucht, ja sogar die Grenzen zwischen dem Selbst und anderen Geschöpfen verschwinden. In der Liebe und in der schöpferischen Tätigkeit zeigt sich die gleiche, mit Demut verbundene freudige Errregung, eine Glückseligkeit, die für die Neuheit von Menschen und Dingen aufgeschlossen macht. Die Isoliertheit des Individuums ist aufgehoben, der Mensch fühlt sich mit der Welt um ihn her vereint, und er empfindet eine neue Achtung vor anderen Wesen. Liebe und Kreativität vollbringen das Wunder dieser Verwandlung ohne Rücksicht auf den objektiven Wert ihrer Gegenstände: ein Künstler fühlt sich erhoben und glücklich, gleich ob sein Werk gut, schlecht oder mittelmäßig ist. Ein Mann verliebt sich in eine häßliche Frau ebenso leicht wie in eine schöne. Liebe und Schöpfung sind Kunstwerke und verleihen ihren Objekten eine einzigartige Vorzüglichkeit. Alle Welt liebt einen Liebenden, aber das größere Wunder ist, daß ein Liebender die ganze Welt liebt im Überschwang einer Seligkeit, die ihre einzige Quelle in ihm selbst hat. Romeo hat das Gefühl, daß alle Geschöpfe um ihn her so glücklich sind wie er:

> »...Hier ist der Himmel,
> Wo Julia lebt, und jeder Hund und Katze
> Und kleine Maus, das schlechteste Geschöpf,
> Lebt hier im Himmel, darf ihr Antlitz sehn.« (III,3)

21. Verschiedene Werte

Sie nennen sich einen Mann und sind nicht imstande, sich einen Platz in der Welt der Männer zu erobern? Sie nennen sich eine Frau und sind nicht imstande, das Herz eines Mannes zu erobern und ihn für einige Zeit festzuhalten?
Ein Psychoanalytiker ist kein Moralist, und die Probleme der Ethik gehören nicht in den Bereich seines klinischen Interesses. Dennoch gelangt er nach mehreren Jahrzehnten analytischer Praxis zwangsläufig zu gewissen allgemeinen Bewertungen für Männer und Frauen. Das bedeutet, daß man sie auch unter dem Gesichtspunkt ihres kulturellen Wertes oder ihres Wertes für die Gesellschaft sieht. Ich habe eine solche Wertskala gefunden, die selbstverständlich rein subjektiv ist. Sie ist vielleicht einige Überlegungen wert, obwohl sie für andere nicht bindend sein kann. Meiner Meinung nach oder so, wie ich es sehe, sollte ein Mann im Idealfall vier Forderungen erfüllen: er sollte ein guter Ehemann, ein guter Vater und ein guter Brotverdiener sein und auf seinem Gebiet etwas Bemerkenswertes leisten. Ich wiederhole: das ist der Idealfall. Er müßte meiner Ansicht nach mindestens zwei dieser vier Forderungen erfüllen, um sich einen in gesellschaftlicher Hinsicht

wertvollen Menschen nennen zu dürfen. Welche von den vieren es sind, ist ohne Belang. Eine Frau sollte im Idealfall drei Forderungen erfüllen: sie sollte eine gute Ehefrau, eine gute Mutter und eine gute Geliebte sein. Es genügt jedoch, zwei von diesen drei Forderungen zu erfüllen, um als wertvolles und nützliches Mitglied der Gesellschaft betrachtet zu werden.

Zwölfter Teil
Gedanken zu Aussprüchen Freuds

(Die folgenden Abschnitte gehören genaugenommen nicht zum Thema dieses Buches, aber ich möchte hier einige Anekdoten über Freud erzählen und einige seiner Bemerkungen zitieren, von denen ich glaube, daß sie es wert sind, erhalten und an die jüngere Generation weitergegeben zu werden.)

Ich denke nun manchmal darüber nach, wie gut organisiert und reibungslos die Ausbildung junger Psychoanalytiker heute im Gegensatz zu den schwierigen Zeiten ist, die wir erlebten, als wir unseren Beruf erlernten. Heute wird ein junger Analytiker, der seine Lehranalyse durchgemacht und alle vorgeschriebenen Vorlesungen und Seminare besucht hat, bei der Behandlung seiner eigenen Fälle von einem älteren, erfahrenen Psychoanalytiker beaufsichtigt. In regelmäßigen Besprechungen werden die psychologischen und technischen Probleme der Fälle besprochen. (In Wien hatten wir mit unseren Patienten gewöhnlich fünf oder sechs Sitzungen wöchentlich, und wir sprachen scherzhaft von einer »Montagskruste«, die sich beim Patienten über das Wochenende gebildet hatte und am Montag erst wieder »abgekratzt« werden mußte.)

Wenn wir vor zu vielen Schwierigkeiten standen und durch verschiedene Widersprüche in der psychoanalytischen Praxis verwirrt waren, gingen wir in das Haus Berggasse 19 und baten Freud um Rat. Er hörte uns immer geduldig an und teilte uns seine Ansichten großzügig mit. Jetzt beaufsichtige ich selbst Kontrollanalysen, und ich erinnere mich manchmal an diese zwanglosen Gespräche, die ich in meinen Anfangsjahren mit meinem Lehrer hatte.

Von Zeit zu Zeit beleben gewisse Vorfälle meine Erinnerung, und es fallen mir charakteristische Bemerkungen Freuds ein. Ein schwer masochistischer Patient zeigte während einer gewissen Phase der psychoanalytischen Behandlung eine sehr trotzige und rebellische Haltung mir gegenüber, obwohl er zuvor die meiste Zeit unterwürfig und passiv gewesen war. Ich erinnerte mich an einen ähnlichen Fall, den ich vor mehr als dreißig Jahren behandelt und mit Freud besprochen hatte. Während dieses Gesprächs drückte ich mein Erstaunen über den Gegensatz zwischen der rebellischen und aggressiven Haltung dieses Patienten und seinem früheren masochistischen Verhalten aus. Freud sagte, der Wechsel sei nur oberflächlich und könne durch die Tatsache erklärt werden, daß die unbewußten masochistischen Wünsche des Patienten in seinen psychoanalytischen Sitzungen keine Befriedigung gefunden hatten und daß sie nun drängender geworden waren und Befriedigung forderten. »Es ist so«, sagte Freud, »als reckte der Patient seinen nackten Hintern in die Höhe und wünschte, Sie würden draufschlagen.«

Schon früher einmal hatte Freud, der bald eine masochistische Neigung in meiner eigenen Persönlichkeit erkannte, am Ende einer psychoanalytischen Sitzung zu mir gesagt: »Sie geben Ihre Fehler nicht zu, Sie brüsten sich mit ihnen.«

Während der politischen Krise in Österreich kam es zu einem langen, dramatischen Konflikt zwischen der klerikalen Partei einerseits und den Kommunisten und Sozialisten andererseits. Erstere Partei wurde allgemein »die Schwarzen« genannt, während die Linken als »Rote« bezeichnet wurden. Freud drückte einmal seine Verblüffung über diese Namensgebung aus und fügte hinzu, seiner Ansicht nach sollten Menschen »fleischfarben« sein.

Einmal wartete ich zusammen mit Dr. Oskar Pfister, dem Züricher Pastor, der psychoanalytische Methoden in der Seelsorge anwandte, in Freuds Wartezimmer auf unseren Lehrer, mit dem wir eine Verabredung hatten. Freud hatte einen deutschen Professor der Psychiatrie zu Besuch und konnte den Mann, der ihn langweilte, nicht loswerden. Er kam für einen Augenblick ins Wartezimmer, entschuldigte sich für die Verspätung und fragte, an Dr. Pfister gewandt: »Sagen Sie, verbietet es das Christentum immer noch, Menschen nur in Gedanken zu töten?«

Freud betrachtete Amerika als Matriarchie. Er zitierte manchmal das alte Wort, daß die beste Frau diejenige ist, über die man nicht spricht.

Hier ein Beispiel für die Vergleiche, die er gebrauchte, um die emotionale Dynamik der Fälle zu veranschaulichen. Einer meiner Patienten zeigte ein seltsames und paradoxes Verhaltensmuster in seinem Berufsleben: er war immer sehr nahe daran, einen großen Erfolg zu erringen, versagte dann aber aufgrund irgendeines ablenkenden, bedeutungslosen Vergnügens, das er sich im letzten Augenblick leistete. Er versagte sozusagen auf der Zielgeraden. Der masochistische, selbstzerstörerische Charakter seines Verhaltens war offensichtlich. Freud, mit dem ich den Fall besprach, sagte: »Er handelt wie ein Mann, der an einem kalten Winterabend von einer langen Reise zurückkehrt. Er sieht schon die erleuchteten Fenster seines Hauses und braucht nur noch eine kleine Anstrengung, um daheim zu sein. Aber er fällt in die nächste Kneipe am Straßenrand.«

Freud betonte wiederholt, daß das Zuspätkommen des Patienten zu seinen analytischen Sitzungen die bewußte Bedeutung eines Widerstandes, eines Widerwillens, überhaupt zu kommen, hat. Er weigerte sich, die verschiedenen Gründe anzuerkennen, die die Patienten für ihre Verspätung vorbrachten, und deutete sie als Rationalisierung. Er sagte: »In diesen Fällen – von wenigen Ausnahmen abgesehen – sollte ein Psychoanalytiker den Standpunkt einer Frau einnehmen. Wenn der Mann sagt, er komme zu spät zu einer Verabredung, weil er eine lange geschäftliche Besprechung oder ein wichtiges Telefonat hatte, ist sie scheinbar unvernünftig und sagt: ›Ja, aber letztes Jahr, als du mich noch mehr liebtest, warst du immer pünktlich.‹«

Freud bestand darauf, daß der Patient seinem Analytiker die Namen der Menschen nannte, die in seinem Leben wichtig waren (Frau, Kinder, Brüder, Schwestern). Er sagte, wir verbinden mit einem Namen unbewußt gewisse Vorstellungen. Wenn der Patient in der Psychoanalyse von seiner Frau, seinem älteren Bruder, seiner jüngeren Schwester oder seinem Freund spricht, ohne ihre Namen zu erwähnen, so ist das, als sähe man ein Theaterstück, dessen Figuren namenlos sind und nur als Vater, Mutter, Frau, Freund und so weiter bezeichnet werden. Die Namen der Verwandten unserer Patienten sind nicht nur in memotechnischer Hinsicht wichtig für uns. Die bloße Tatsache, daß der Patient sie nicht beim Namen nennen will, wenn er von ihnen spricht, ist psychologisch signifikant.

Freud sagte uns einmal, daß die Aufklärung der Kinder beinahe immer zu spät erfolgt. Die Kinder haben sich schon infantile Sexualtheorien gebildet, die manchmal eine groteske Mischung von Wirklichkeit und Phantasie sind. Die sexuelle Aufklärung, die man Kindern gibt, sagte Freud, ähnelt somit der Anschauung, die eine ungebildete Frau damals über ein Stück von Arthur Schnitzler äußerte, das am Wiener Burgtheater gegeben wurde. Die neureiche Frau Pollack wurde während der Pause gefragt, wie ihr das Stück gefalle. Sie antwortete: »Das Stück ist sehr schön, aber es paßt nicht für eine Premiere.«

An einem der Mittwochabende, an denen Freud einen kleinen Kreis seiner Studenten bei sich zu Hause empfing, sprach er über die emotionale Reaktion, die durch den Verdrängungsprozeß ausgelöst wird. Er wählte ein analoges Beispiel aus dem Leben der Kinder. »Sie wissen alle«, sagte er, »daß sich viele Kinder heftig dagegen wehren, Spinat zu essen. Es ist leicht zu erraten, warum Spinat sie durch seine Konsistenz oder Farbe vorbewußt an Stuhl erinnert. Wir wissen, daß sich kleine

Kinder vor ihren Fäzes nicht ekeln. Sie spielen damit und essen sie. Ihr Abscheu vor Fäzes ist ein Ereignis der frühen Erziehung, manchmal einer zu plötzlichen oder zu frühen Erziehung zur Reinlichkeit. Was diese Kinder einmal sehr gern mochten, wird durch diesen Prozeß zum Gegenstand übelkeiterregenden Abscheus.«

Einmal besprach ich mit Freud den Fall eines neurotischen Patienten, dessen sadistische Neigungen offensichtlich, aber verdrängt waren. Als Reaktion auf meine Verwunderung darüber, daß der Patient diese unbewußten Neigungen nicht zu überwinden vermochte, sagte Freud: »Sie können nicht einen Menschen töten, der nicht da ist.«

Als Freud mit mir über die Notwendigkeit sprach, die psychoanalytische Technik in gewissen neurotischen Fällen zu ändern, sagte er: »Unter besonderen Umständen muß man das reine Gold der Psychoanalyse mit niedrigeren Metallen mischen.«

Ein kritischer Satz, den Freud zu mir am Ende einer Psychoanalytischen Sitzung sagte, ist mir in späteren Jahren oft wieder eingefallen. In dieser Phase meines Lebens litt meine Frau an ernsthaften Herzbeschwerden, und sie befand sich in einem Sanatorium. Wenn ich sie nach meinen täglichen Besuchen verließ, erlitt ich oft plötzliche heftige Schwindelanfälle. In analytischen Sitzungen kam Freud zu dem Schluß, daß diese Anfälle Reaktionen auf verdrängte Todeswünsche gegen meine Frau waren und sozusagen meinen eigenen Tod als Selbstbestrafung für diese bösen Wünsche darstellten. Zur Zeit dieser Nachanalyse mit Freud war ich selbst schon seit vielen Jahren Analytiker gewesen, aber ich hatte nicht begriffen, daß ich der Regisseur hinter den Kulissen war, der diese Anfälle als Strafe für mein Gedankenverbrechen inszenierte. Am Ende der Sitzung sagte Freud in Anspielung auf mein empfindliches Gewissen: »Ich hätte Sie für stärker gehalten.« Dieser Satz, an den ich mich in den folgenden Jahren oft erinnerte, ließ mich beschämt erröten.

Dreizehnter Teil
Psychologische Anmerkungen

1. Probleme der psychoanalytischen Technik

Der Psychoanalytiker kann in einer großen Anzahl von neurotischen Fällen nicht mehr tun, als seinen Patienten so weit bringen, daß er imstande ist, eine Entscheidung zu treffen, nachdem er seine Energie wiedererlangt und eine klare Einsicht in die Natur seiner fundamentalen Konflikte gewonnen hat. Die Situation, die sich so ergibt, ähnelt der, die man in manchen Erzählungen O. Henrys findet: der Held der Geschichte steht an einer Weggabelung, und sein Schicksal hängt davon ab, welchen Weg er wählt.

Wenn die analytische Behandlung diesen kritischen Punkt erreicht hat, besitzt der Patient nicht nur ein intellektuelles Verständnis seiner Schwierigkeiten, sondern er ist oft auch imstande, sie emotional zu meistern. In diesem Augenblick hängt alles von dem moralischen Mut ab, den er in der Krise aufbringt. Die Lage erinnert mich an eine andere, in der ein Boxer erkannte, daß sein Gegner unter verschiedenen Vorwänden einem Entscheidungskampf mit ihm auszuweichen versuchte. Der Boxer sagte über den anderen: »Wenn ich ihn einmal im Ring habe, kann er davonlaufen, aber er kann sich nicht mehr vor mir verstecken.« Der kritische Punkt ist erreicht, wenn der Patient bereit ist, sich seinem inneren Gegner zu stellen. Er muß in den Ring treten: er kann dann vor seinem Gegener davonlaufen, aber er kann sich nicht mehr vor ihm verstecken.

Die psychoanalytische Technik der Behandlung von sozialem oder psychischem Masochismus scheint zuerst den emotionalen Zustand des Patienten zu verschlimmern, aber die Last, die scheinbar seiner eigenen Bürde hinzugefügt wird, wirkt in Wirklichkeit als Erleichterung. Zunächst versäumt es der Analytiker nicht, dem Patienten zu sagen, daß die Arbeit, die vor ihm liegt, schwierig sein und große Opfer verlangen wird. Der Analytiker kann keinen Erfolg versprechen, wenn der Patient nicht bereit ist, diese Voraussetzungen zu akzeptieren. Er hat dem Patienten somit »nichts zu bieten als Blut, Mühe, Tränen und Schwei«, wie Winston Churchill im Mai 1940 in seiner Rede im Unterhaus sagte.

Doch der Patient hat Aussicht auf Erlösung, nachdem das große Opfer gebracht worden ist. Es gibt bei der Behandlung des sozialen Masochismus ein bestimmtes Merkmal, das von der Technik abweicht, wie sie bei der Psychoanalyse von Neurotikern angewandt wird: der Psychoanalytiker bringt den Patienten dazu, die unbewußte Schuld klar zu erkennen, für die er in seinem selbstauferlegten Leiden büßt. Auch diese offene und schonungslose Formulierung des Gedankenverbrechens, für das sich der Patient selbst bestraft, wird oft als eine Verschlimmerung seines Elends erlebt, macht aber den Weg zur emotionalen Erleichterung frei. Man kennt in Amerika den Bauchredner Edgar Bergen mit seiner Puppe Charley McCarthy. Einmal sagt Bergen in einer verzagten Stimmung seufzend: »Ich selbst bin mein schlimmster Feind.« Darauf antwortet McCarthy: »Nicht, wenn ich in der Nähe bin.« Auf ähnliche Weise übernimmt der Analytiker scheinbar die Rolle des Anklägers, aber es kommt auf diese Weise nur zu einer Umverteilung – die Externalisierung der Selbstanklagen bedeutet eine beträchtliche emotionale Erleichterung. Der Konflikt, der das Selbst spaltete, wird nun nicht nur ans Licht gebracht, sondern auch nach außen verlegt, und damit ist eine bessere Chance gegeben, ihn zu überwinden. Um einen anderen Vergleich zu gebrauchen: vor dem Zweiten Weltkrieg war das politische Leben Amerikas durch einen wütenden Parteienstreit gekennzeichnet. Dann kam der japanische Angriff. Über Nacht war unser Land in Kampf gegen den äußeren Feind vereint. Alle inneren Konflikte waren in dem gemeinsamen Kampf verschwunden. Erst nachdem der Patient das unbewußte Schuldgefühl klar erkannt hat, dem seine Selbstsabotage und Selbstbestrafung entspringen, kann die innere Diskussion über den inneren Schuldspruch, den der Patient gefällt hat, begonnen werden. Ein inneres Gericht hat ihn zum Versagen, zur Isolation und so fort verurteilt. Der Psychoanalytiker unterstützt nun die Bemühungen des Patienten, eine Revision des Urteils zu erreichen.

Um den Vergleich fortzuspinnen: es ist, als wäre nun der Augenblick gekommen, an ein höheres Gericht zu appellieren und den Prozeß vor dem inneren Richter noch einmal aufzunehmen. Man wird vorbringen, daß die verhängte Strafe viel zu streng und vielleicht sogar brutal ungerecht war. Es ist, als wäre ein Mann, der einen Laib Brot gestohlen hat, zu mehreren Jahren Einzelhaft, verbunden mit Zwangsarbeit, verurteilt worden. Es besteht eine gute Aussicht, daß das Berufungsgericht die Entscheidungen des unbewußten Gerichts, das den Schuldigen verurteilt hatte, überprüfen und revidieren wird.

2. Das Geheimnis der weiblichen Sexualität

Die französischen und holländischen Psychoanalytiker werden Anfang September dieses Jahres (1960) eine Tagung in Holland veranstalten, und ich bin eingeladen worden, mich an der Diskussion über einen Vortrag über weibliche Sexualität zu beteiligen. Dr. A. I. Westerman Holstijn, der Amsterdamer Psychiater, hat mir das Manuskript des Vortrags, den er halten wird, zugeschickt und mich um Kommentare dazu gebeten. Während ich seine interessante Abhandlung mit dem Titel *Les organes génitaux féminins, l'orgasme et la frigidité* studiere, lenken mich viele Gedanken von einer kühlen und objektiven Bewertung dieses wissenschaftlichen Beitrags zur Psychologie ab. Da sind die Erinnerungen an Holland, das stille, schöne Land, in dem ich einige Jahre gelebt hatte, nachdem ich den Nazis entkommen war, Bilder von Den Haag, Rotterdam und Amsterdam. Und während ich aufmerksam den Überblick über die Literatur auf dem Gebiet der weiblichen Sexualität lese, wird mir immer wieder bewußt, wie wenig wir noch über sie wissen. Frauen sind und bleiben das geheimnisvolle Geschlecht, und der Bereich ihrer sexuellen Empfindungen und Emotionen ist nicht das geringste ihrer Geheimnisse.

So viele einfache und komplexe Fragen sind noch unbeantwortet, oder man kennt nur widersprüchliche Antworten. Da ist, zum Beispiel, das Problem der weiblichen Frigidität. Nicht einmal Sexualwissenschaftler und Psychoanalytiker scheinen imstande zu sein, diesen Begriff übereinstimmend zu definieren. Die einen sprechen von Frigidität, wenn die Frau beim Geschlechtsverkehr »kalt« bleibt, für die anderen bedeutet Frigidität das Ausbleiben des Orgasmus, obwohl die Frau sexuell stark erregt ist. Wenn wir das komplexe Problem der Frigidität übergehen und uns auf die Frage des sexuellen Erlebens der Frau konzentrieren, stoßen wir auf eine unerwartete Schwierigkeit, nämlich die geradezu unglaubliche Verschiedenartigkeit der Beschreibungen, die Frauen von ihren Empfindungen liefern. Beobachtungen von Gynäkologen und Psychiatern zeigen, daß etwas, was für die eine Frau ein typisches sexuelles Erlebnis ist, für eine andere keine Bedeutung hat, und daß sogar die Lokalisierung des sexuellen Erlebens von einer Frau zur nächsten variiert. In der psychoanalytischen Literatur wird scharf unterschieden zwischen klitoralem und vaginalem Orgasmus. Edmund Bergler stellt fest, daß Frauen zwei Geschlechtsorgane haben, die Klitoris und die Vagina, und er betrachtet die verschiedenen Theorien über den weiblichen Orgasmus als Ergebnis dieser Tatsache. Allerdings ist das keine Tatsache, sondern Fiktion. Frauen haben noch andere sensible Teile, zum Beispiel die Vulva mit den großen und kleinen Schamlippen, und der weibliche Orgasmus findet nicht in einem einzelnen Organ statt, sondern im ganzen Organismus. Wenn Klitoris und Vagina sozusagen die Hauptrolle spielen, so sind doch noch andere Akteure auf der Bühne. Die Empfindungen der Klitoris und der Vagina sind ganz verschieden, aber es ist sehr gut möglich, daß der Ort, wo die sexuelle Erregung beginnt, nicht mit dem identisch ist, an dem sie entfesselt wird. Wir wissen, daß viele Frauen – manche Gynäkologen versichern, drei Viertel aller Frauen – nie einen vaginalen Orgasmus erleben. Von G. L. Kelly stammt der berühmte Satz: »Es gibt keine frigiden Frauen, sondern nur unerfahrene Männer.« Es ist zwar unbestreitbar, daß sich viele Männer ihren Partnerinnen auf eine so plumpe und ungeschickte Weise nähern, daß es einer normalen Frau sehr schwerfällt, zum sexuellen Genuß zu gelangen, aber dieser Satz ist gewiß eine Übertreibung, und er kann mit Gustav Mahlers Behauptung verglichen werden, daß es keine schlechten Orchester, sondern nur schlechte Dirigenten gebe.

Abgesehen von den vielen Fällen neurotischer und psychotischer Frauen, gibt es eine große Anzahl von Frauen, die, wie Marie Bonaparte betont, eine gewisse Zeit brauchen, um sich der sexuellen Funktion anzupassen, und später den sexuellen Höhepunkt erreichen. Es ist außerdem noch fraglich, ob der Orgasmus für die Frau ebenso wichtig ist wie für den Mann. Sicherlich ist es falsch zu erklären, daß die meisten Frauen, die keinen Orgasmus erreichen, emotional krank seien. Viele dieser »anorgastischen« Frauen haben das Gefühl, beim Geschlechtsverkehr befriedigt zu sein, und werden erst neurotisch, wenn der Mann sich über sie ärgert oder ihnen durch masturbatorische Praktiken zu helfen versucht. Neuere Untersuchungen, zu denen auch die oben erwähnte Arbeit von Westerman Holstijn gehört, ergeben, daß man zwischen sexueller Befriedigung und Paroxysmus unterscheiden muß, wobei nur der letztere, meist sehr kurz dauernde, im engeren Sinne als Orgasmus bezeichnet werden kann. Es gibt selbstverständlich Frauen, die beide Formen kennen und die Unterschiede zu beschreiben vermögen. Wenn dieses Konzept richtig ist und man eine weitere Terminologie akzeptiert, die auch die emotionale Befriedigung in den Begriff Orgasmus mit einschließt, kennt die Frau zwei Formen des Orgasmus und der Mann nur eine. Viele Frauen versichern, daß die zweite Form der wollüstigen Befriedigung tiefer, von längerer Dauer und umfassender ist als der orgastische Paroxysmus.

Es gibt noch viele andere wichtige Fragen, die die sexuelle Befriedigung der Frau betreffen. Einige davon gehören nicht in den Bereich der

Psychologie und Psychoanalyse und können nur unter Anwendung biologischer Methoden behandelt werden. Nicht wenige dieser Probleme müssen auf ihre Lösung warten, bis neue biologische Erkenntnisse die Unterschiede zwischen der männlichen und der weiblichen Sexualität klären.

In einem neuen französischen Film sagt eine Frau zu einem Mann, der einen emotionalen Konflikt durchmacht: »*L'amour est si simple*.« Im Gegensatz zu den konventionellen Anschauungen ist die Liebe kein kompliziertes Problem für die Frau. Sie quält den Mann mehr. Aber die weibliche Sexualität ist nicht nur für den Mann ein Geheimnis, das er vielleicht nie verstehen wird, sondern auch für die Frau selbst.

Die bevorstehende Tagung in Holland erinnert mich daran, daß ich von Natur aus unfähig bin, einen Vortrag in aller Form zu halten, das heißt ein Manuskript auf ein Pult zu legen und es vorzulesen. Ich kann bestenfalls eine Plauderei liefern, ungefähr das, was die Franzosen *une causerie* nennen. Ich erinnere mich noch an meinen ersten Vortrag vor der Wiener Psychoanalytischen Vereinigung. Auf dem Heimweg lobte Freud meinen Vortrag, äußerte sich aber kritisch darüber, daß ich ein Manuskript gebraucht und vorgelesen hatte. Er sagte, ein Sprecher müsse frei sprechen, so als wäre Inhalt und Form seines Vortrags Produkte seiner augenblicklichen Gedankengänge. Nur so gebe der Sprecher seinen Zuhörern Gelegenheit »mit ihm mitzudenken«. Wenn ein Vortragender aus einem fertigen Manuskript vorliest, sagte Freud, gleicht er einem Mann, der einige Leute zu einer Autofahrt eingeladen hat, dann aber allein fährt und die anderen hinter dem Wagen herlaufen läßt. Seit dieser Ermahnung bin ich nicht mehr imstande, einen regelrechten Vortrag zu halten.

Ich bin während der ersten Minute oder so immer noch schüchtern, aber ich mache einen Scherz oder erzähle eine Anekdote, die mir über meine anfängliche Verlegenheit hinweghilft. Hier ist ein Beispiel für eine solche Einleitung zu einem Vortrag, mit der ich begann, nachdem mich der Vorsitzende den Zuhörern mit einigen schmeichelhaften Sätzen vorgestellt hatte: »Meine Damen und Herren, wenn Sie zu einer Cocktail-Party oder einer anderen gesellschaftlichen Zusammenkunft eingeladen sind und die Gastgeberin Sie vorgestellt und hinzugefügt hat: ›Sie wissen ja, der Psychoanalytiker‹ oder etwas dergleichen, haben Sie Gelegenheit, einige typische Reaktionen der Gäste auf Sie zu beobachten. Einige gehen Ihnen aus dem Weg, weil Sie ein ›Zauberdoktor‹ sind, andere versuchen, Sie auszuhorchen und fragen, was ein bestimmter Traum bedeutet, und wieder andere erzählen Ihnen Witze über die Psychoanalyse. Unlängst auf einer Party setzte sich ein Herr zu mir und sagte: ›Ich muß Ihnen eine lustige Geschichte erzählen. Ein Schauspieler konsultiert einen Psychoanalytiker und schildert ihm alle seine Klagen und Beschwerden: Ich habe keine gute Aussprache, ich weiß nicht, was ich mit meinen Armen und Beinen anfangen soll, wenn ich auf der Bühne stehe, ich vergesse meinen Text, ich habe schreckliches Lampenfieber und so fort. Der Psychoanalytiker hört dem Patienten geduldig zu und sagt schließlich: Wäre es nicht ratsam, den Beruf zu wechseln, wenn Sie mit der Schauspielerei solche Schwierigkeiten haben? Der Patient antwortet: Sehen Sie, das ist eben das Problem. Ich bin ein Star am Broadway.‹

Ich bin in einer ähnlichen Lage wie der Patient in dieser Geschichte. Ihr Vorsitzender hat mich als berühmten Psychoanalytiker vorgestellt, und ich bin mir meiner Fehler und Schwächen peinlich bewußt. Ich kann, zum Beispiel, keinen regelrechten Vortrag halten.«

3. Bruchstück eines Gespräches zweier Psychologen

»Du sprichst von einem besonderen psychologischen Scharfsinn der Frauen«, sagte George, der an einer Universität im Mittelwesten experimentelle Psychologie lehrt. »Ich muß gestehen, daß ich an den Studentinnen in meinen Vorlesungen kein solches charakteristisches Merkmal beobachtet habe.«

»Du meinst, bei der experimentellen Arbeit?« fragte ich. »Ich bin nicht kompetent genug, mir darüber eine Meinung zu bilden, aber ich sprach eigentlich vom täglichen Leben.«

»Kannst du mir ein Beispiel nennen?«

»Hier hast du eines«, sagte ich. »Eine meiner Patientinnen – nennen wir sie Mrs. Brown – erzählte mir in ihrer psychoanalytischen Sitzung, daß sie und ihr Mann am Sonntagabend zuerst eine Familie und dann noch ein zweites Ehepaar besuchten. Sie sagte, bei dem ersten Besuch unterhielt sie sich gut, sie interessierte sich für die Leute und beteiligte sich aktiv am Gespräch, aber auf dem Weg zum zweiten Besuch war sie schon deprimiert, und als sie mit dem zweiten Paar zusammen war, fühlte sie sich bedrückt und redete sehr wenig, obwohl ihr Mann, der andere Mann und die Frau ein interessantes Gespräch führten.«

»Vielleicht mochte sie die Leute nicht, die sie später besuchte«, meinte George.

»Nein, im Gegenteil, sie mochte den Mann, und die Frau war eine alte Freundin von ihr. Ihre veränderte Stimmung hatte andere Ursachen. Mrs. Brown ist mit einem Ingenieur verheiratet, der fünfzehn Jahre älter ist als sie, und bis vor zwei Jahren lebten sie sehr glücklich zusammen. Dann ließ sich ihr Mann auf eine Affäre mit einer Stenotypistin in seinem Büro ein, die ziemlich ernste Formen anzunehmen drohte und zu mehreren heftigen Auseinandersetzungen zwischen Mann und Frau führte. Er sieht das Mädchen immer noch jeden Tag, geht mit ihr aus und schläft zweifellos mit ihr. Meine Patientin tut ihr Bestes, um sich zusammenzunehmen und ihre Depression zu verbergen, wenn sie mit anderen Leuten zusammen ist, aber es gelingt ihr nicht immer.«

»Natürlich nicht«, sagte George. »Beim zweiten Besuch gelang es ihr eben nicht mehr.«

»So einfach ist das nicht. Sie selbst sagte mir, warum sie ihre schlechte Stimmung beim ersten Besuch unterdrücken konnte und beim zweiten nicht mehr. Die Leute, die sie und ihr Mann zuerst besuchten, wissen nichts von dieser Affäre, aber das Ehepaar, bei dem sie danach waren, weiß alles und kennt alle Einzelheiten.«

»Und das machte soviel aus?« fragte George.

»Natürlich. Ich kann dir keinen Vorwurf machen, weil ich selbst mich nicht auf diesen Umstand konzentrierte und einfach dachte, Mrs. Brown habe sich eben beim ersten Besuch beherrschen müssen, während sie sich später bei dem befreundeten Ehepaar gehen lassen konnte. Aber da siehst du, wie schwerfällig wir Psychologen in psychologischen Dingen sind. Als sie mich daran erinnerte, daß das zweite Paar von der Affäre ihres Mannes wußte, verstand ich natürlich...«

»Was verstandest du, Theodor?«

»Ihre veränderte Stimmung.«

»Mir ist das noch nicht klar.«

»Es ist doch ganz einfach. Siehst du nicht, was es einer Frau ausmachen muß, mit Menschen zusammen zu sein, die wissen, daß ihr Mann ihr eine andere und jüngere Frau vorzieht? Verstehst du nicht, daß sie sich gedemütigt fühlt? Dieses Ehepaar kannte Mr. und Mrs. Brown und hatte gedacht, sie seien glücklich verheiratet, und nun stellt sich heraus, daß die Frau unglücklich ist, weil ihr Mann irgendeinem Flittchen hörig ist.«

»Da hast du allerdings recht«, sagte George nachdenklich.

»Siehst du, und darauf will ich hinaus. Glaubst du, eine Frau, irgendeine Frau, der du diese Geschichte erzählst, würde die Zeichen übersehen haben? Würde sie nicht jede Frau erkannt und sofort verstanden haben, was es für Mrs. Brown bedeuten mußte, daß das zweite Ehepaar Bescheid wußte und Mitleid mit ihr hatte? Solche Dinge stehen natürlich nicht in den Lehrbüchern der Psychologie oder Psychoanalyse.

Uns Männern muß man es erst sagen, aber jede Frau ist scharfsinnig genug, um keine Erklärungen zu brauchen. Gibt es nicht ein Stück von James Barrie: *Was jede Frau weiß*?

4. Nachspiel

Als Fred mich wieder besuchte, schrieben wir schon das Jahr 1960 und es war mitten im Winter. Ich bot ihm eine Zigarette an, aber er sagte mir, er habe das Rauchen aufgegeben. Ich goß ihm Kaffee ein, und er sagte: »Sehr schwach, bitte – hat mir der Arzt geraten!« Wir plauderten.

»Wie weit bist du mit deinem Roman?« fragte ich.

»Einige Teile habe ich erst in der ersten Fassung und andere schon in der siebenten und achten. Du weißt, wie es einem mit dem Schreiben geht.«

»Worin liegt die Schwierigkeit?« fragte ich.

»Die Schwierigkeiten, meinst du. Da ist vor allem das Stilproblem. Es geht nicht darum, was ich sagen will, sondern wie ich es sagen soll. Der innere Monolog, der in dem Mädchen und in dem jungen Mann abläuft, muß ganz ungezwungen sein, im Plauderton, beinahe im Telegrammstil. Die Erzählung soll flüssig, subtil und geistreich sein. Es ist nicht leicht, sie auch so klingen zu lassen. Du weißt, Anatole France empfahl einem jungen Schriftsteller: ›*Caressez votre phrase*!‹

»Ihr Dichter!« sagte ich voll Neid. »Für euch ist – oder wird – alles Spiel. Ihr flirtet mit der Sprache. Wenn wir eine wissenschaftliche Arbeit schreiben wollen, ist das harte Arbeit und Schinderei. Wir hobeln wie ein Tischler, bis uns die Luft ausgeht.«

»Mehr oder weniger tun auch wir das manchmal«, sagte Fred. Und plötzlich fragte er: »Steht das Denkmal Raimunds nicht vor dem Volkstheater?«

Ich war so überrascht, daß ich beinahe meinen Kaffee verschüttete, denn ich hatte in diesem Augenblick auch gerade an Raimund gedacht. Allerdings hatte ich nicht an die weiße Statue des Dichters vor dem Theater gedacht – ich war im vergangenen Sommer in Wien einige Male daran vorbeigegangen –, sondern an das »Hobellied« aus Raimunds Volksstück *Der Verschwender*, das 1880 uraufgeführt wurde und noch heute manchmal in Wiener Theatern gespielt wird. Der Vergleich des mühsamen Schreibens mit dem Hobeln muß in uns beiden die Erinnerung an dieses unvergeßliche Lied geweckt haben, das wir beide als junge Männer gehört hatten. Einen flüchtigen Augenblick lang sah ich die Gestalt des tragischen Dichters Raimund vor mir und neben ihm Alexander Girardi, den ich in der Hauptrolle des Märchenstücks gesehen und der auch auf seine unnachahmliche Weise das Hobellied gesungen hatte. An den Inhalt des Stückes konnte ich mich nicht mehr recht erinnern, aber die Figur des Tischlers Valentin, der das Hobellied im wienerischen Dialekt singt, sah ich plastisch vor mir, und ich hatte die erste Zeile des Liedes im Ohr: »Da streiten sich die Leut herum...«

»Einen Augenblick, Fred«, sagte ich und ging zu der Kommode, in die ich einige aus Wien mitgebrachte Souvenirs gelegt hatte. Darunter befanden sich auch einige Schallplatten, und auf einer hatte ich das Hobellied, gesungen von Leo Slezak. Ich legte die Platte auf, und wir hörten uns das alte Lied an:

> »Da streiten sich die Leut herum
> Oft um den Wert des Glücks,
> Der eine heißt den andern dumm.
> Am End weiß keiner nix.
> Da ist der allerärmste Mann
> Dem andern viel zu reich.
> Das Schicksal setzt den Hobel an
> Und hobelt s' beide gleich.
>
> Die Jugend will halt stets mit Gwalt
> In allem glücklich sein,
> Doch wird man nur ein bissel alt,
> Da find man sich schon drein...«

An dieser Stelle unterbrach Fred das weise Lied des Tischlers. Ich hob die Nadel von der Platte. »Würde es nicht komisch sein«, sagte er, »wenn mein Roman und dein Essay unsere letzten Bücher wären, bevor wir sterben? Beide sind substanzlos und leicht wie ein Soufflé... Meinst du nicht, es ist ein ziemlich unwürdiger Abschied für zwei seriöse Schriftsteller?«

»Wenn einmal die Würfel, oder vielmehr die Späne gefallen sind, ist das nicht mehr wichtig«, sagte ich. Unlängst las ich, was ein britischer Staatsmann – war es nicht Charles Fox? – auf seinem Sterbebett sagte: ›Es ist ohne Bedeutung.‹ Aber hör zu!«

Ich setzte die Nadel wieder auf die Platte. Während wir zuhörten, war uns beiden nur zu gut bewußt, daß die Verse uns alte Knaben angingen:

> »Zeigt sich der Tod einst mit Verlaub
> Und zupft mich: Brüderl, kumm!
> Da stell ich mich im Anfang taub
> Und schau mich gar nicht um

Doch sagt er: Lieber Valentin
Mach keine Umständ! Geh!
Da leg ich meinen Hobel hin
Und sag der Welt Adje.«

Fred war noch immer düster gestimmt.
»Kopf hoch!« sagte ich. »Ein Romancier schreibt vielleicht am besten über Frauen, wenn er über Siebzig ist.«
»Aber wer, zum Kuckuck, mag noch über Frauen schreiben, wenn er über Siebzig ist?«
Ich sah ihn an. Er mußte über seine eigene Grimmigkeit lachen.